이재우 산문집
Spin a Yarn

팬데믹 시대, 파도를 넘어

In the Pandemic Days
Against the Wave

[Spin a Yarn] (표지참조)

비유적으로 장광설(長廣舌)을 늘어놓다. 기담(奇談), 모험담 이야기를 실타래 풀듯이 장황하게 이어간다.

Yarn은 섬유, 실, hemp(마)나 마닐라(manila)로 만든 실, 밧줄(rope)을 만드는 재료, rope yarn으로 마든 밧줄의 가닥(strand) 몇 개(2~3개)를 꼬아서 rope를 만든다.

선원들은 갑판(甲板, deck)에서 낡은 rope의 yarn을 풀어서 여러 작업을 하면서 허풍을 떨거나 장광설을 늘어놓는 습관이 있었는데, 이에 연유한 구어(口語, Colloq)

a long story, especially one that is exaggerated or invented.

eg. He used to spin yarns(=tell stories) about his time in the Army.

이재우 산문집
Spin a Yarn

팬데믹 시대, 파도를 넘어

In the Pandemic Days
Against the Wave

문경출판사

서시

경고 警告

노아 선장은
여덟 식구를 방주에 태우고
대홍수를 무사히 견디어 냈다.

  船자를 보면
  舟, 八, 口 -
  배와 여덟 식구

하느님의 경고를 청종한
여덟 사람은
무사히 살아남았다.[1]

호화 여객선 타이타닉 호에는
침몰의 순간이 닥쳐오고 있었다.
승객들에게 경고를 했건만
춤 추고 마시면서 듣지 않았다.
참사를 당한 그 많은 희생자들,
칠흑 같은 밤바다는
「주」를 찾아 울부짖는
처절한 소리만이 울려 퍼졌다.[2]

오늘날
기후 위기와
전쟁, 지진, 기근, 온역, 폭력을[3]
   겪고 있는 인류에게
경고는 계속되고 있다.
타이타닉 호에서처럼
인간은 귀를 막고
땅을 망치고 있을 뿐.[4]

---

[1] 성서 창세기 7:23.
[2] Jack Winocour,「The story of the Titanic as told by its survivors」
[3] 성서 마태복음서 24:7, 누가복음서 21:11
[4] 계시록 11:18

성구 聖句

곳곳에 큰 지진과 기근과 전염병이 있을 것이다
There will be great earthquakes, famines and pestilences in various places.

— 누가복음 21:11

땅을 망하게 하는 자들을 멸망시키실 때로소이다.
The time has come for destroying those who destroy the earth.

— 요한계시록 11:18

세상은 지나가고 있습니다.
The world is passing away.

— 요한 1서 2:17

COVID19, this too shall pass away.
코로나19, 이 또한 지나가리라.

— CNN

책을 내면서

잔인한 4월이 세 번 지나갔다.
어려운 세월을 우리는 아직도 보내고 있다.
'코로나19'로 인한 팬데믹 세상이 너무 오래 간다. '위드코로나'라고 하며 인류와 함께 오래도록 살 것 같다고 한다.[(living) with corona].
지구의 주인은 인간인가, 바이러스인가. 모두가 무력감, 우울증(corona blue), 정신적 피로, 의기소침 등을 호소하면서 지쳐있다.
코로나 바이러스는 물론이고, 산불, 홍수, 폭우, 가뭄, 지진, 혹서 등의 재앙이 지구 온난화 때문이고, 온난화는 탄소를 많이 배출하기 때문이라고 하며, 여러 차례 지구 환경 정상회담이 열리면서 이 절박한 위기를 벗어나기 위해 탄소중립화를 뒤늦게나마 서두르고 있다.
탄소 배출은 과학의 발달과 그 향유를 위한 인간의 욕심 때문이라고 하는데, 과학의 발달이 인류에게 행복만을 가져다주는 것이 아니라면 자연과 과학이 상생(相生)하는 길을 머리를 싸매고 연구해야 할 일이 아니겠는가.
암울하고 불안정한 이 시기에 우리는 즐거움과 위로를 받고, 우리가 처해 있는 현실을 직시하며 미래 지향적인 우리 시대의 ≪데카메론≫이 쓰여져야 한다.

메이스필드(영국 선원출신 해양시인)는 「해수海愁, Sea-Fever」라는 시에서, '나는 바다로 가련다…'라고 그의 이상향인 조수(潮水) 향기 그윽한 바다에 귀거래사(歸去來辭)를 읊으면서도, 제3장 마지막 시행(詩行)에서는, '지루한 당직(當直) 끝에 늘어져 한숨 자며 꿈꾸는 달콤한 꿈'은 인생의 기나긴 근무시간을 마친 뒤에라야 비로소 얻어지는 안식일진데, 그렇다면 '매서운 칼바람 휘몰아치는 곳'인 인생고해(人生苦海)의 황파(荒波) 속일지라도 감연히 배를 저어가야만 하리라라고 맺고 있다.

고뇌를 안고 살아가야만 하는 이 세상 근심 많은 투쟁 속에서, 우리는 참고 견기면서, 소망의 항구(desired haven)를 향하여 거친 파도를 헤쳐 나가야 하는 것이 아닐까.

그간 여기저기에 발표한 장광설(長廣舌, to spin a yarn)을 늘어놓은 이런저런 글들을 모아 산문집으로 상재(上梓)한다. 출판을 맡아주신 문경출판사 강신용 사장님과 편집실 손중순 실장님에게 감사의 말씀을 드린다.

2023년 신록의 초여름
九旬을 자축하며
저 자

차례

[서시] 경고警告 · 8

■ 책을 내면서 · 11

I. 팬데믹 시대 －살아남아야 한다

1. 우리시대의 "데카메론" 잡고 · 22
   1) 다시 읽히는 고전 ≪데카메론≫ · 22
   2) 미국 문단의 ≪데카메론 프로젝트≫ · 25
   3) 한국 문단의 시대적 사명 · 27

2. 만춘단상(晩春斷想) · 32
   1) 4월은 잔인한 달 · 32
   2) 변모하는 미국 · 33
   3) 고먼의 『우리가 오르는 언덕』 · 34
   4) 수에즈 운하에서 좌초된 에버기븐 호 · 35
   5) 그레타 툰베리 －소녀 환경운동가 · 36
   6) 기후위기 대응, 앞으로 3년 · 38
   7) 기후변화 대책에 앞장선 바이든 · 39
   8) 배부른 소와 굶주린 사람들 · 40
   9) "황무지"의 모리배(謀利輩)들 · 42
   10) 가뭄에 한줄기 소나기 · 45

차례

3. 위기에 처한 지구촌 ··· 46
   1) <지구를 살리자>를 연재하면서 ····················· 47
   2) 탄소중립 촉진을 위한 인류의 노력 ················ 50
4. 바다를 살리자(Save the Ocean) ························· 62
   －바다가 죽으면 인류도 죽는다
5. 전화에 싸인 우크라이나, 평화는 오는가 ············· 66
   1) 우크라이나 입국, 3주 동안 체류 ··················· 66
   2) 전 세계를 놀라게 한 러시아의 우크라이나 침공 ······ 67
   3) 350년 동안 기다린 독립 ····························· 68
   4) 스키타이 인의 무대, 흑해 ··························· 69
   5) 북구 바이킹이 세운 나라, 러시아 ·················· 71
   6) 나라 없는 민족, 우크라이나 인의 내셔널리즘 ······ 72
   7) 소련의 소멸과 우크라이나 ··························· 74
   8) 푸틴의 등장 ··· 75
   9) 푸틴은 어떤 인물인가 ································ 76
   10) 우크라이나 전쟁 ······································ 78
   11) 셰브첸코의 시, 「유언」
       －우크라이나의 자유를 쟁취해다오 ················ 79
   12) 전망 －우크라이나에 평화를! ······················ 82

Ⅱ. 파도를 넘어 - 바다로, 세계로, 미래로

6. 생명의 바다 ··· 92
   - 바다를 지배하는 자가 세계를 지배한다
7. 실습선 세계로호 취항 기념 선상 특강(船上 特講) ············ 95
   - 조국의 장래가 바다에 있다
8. 젊은이여, 바다로! Down to the sea, young man! ············ 115
   - 선원 없이 한국 없다
9. 실습선 실습감 임무 수행기 ································ 121
10. 모교 전주고등학교 개교 100주년 기념 초청 강연 ············ 137

Ⅲ. 바다와 문화

11. 해양사상의 대표적인 인물 ································ 153
12. 성서와 해양문화 ·· 157
    1) 영원한 베스트셀러, 성서 ······························ 157
    2) 성서와 구미인(歐美人)의 생활과의 관련성 ············· 158
    3) 흠정영역성서(AV)의 언어의 특징 ······················ 163
    4) 성서(聖書)와 해양문화 ································· 169
13. 바다의 노래 ·· 181
    1) 바다를 사랑하는 분들에게 ···························· 181
    2) [Sea-Fever, 해수(海愁)] ······························· 182

차례

    3) [Shenandoah, 쉐난도오] ································ 184
    4) [작별의 노래, Auld Lang Syne 올랭사인] ················ 186
    5) 온 국민이 부르는 「바다의 노래」가 있어야 ············· 187
14. 나의 애송시 ·· 190
    1) 바다의 귀거래사(歸去來辭) ························· 190
    2) 사세(辭世)의 시 ··································· 195
15. 「선원의 날(6월 25일)」유감(有感) ······················ 199

Ⅳ. 출람(出藍)의 제자들과 함께

16. 만추에 만난 제자들 ···································· 207
17. <청춘의 바다> 출판을 축하하며 ························ 212
    1) 출판 계획을 듣고 ································· 212
    2) 축시, 「해양인 예찬」 ······························ 216
18. 최동현 선장의 '윤한봉 망명 밀항기' ···················· 220
19. Home Coming Day 축사 ································· 225
20. 국립목포해양대학교 개교 70년 유감(有感) ·············· 231
    1) 해양계 개방대학(OU)의 필요성 대두 ················ 232
    2) 무산된 목포해양개방대학 설치 방안 ················ 233
21. 사제삼세(師弟三世) ···································· 237

22. 손녀의 고교 졸업식 축하 ·· 249
　　－유학 중인 미국 고교의 학교장에게 보내는 감사의 서신

| 북리뷰 | 이재우 편역 ≪해양명시집, 1998≫의 의미_김규화 … 251
| 서평 | '바다의 명시'_강영민 ································· 254
| 서신 | 은사 송용기 교수님의 하서 ·························· 256

■ 저자 이재우 프로필·259

I. 팬데믹 시대
―살아남아야 한다

모교 전주고 개교 100주년 기념 초청 강연(2019년)

▲
필자

리바디아 궁전(얄타 회담 장소) 앞에서
IMO/UNDP/USSR 해사교육세미나 참가자들과 함께
(1979년 6월 우크라이나, 좌측에서 2번째 필자)

펜문학상 수상식
(국제펜클럽 한국본부 대전광역시위원회, 2017년)

1. 우리시대의 "데카메론" 잡고(雜考)

1) 다시 읽히는 고전, ≪데카메론≫
-페스트 시대 100편의 이야기

2020년 3월, 갑자기 14세기에 저술한 어떤 책이 뉴욕의 서점가에서 팔려나가기 시작했다. 그것은 바로 조반니 보카치오의 ≪데카메론≫[1]이었다. 우리나라에서도 2010년 7월 이 책의 번역서가 발행되었다.[2]

보카치오(1313~1375)

"격리 중인 지구인"들은 자가격리를 시작하면서 격리된다는 것이 어떤 의미인지를 시련을 겪으면서 배우는 중이었기에, 많은 독자들이 오래된 이 책에서 지침을 찾고 있었던 것이 아닐까.

≪데카메론≫은, 1348년 흑사병(Pest, The Black Death)이 이탈리아의 피렌체를 덮치고, 황폐화시키고 있을 때, 그 도시 밖으로 피신한 한 무리의 남녀가 서로를 위해 들려주는 이야기를 액자소설(額子小說) 형태로 모은 선집(選集)이다. 그 무서운 페스트를 피하기 위하여 일곱 명

---

1) Giovanni Boccaccio(1313~1375), 이탈리아의 문인·저작가. 대표작 Decameron (1353)[It. Decamerone, Gr. deka, ten+hēmera, day], The Work of Ten Days.
2) 한형곤 역, 데카메론, 동서문화사 창업 60주년 특별 출판, 820면, 1판 1쇄 발행, 2016.6, 1판 2쇄 발행, 2020.7

1492년 간행된 ≪데카메론≫ '머리말'에 실린 그림

의 숙녀와 세 명의 신사는 교외로 떠나게 된다. 그리고 열흘 동안 하루에 한 가지씩 재미있는 이야기를 발표하기로 한다. 이리하여 그 100편의 이야기가 수록된 것이 ≪데카메론≫이다. 이 제목 자체가 '열흘 이야기'를 뜻하는 말이다. 1353년에 이탈리아 어로 쓴 책으로 취향, 선악, 성속(聖俗), 귀천 등, 동서를 망라한 이 단편이야기가 세계 문학에 끼친 공헌은 한없이 크다. 이 위대한 작품의 영향을 받아 훗날 영국에서 제프리 초서가 쓴 ≪캔터베리 이야기≫[3]에 영향을 주었으며 소설의 선구자로 큰 의미를 지니고 있다.

단테의 ≪신곡(神曲)≫에 비해 '인곡(人曲)' 또는 '지상의 곡'이라고 부르기도 하는 이 작품, ≪데카메론≫은 세계 최초의 소설이라는 영광을 차지하고 있다.

흑사병이 덮쳤을 때, 감염자는 사타구니나 겨드랑이에 멍울이 생기고, 그런 다음에 팔다리에 검은 반점이 생긴다. 어떤 사람들은 아침식

---

[3] Geoffrey Chaucer(?1340~1400), 「영시의 아버지」로 불리는 중세 최대의 시인. The Canterbury Tales는 초서의 장편 운문이야기 시, 10년 동안 심혈을 기울이면서 작자의 사망으로 미완의 작품으로 끝을 맺은 대작.

사 때 건강했다가 저녁에는 저 세상 사람이 될 뻔했다. 멧돼지가 시신을 헤집어 놓고는 경련을 일으키면서 죽는다. 말할 수 없는 고통과 공포에서 도망친 후에 이 젊은이들은 무엇을 할까?

그들은 먹고 마시며 노래하고, 돌아가며 이야기를 들려준다. 이야기는 대부분 우스꽝스럽고, 어떤 이야기는 슬프지만, 전염병에 집중한 이야기는 하나도 없다. 이것이 거의 700년 동안 찬사를 받아온 책, ≪데카메론≫의 구조다.

첫 번째 이야기는 죽음을 눈앞에 둔 어떤 사람을 상대하는 방식에 관한 코믹한 이야기다. 그러나 시간이 흐르면서, 젊은이들이 서로에게 들려주는 이야기의 어조와 내용이 바뀐다. 처음 며칠은 대부분 농담과 불경스러운 이야기다.[4]

나흘째에는 비극적인 사랑을 주제로 한 열 개의 이야기다. 닷새째는 끔찍한 사고나 불행 이후에 행복을 찾는 연인들의 이야기다. ….

≪데카메론≫의 젊은이들은 그들의 도시를 그리 오래 떠나 있지 않았다. 2주 후 그들은 돌아가기로 결심한다. 페스트가 끝났기 때문이 아니었다. 그들이 돌아간 것은 웃고 울며 함께 살아가기 위한 새로운 규칙을 상상함으로써, 마침내 현재를 보고 미래에 대해 생각할 수 있게 되었기 때문이다.

메멘토 비베레(Memento vivere) – 너는 살아야 할 운명임을 기억하라 – 는 ≪데카메론≫의 메시지다.

---

[4] 보카치오는 끝맺음 말(conclusion)에서, 대체로 남녀는 하루 종일 구멍이니(hole), 말뚝이니(peg), 방앗간이니(mortar), 절굿공이니(pestle), 소시지니(sausage), 순대니(Bologna sausage) 또는 그와 비슷한 말들을 지껄일 터이니, 「…여자로서는 아마 입장이 곤란한 고약한 말이, 아니 그보다도 훨씬 부정(不貞)을 나타내는 말이 씌어 있다. 내가 그러한 것들을 여기에 적은 것은 당연하다고 믿습니다…」라고 적고 있다. ≪데카메론≫은 음란한(bawdiness) 이야기로 넘치고 있고, 상세한 성적 묘사 때문에 악명 높은 소설이라는 평도 받고 있다.

2) 미국 문단의 ≪데카메론 프로젝트≫
-팬데믹 시대를 건너는 29편의 이야기5)

코로나 바이러스가 전 세계에 확산되기 시작하자, 미국인 소설가 리브카 갈첸6)이 ≪뉴욕타임스≫에 연락하여 독자들이 현재 순간을 이해하는 데 도움을 주기 위해서 ≪데카메론≫ 리뷰를 쓰고 싶다고 말했을 때, 그보다 격리 중에 쓰인 신작 단편소설들을 모아 우리 시대의 ≪데카메론≫을 만들면 어떨까, ≪뉴욕타임스≫ 책임 프로듀서, 케이틀린 로퍼는 이처럼 생각해 보았다.

≪뉴욕타임스≫는 작가들에게 연락을 하고 풀어놓고 싶은 이야기의 개요를 보내달라고 요청했다. 시간이 없다거나, 현재의 위기로부터 어떤 영감도 찾지 못하고 있다는 등의 답장을 받고서 그들의 구상이 과연 성공할 수 있을지 확신할 수 없었다.

그런데 바이러스가 뉴욕 시를 강타하면서 두려움과 슬픔에 빠져 있는 동안, 뭔가 다른 이야기, 희망찬 이야기가 들려오기 시작했다. 흥미롭고 구미가 당기는 구상들이었다.

삶의 가장 무서운 경험 중 하나에 깊이 빠져들었던 순간에 쓰여진 단편소설들이 밀려들어왔을 때, 이 작가들이 예술을 창조하고 있음을 느꼈다. 현재 겪고 있는 공포를 벗어나고 자신이 어디에 있는지 이해

---

5) The Decameron Project 29 new stories from the Pandemic, The New York Times Company, 2020.
　마가릿 애트우드(Margaret Atwood) 외 28인이 쓴 이야기 모음. 마가릿 애트우드는 캐나다의 소설가. 시인. 세계적 베스트셀러 ≪시녀 이야기≫(1985), ≪도둑신부≫(1993), ≪그레이스≫(1996), 부커상 수상작 ≪눈먼 암살자≫(2000) 등, 수십 편의 소설과 시를 발표. 2019년에 출간한 ≪증언들≫로 두 번째 부커상 수상.
6) Rivka Galchen, 캐나다 출신의 미국 소설가. ≪대기불안정과 그 밖의 슬픈 기상 형상들(2008)≫로 주목을 받고, ≪쥐 규칙 Rat Rule 79≫(2019) 발표.

하는 데 도움을 준다는 사실을 상기시켜 주었다.

① 생명을 구하는 이야기들

이 단편들은 미국에서 바이러스가 급증하고 있던 2020년 7월 21일에 게재되었다. 독자들의 반응은 빠르고 열정적이었다. "암울하고 불안정한 시기에 독자들에게 즐거움과 위안을 제공하는 것보다 더 큰 야망을 생각할 수 없다"고 이 책의 서문에 적고 있다.

어려운 시기에 소설을 읽는 것은 그 시기를 이해하는 방식이자 그 시기를 끈기 있게 버텨내는 방식이기도 하다.

이 모든 경우, 이야기들은 어떤 식으로든 생명을 구하는 내용이다. 인물들이 상대를 즐겁게 하는 것도 생명을 살릴 수 있는 주된 방식 중의 하나다.

② 사명감을 잃지 않은 미국문학

미국문학은 영국문학이 시에서 시작된 것과는 대조적으로 산문(散文)에서 비롯했다.

퓨리턴(Puritan)들이 대서양을 건너 상륙한 신대륙, 미국 땅을 하느님이 주신 에덴에 비유하고, 「성서에 기반을 둔 국가」(Bible Commonwealth)를 건설하기 위해서 신정정치(theocracy)라는 정교일치의 방식을 택하면서, 목사의 설교문, 보고문서, 설교서적, 정치문서 등, 산문이 주류를 이루고, 시문학은 훨씬 뒤에 등장한다. 미국 시문학은 화조풍월(花鳥風月)의 서정시가 태동할 만큼 한가하지 않았다. 황무지(wasteland)를 개척하고, 변경(邊境) 진출을 위해 개척자(frontiers man)로 뛰어야 했다.

세계의 평화 수호자임을 자처해 오면서, 「성서에 기반을 둔 국가」로 면면히 이어온 미국은, 혼돈 속에서 흔들리고 있지만, 미국의 문학은 절망하지 않는다고 말하고 있다.

  과학, 테크놀로지가 이상적(異常的)인 발달을 한 현대 미국의 정보화사회, 고도산업사회에서 문학자가 놓인 상황은 결코 낙관을 불허한다. 그러나 그와 같은 불리한 조건에도 불구하고, 인습이나 전례에 얽매이지 않는 미국문학의 「전통이 없는 전통」은 의연히 살아 있으며, 그 위에 새로운 문학의 탄생이 기대된다.

  ≪데카메론 프로젝트≫는 그 기대의 하나의 실천이 아닐까.

3) 한국 문단의 시대적 사명

  일제강점기에 우리나라 문인들은 항일문학운동을 했으며, 혹은 순수문학의 그늘에서 그 명맥을 유지해 왔다. 광복 이후, 이데오르기의 반목(反目) 속에서 혼란한 가운데 문단의 나아갈 길을 찾고, 분단 국가의 아픔을 위로하며, 민족 생존을 위해 분발해야 했다.

  「문인은 시대의 아들」이라고 말한다.

  빼어난 문학 작품은 우리들의 감정과 상상력을 글로 써서 감동을 안겨준다. 그 시대에 태어난 문인들이 시대적 사명감을 어떻게 나타냈는가 하는 점과 문인의 풍부한 사상성과 보다 철학적이며 사회적인 면을 고찰해 볼 필요가 있다. 기술주의적인 세계관에 신음하는 현대인에게 새로운 구상력(構想力)을 시사하고, 인생관을 공급해 주는 것은 문학을 포함한 예술의 세계일 것이다.

  학계에서는 코로나는 끝내 종식되지 않는다는 전망이 나온다. 코로나와 함께 살아가게 될 새로운 미래에 대한 준비가 필요하다.

  세계문학의 흐름 속에서, 이 시대의 한국문학이 나아갈 길을 다시 한 번 생각해볼 기회를 가져야 하지 않을까.

① 우리 시대의 현실

　세계 양차 대전을 치른 인류사회는, 전쟁의 참화로부터 벗어나, 오직 인류의 평화 공존만을 위해서 각종 국제적 조직들이 활동을 하고 있다. 그간 식민지 확장과 약탈의 통로였던 해양은 「유엔해양법협약(UNCLOS)」의 채택으로, <침략의 해양>에서 <평화와 협력의 해양>으로 해양력(sea power)의 개념이 바뀌었지만, 해양력 확장의 동향은 여전하며, 일촉즉발의 사태가 각 해역에서 빈번히 일어나고 있는 것이 국제사회의 현실이다.

　국가 간의 <경쟁>은 끊이지 않고 있다. <코로나19>로 생명의 위협을 받고 있는 데도 <2020 도쿄올림픽>은, 「United by Emotion, 감동으로 연합하자」를 주제로 강행되었고, 국위선양을 위해서 메달 획득을 위한 치열한 경쟁을 했다. 잘 사는 나라들의 이 축제는 화려하고 사치스럽게 열리고 있었지만, 가난한 나라들은 백신 주사도 맞지 못하고, 1700만 어린이들은 기아선상에서 허덕이고 있다. 과연 「감동적인 연합」이었을까. 창조주는 <경쟁>을 좋아하실까.

　이익 추구를 위해서는 자연 파괴도 서슴지 않은 결과, 인류는 바이러스와의 전쟁을 치르게 되었으며, 이것은 인과응보라고 말하고 있다.

　상존하고 있는 핵 위협, 죽어가는 바다, 멸종 위기의 종(種), 범람하는 쓰레기와의 전쟁, 심각한 대기 오염, 기후위기 등, …. 지구 환경은 급속히 변하고 있고, 설상가상으로 온역의 대유행으로 "지구인은 격리 중"이다.

　옛사람들은 「소년등과(少年登科), 동방화촉(洞房華燭), 타향 봉고우(他鄕 逢故友)」를 인생의 세 가지 즐거움이라고 했다. 현대의 시체(時體)말로 말한다면, 「취업, 결혼, 지인을 만나는 일」에 해당한다. 우리나라의 경우, 젊은이들의 취업이 매우 어렵고, 결혼을 미루거나 포기하고, 게다가 코로나19 대유행으로 왕래가 끊기고, 모임을 가지는

데 제약을 받고 있으니, 지금은 세 가지 슬픈 일을 겪는 시대라고 할 것이다.

키프링(R. Kipling, 영국 시인·소설가, 1865~1936)은 "교통은 문명이다.(Transportation is civilization)"라고 말했는데, 지금 전세계는 코로나19로 국경 봉쇄, 자가격리 등, 인간의 일상 활동이 장기간 제약을 받고 있으니 문명의 후퇴 현상이 지속되는 것이 아닐까.

지구 위기시계는 1992년에 7시 26분을 가르켰는데, 지금 한국은 9시 56분, 서유럽은 9시 59분, 아프리카대륙은 8시 34분을 가르키고 있다. 12시까지 남은 시간은 많지 않다. 인류의 노력으로 되돌릴 수 있는 시간이지만 사태는 절박하다.

② 선진국, 대한민국의 발전을 염원하며

우리 민족은 한국전쟁을 겪으면서 잿더미가 된 조국 강산을 인내와 근면, 성실한 삶의 정신으로 슬기롭게 재건 복구하고, 세계 10위권에 든 경제강국을 이룩하여 세계를 놀라게 했다. 또한 바다에 진출하여 세계 제5위의 해양강국이 되었으며, 제1위의 조선강국이기도 하다.

1957년에 창설된 엉크태드(UNCTAD, 국제연합무역개발회의)에서, 2021년 7월, 64년 만에 한국을 A그룹(아세아국가군)에서 B그룹(선진국가군)으로 옮겨서 분류했는데, 32번째 가입국이 되었으며, 이탈리아를 앞지르는 나라로 선진국가의 대우를 받게 되었다.

최근 많이 인용되는 말 중에 '30~50클럽'이 있다. 국민소득 3만 달러 이상, 인구 5천만 이상인 나라를 부르는 말이다. 지구촌에서 미국, 일본, 영국, 프랑스, 독일, 이탈리아, 그리고 한국 등, 7개국이 여기에 속한다. 강대국이라고 부르는 나라들이다. 우리나라보다 앞선 나라들인 노르웨이, 핀란드, 스웨덴, 덴마크, 네덜란드, 스위스 등은 대체로 인구 5백만에서 1천만 사이의 작은 나라들이고, 캐나다는 인구가 안 되고,

중국이나 러시아는 소득이 못 미친다. 싱가포르나 룩셈브르크 역시 인구가 많지 않으니 해당되지 않는다. 스웨덴의 한 연구소의 조사 결과에 의하면, 7개국 중에서 한국의 민주주의가 으뜸이고, 영국, 이탈리아, 독일이 다음이고, 그 다음 2등급 국가로 미국, 프랑스가 뒤따르고, 일본이 꼴찌다.

선진국가란 정치, 경제, 사회, 문화 면에서 민주화가 된 나라를 말한다. 한국은 선진국가군에 들게 되었지만, 경제·사회·문화 면에서는 아직은 미달이다.

기후위기의 대응책으로 우리나라에서 뉴딜 정책이 시행되면서 저탄소 분야의 일자리 개발이 추진되고, 탄소배출 기업은 외면시 될 것으로 전망하고 있다. 저탄소노동 전환을 위한 지원정책이 시행되면서, 내연기관, 석탄화력 발전, 시멘트, 정유, 석유화학 산업분야와 이에 종사하는 노동자들은 직업전환을 하게 될 것이다. AI와 직업전망에서 상점, 세일즈맨, 금융사무원, 검침원, 단순제조종사원은 먼저 없어질 것으로 보고 있다.

영국에서 산업혁명이 일어나면서 기계가 사람을 추방한다고 외치며, 기계시설 파괴 폭동 등, 노동자 폭동이 1811년에 일어났었다.

앞으로 저탄소 산업구조의 일대 변혁에 따라 실직자가 대량 발생하게 될 것이므로 노동전환은 커다란 사회문제로 대두할 것으로 전망하고 있다.

인간은 물질주의, 향락주의에 편승하여, 편리한 생활을 추구해 왔고, 기업들은 이러한 동향을 이용하면서 이윤을 추구하고 공해물질도 생산하고 있다.

코로나 바이러스 대유행은 지구를 폐허로 만들고 있는 인류에게 내린 경고요, 명령이다.

과학과 기술의 발전은 인류의 생활을 개선하는 데 공헌했으나 오남

용은 오늘의 지구 위기라는 부정적인 면도 초래했다.

학교교육은 일류대학 지향적인 <경쟁> 교육에서 벗어나지 못하고 있다.

변모하고 있는 사회적 의식을 따르지 못하는 제도는 쓸모가 없다. 제도는 선지적 혜안으로 미래 지향적이어야 한다.

오늘날 우리가 처하고 있는 현실을 직시하고, 미래 지향적인 우리 시대의 ≪데카메론≫이 쓰여져야 한다. 문학예술뿐만 아니라 정치·경제·사회·문화의 모든 분야에서 어려운 이 현실을 헤쳐 나가는 데 위로가 되고 용기를 북돋아 줄 수 있는 ≪데카메론≫의 출현을 기대해 본다. 이것은 우리 모두에게 주어진 시대적 사명이라고 해야 할 것이다.

2. 만춘단상(晩春斷想)

1) 4월은 잔인한 달

2021년, 국내외에서 많은 일들이 벌어진 4월이다. 이 년째 잔인한 4월을 세계인 모두가 겪고 있다. 4월 3일, 수에즈 운하에서 좌초된 22만

이집트 수에즈 운하를 막은 '에버기븐호' 6일만에 선체 부양
<수에즈=AFP>

톤 급의 대형 유조선이 다행히 정상화되었고, 다시 운항을 계속하여 우려했던 물류 대란을 피할 수 있었다.

4월 7일, 서울시와 부산시의 시장 보선에서 분노한 시민들은 야당 입후보자에게 표를 던졌다고 보도했다. 4월 9일, 영국여왕의 부군 필립 공(99세)의 왕실 장례식이 사상 처음 TV로 중계되었고, 4월 5일, 1965년 뮤지컬 영화의 고전 '사운드 오브 뮤직'에서 남자주인공을 연기한 캐나다 배우 크리스토퍼 플러머가 별세(92세), '에델바이스' 대령은 하늘로 떠났다.

영국여왕의 부군
필립 공(99세)

4월 16일, 세월호 참사 7주년, 아직도 사고 원인과 책임이 밝혀지지

않고 있다. 4월 19일, 4·19혁명 61주년 기념일, 코로나 19로 집회가 제한되어 쓸쓸했다.

국내외에서 신종 코로나바이러스 대유행과 백신 소동이 일고 있다. "다시 존경받는 미국, 통합 대통령이 되겠다"는 바이든 정부는 출범과 동시에 "아세아 인 증오"(Asian Hate Crime) 사건에 휘말리고 있다. 일본 정부가 후쿠시마 원전 오염수를 바다에 방류한다는 계획에 바이든 정부는 지지하고 있다.

크리스토퍼 플러머(92세)

UN산하 전문기구, 국제해사기구(IMO)의 설립 목적이 "안전한 해상수송 깨끗한 해양보존 Safer Shipping Cleaner Oceans"인데 아무 말도 없고, 한국, 대만, 중국만이 반대하고 있다. "바다가 죽으면 인류도 죽는다 – 쿠스토(J. Cousteou, 프랑스인, 해중과학의 선구자)"

2) 변모하는 미국

바이든 미국 대통령　<TIME>

퓨리턴(Puritan)들이 대서양을 건너 상륙한 신대륙, 미국을 하느님이 주신 에덴(Eden)에 비유하고, '성서에 기반을 둔 국가'(Bible Commonwealth)를 건설하며, 세계의 평화 수호자임을 자처해 온 미국은 'melting pot'(도가니, crucible, 잡다한 인종·문화가 뒤섞인 나라, 미국)에서, 국민의 구성 요소들이 각각 목소리를 높여가면서, 이제 'salad bowl'(샐러드용 보시기)로 바뀌어가고 있다. 다양한 미국의 이민이 미국인으로 통합(統合)된다고 생각하고 있으나 최근에는 오히려 각각의 민족이 각자의 문화와 전통을 유지하면서 보시기에 담은 샐러

드처럼 공존한다고 생각하게 되었다. 'America First'(미국제일), 'Make America Great'(위대한 미국건설)를 외치면서, '성서에 기반을 둔 국가'로 면면히 이어온 미국은 혼돈 속에서 흔들리고 있다.

미국사회가 자랑하는 민주주의 전통, 미국의 꿈 "American Dream. 기회 균등에 의한 성공과 물질적 번영이라는 미국인의 이상", 세계 정치에서 미국의 지도적 역할 등을 근저에서부터 다시 평가하려는 경향이 커졌다.

"분열의 정치 치유와 글로벌 리더 복귀"를 약속한 바이든 시대, 트럼프 열광 현상인 '트럼피즘'(미국우선주의)에서 벗어나 다자주의적 자유주의 국제질서로 돌아가 리더십을 발휘하겠다는 '바이든 국제주의'로 변화와 발전을 향한 미국재건은 이제 시작했다.

인종차별(racialism) 금지의 표상, 첫 비백인(非白人) 아시아계 여성 부통령 카멀라 해리스의 영향력 발휘를 기대해 본다.

어맨다 고먼

3) 고먼의 『우리가 오르는 언덕』

2021년 1월 20일, 어맨다 고먼(Amanda Gorman)은 미합중국 대통령 취임식에서 축시를 낭독한 여섯 번째 시인이자 최연소 시인이 되었다. 제46대 미국 대통령 조 바이든(Joe Biden) 다음으로 무대에 오른 고먼은 전 미국을 사로 잡고 전 세계 시청자들에게 희망을 안겨주었다. 고먼의 시 '우리가 오르는 언덕: 취임식 축시(The Hill we climb: An inaugural poem for the country)'는 이제 한국에서도 특별판(영한 대역)으로 2021년 3월 30일 초판이 출간

『우리가 오르는 언덕』
특별판(영한 대역)

되었다. 오프라 윈프리의 매혹적인 서문이 실린 이 기념 시집은 미국의 가능성을 약속하고 시의 힘을 확인시켜줄 것이다.

환경, 인종 및 젠더 평등을 위한 운동가인 고먼의 행동주의와 시는 <투데이 쇼>, <PBS 키즈>, <CBS 디스 모닝>, <뉴욕타임스>, <보그>, <에센스>, <O 매거진> 등에 소개됐다. 하버드대학교를 우등으로 졸업한 후 현재 고향인 로스앤젤레스에서 살고 있다. 2017년 전국 60여 곳 이상의 도시, 지역, 주(州)의 청년 계관시인들을 후원하는 어번 워드에 의해 미국 최초의 청년 계관시인으로 선정됐다.

> Where a skinny Black girl,
> Descended from slaves and raised by a single mother,
> Can dream of becoming president,
> Only to find herself reciting for one.
>
> 여기선 깡마른 흑인 소녀,
> 노예의 후손으로 홀어머니가 키운 그 소녀가
> 대통령이 되는 꿈을 꿀 수 있다지,
> 대통령에게 시를 낭독하는 자신을 문득 보네.
>
> ―「The Hill We Climb, 우리가 오르는 언덕」 중에서, 정은귀 옮김

4) 수에즈 운하에서 좌초된 에버기븐 호

2021년 3월 23일, 22만 4000톤의 초대형 컨테이너선 에버기븐(Ever Given)호가 좌초 사고로 수에즈 운하를 떡하니 가로막은 지 11일만에 정상화되어 발 묶였던 422척이 통항을 완료했다. 국제 유가는 오르고, 물류 수송이 차질을 빚고, 운하에 갇힌 배에서 운송 중인 동물들이 굶어 죽을 처지에 놓여 있었다. 인류의 위대한 업적인 수에즈 운하가 배 한 척 때문에 재앙으로 돌변하면서 물류 대란이 우려되었으나, 4월 3일

61척을 끝으로 모든 대기 선박의 통항이 완료되었으니 천만 다행한 일이었다.

수에즈 운하는 지중해와 홍해를 잇는 길이가 190km, 아시아와 유럽을 연결하는 핵심 통로로 전 세계 물동량의 10~12%를 담당한다. 지난해 약 1만 9천척, 하루 52척의 선박이 이 운하를 통과했다. 운하를 통과하는 각 선박의 통항료는 최대 30만 달러다.

초대형 컨테이너선 에버기븐호가 이집트 수에즈운하를 가로막고 있다. 해당 선박 좌초로 양방향 통행이 막혀 100여 척의 선박 운항이 중단됐다. <인스타그램 캡처>

좌초 원인, 책임 소재 등을 둘러싼 치열한 공방이 예상되고 있고, 피해 배상 문제도 남은 과제다. 수에즈운하관리청(SCA)은 이번 사고로 인한 손실을 약 10억 달러(약 1조 1200억원)로 추정하고 있다. 이집트 최초의 최연소(29세) 여성 선장(마르와 엘셀레다르)이 좌초선 사건과 연루되었다는 가짜 뉴스가 소셜미디어에서 확산되면서 비난이 집중된 가운데, 4월을 맞는다.

5) 그레타 툰베리-소녀 환경운동가

신종 코로나바이러스 대유행의 확산이 시작된 작년, 서점가에는 'CORONA 19'에 관한 책들이 카뮈(Albert Camus)의 소설『PEST』를 비롯하여 쏟아져 나왔다.

올 들어 서점에 가보니 "기후 위기"에 관한 책들이 많이 눈에 띈다.

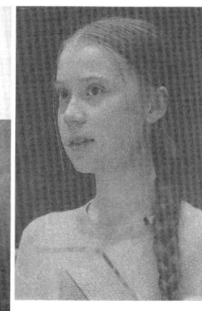
그레타 툰베리

스웨덴의 10대 소녀 환경운동가 그레타 툰베리(Greta Thunberg)의 가족이야기를 담은 "그레타 툰베리의 금요일"이 베스트셀러로 자리를 잡고 있다.

그레타는 2019년 노벨 평화상 후보였다. 2018년 8월, 뜨거운 어느 금요일에 그레타는 학교 대신 "기후를 위한 학교 파업(SKOLSTREJK FÖR KLIMATET)"라고 적힌 푯말을 들고 국회 의사당으로 향한다. 그렇게 1인 시위로 시작한 "기후를 위한 학교 파업"은 현재 전 세계의 주목을 받으면서, 133개국의 160만 명의 청소년이 동참하기에 이르고, 현재 이 시위는 "미래를 위한 금요일"이라는 거대한 환경 캠페인이 되었다.

2018년 12월 "유엔 기후변화 콘퍼런스"에서 연설을 한 후 그레타의 트위터 팔로워 숫자는 이전에 비해 4000퍼센트 가까이 증가하고, 현재 인스타그램 팔로워 숫자는 312만 명에 달하고 있다. 그레타는 지인이 마련해 준 소형 보트를 타고 대서양을 건너 뉴욕 항에 안전하게 도착했다.

그레타의 엄마는 스웨덴의 유명한 오페라 가수인 말레나 에른만(Malena Ernman, 빅토리아 공주와 다니엘 공작의 결혼식 축가를 부를 정도로 인기있는 가수), 연극배우인 아빠 스반테 툰베리(Svante Thunberg), 여동생 베아타 에른만(Beata Ernman)은 기후를 위한 운동에 적극 동참하고 있으며 이 책을 함께 쓴 저자들이기도 하다. 이 가족은 탄소 배출에 가장 심각한 문제가 되는 "비행기 타기"를 기꺼이 포기했다. 엄마는 공연을 위해 종종 해외여행을 해야 하는 상황이다. 비행기 운항이 막대한 양의 탄산가스를 배출시킨다는 사실이 명백하게 드러났는데도 불구하고 아무도 귀를 기울이지 않는다. 승객 1명이 1킬로미터 거리를 이동할 때 발생하는 이산화탄소 배출량이 기차가 14그램인 반면 비행기가 285그램이라는 사실의 무게를 느껴야 한다.

"저는 어른들이 희망을 품기를 바라지 않습니다. 저는 어른들이 두려워하기를 바랍니다. 저는 어른들이 제가 매일 느끼는 공포를 느끼기를 바랍니다. 그리고 저는 어른들이 행동하기를 바랍니다. 저는 어른들이 우리 집이 불타고 있는 것처럼 행동하기를 바랍니다. 왜냐하면 우리 집이 지금 불타고 있기 때문입니다."

"지구 평균기온이 지금보다 섭씨 2도가 높아지면 우리에게 남은 미래는 없습니다. 해수면이 65미터 상승하고, 생물 종이 대량으로 멸종하여 대양이 보라색으로 변하고 산성화될 것이며, 지구 전체는 불타오를 듯이 뜨거워질 것입니다. 섭씨 2도의 목표를 달성하기까지 남은 시간은 18년 157일입니다."　　　　　－그레타 툰베리의 연설문 중에서

그레타는 우리가 행동하는 만큼 지구환경을 변화시킬 수 있다는 것을 일상을 통해 절실히 보여주고 있다.

6) 기후위기 대응, 앞으로 3년

기후 문제에서 선두적인 역할을 하고 있는 여섯 명의 학자들과 정책 결정자는 2017년 여름 ≪네이처≫에 기고한 글에서 탄소 배출량이 하강 곡선을 그리게 할 수 있도록 인류에게 주어진 시간을 정확히 <3년>이라고 지적했다. 이 시간을 '지구를 구할 수 있는 3년의 시간'이라고 표현했다. 앞으로 3년 동안에 배출량이 하강 곡선을 그리지 못하게 되면 파리기후협정에서 채택된 섭씨 2도의 목표 달성은 실패할 것이며, 그 결과 기후변화로 인한 치명적인 사태의 악순환을 피할 수 없을 것이라고 경고했다.

하지만 실제로는 기후 문제에 관한 모범적으로 대처하는 국가는 전 세계 어디에도 없다. 어쨌든 서구 선진국 쪽에는 단 한 나라도 없다. 미국 트럼프 정부는 파리기후협정에서 탈퇴까지 했다. 지금까지 누려 온 삶의 양식을 앞으로도 계속 누리려고 노력할 뿐이었다.

7) 기후변화 대책에 앞장선 바이든

4월 22일부터 이틀 동안 화상으로 진행된 '세계기후정상회의'에서 조 바이든 미국 대통령이 개막 연설을 맡았다. 그는 기후 변화를 "실존적 위기"라고 부르며 이를 막기 위해 "우리 모두 지금 행동해야 한다"고 밝혔다. 곧이어 "미국은 2030년까지 온실가스 배출량을 2005년 대비 절반으로 줄이겠다"고 밝혔다.

2015년 파리에서 열린 유엔기후변화협약(UNFCCC) 당사국총회(COP21)에서 지구 기온변화 1.5도가 처음으로 공식화되었는데, 유엔 산하 기후 변화에 관한 정부간 협의체(IPCC)는, 지구의 살길은 온난화 1.5도, 10년내에 탄소배출을 45% 줄이

10년내 탄소배출 45% 줄이기 '속도전'
(2010년 대비)   <동아일보>

고, 2050년에는 순배출량을 '0'으로 만들어야 한다고 설명했다.

선진국은 '2050 탄소중립' 행동을 착수했는데, 영국은 68%, EU는 55%, 일본은 46% 감축 계획을 제시했고, 한국은 '탈(脫) 석탄' 계획을 선언하고, 24% 감축 기존안을 올해 말까지 상향 조정키로 했다. 조만간 전 세계가 탄소 배출량을 바탕으로 산업과 통상 체제를 재편할 것이란 전망이 우세하다. 실제 EU는 '탄소국경세' 도입을 검토하고 있다.

올해 우리나라 정부는 상반기 중에 2050년 탄소 중립 달성 시나리오를 만들어 발표한다. 예컨대, 수송 분야에서는 내연기관차 퇴출 시점을 검토하고, 에너지 분야 역시 석탄 발전의 퇴출 시점을 언제로 잡을지, 재생에너지 생산 방식 등. 이 과정에서 지금까지 한국 경제를 지탱한 석탄 발전이나 내연기관 산업은 퇴출 될 수 있다. 그렇게 되면 이들 산업체 종사자들의 일자리 문제를 고민해야 한다. 플라스틱을 쓰지 않는 방안도

찾아야 한다. 쓰레기를 줄이는(Zero Waste) 순환경제 구축도 시급한 과제다. 대통령 소속 탄소중립위원회가 곧 발족하여 지휘할 것이다.

8) 배부른 소와 굶주린 사람들

> 곡물로 키우는 소의 쇠고기는
> 불에 탄 삼림, 침식된 방목지, 황폐해진 경작지,
> 말라붙은 강이나 개울을 희생시키고 수백만 톤의 이산화탄소,
> 아산화질소, 메탄을 허공에 배출시킨 그 결과물이다.

"수백만 명의 인간들이 곡식이 부족해 기아에 시달리는 와중에도 선진국에서는 사료로 사육된 육류, 특히 쇠고기 과잉 섭취로 인해 생긴 질병으로 그보다 더 많은 사람들이 목숨을 잃고 있다. 미국인, 유럽인, 일본인들은 곡물로 사육된 쇠고기를 탐식하고 있으며 그 때문에 '풍요의 질병', 즉 심장발작, 암, 당뇨병 등에 걸려 죽어가고 있다.

그럼에도 지구촌 곳곳의 축산 단지들이 야기하는 환경적, 경제적, 인간적 해악의 피해에 관해서는 별다른 논의가 진행되지 않고 있다. 대다수의 사람들은 소가 지구의 생태계와 문명의 운명에 광범위한 영향을 미치고 있다는 점을 전혀 모르고 있다. 하지만 날로 증가하는 소와 쇠고기 소비 문제가 미래의 지구와 인류의 행복에 가장 큰 위협으로 부상하고 있다."
―『육식의 종말』에서

오늘날 지구상에 존재하는 소의 수는 12억 8,000마리로 추산된다. 소의 사육 면적은 전 세계 토지의 24%를 차지하고 있으며 그것들은 수억 명을 넉넉히 먹여 살릴 만한 곡식을 먹어치우고 있다. 소의 무게를 전부 합치면 지구상의 모든 인간의 무게를 능가한다.

소의 수는 갈수록 증가하는 추세이며, 이는 지구의 생태계에 혼란을 가져오고 6대륙의 거주지들을 황폐하게 만들고 있다. 무엇보다도 소

의 증가는 현재 남아 있는 열대우림을 파괴하는 주요한 요인이 되고 있다. 중앙, 남아메리카의 수백만 에이커에 달하는 고대 열대우림 지역이 소 방목용 목초지로 개간되고 있다. 또한 소 방목은 사하라 이남 및 미국과 오스트레일리아 남부 목장 지대에서 활발히 진행되고 있는 사막화의 주된 요인이다. 반건조 지역과 건조 지역에서의 과잉 목축으로 인해 4대륙에는 메마른 불모지가 생겨나고 있다. 나아가 사육장에서 흘러나온 축산 폐기물이 지하수 오염의 주요 원인이 되고 있으며, 소는 지구 온난화의 주범이기도 하다. 소가 내뿜는 메탄은 지구 온난화를 초래하는 잠재적인 가스로서 지구 대기에서 열기가 빠져나가는 것을 차단하는 역할을 한다.

축우를 포함하여 여타 가축들은 미국에서 생산되는 모든 곡물의 70%를 소비한다. 지구상에서 생산되는 전체 곡식의 1/3을 축우와 다른 가축들이 먹어치우고 있는 반면 수없이 많은 사람들이 기아와 영양실조에 허덕이고 있다.

인간들은 기아에 시달리고 있지만 소와 다른 가축들은 실컷 곡물을 먹고 있다. 이런 이유로 개발도상국가들에서는 격렬한 정치적 분쟁, 북반구의 산업화된 국가들과 남반구의 가난한 국가들 사이에서는 정치적 적대감이 움트고 있다.

이 책은 6부로 되어 있다.
<제4부 배부른 소와 굶주린 사람들>에서는 현대적인 축산 단지와 전 세계 쇠고기 문화가 인간에게 미친 영향을 검토한다.
<제5부 소 떼와 위협받는 지구환경>에서는 현대적인 축산 단지에서 초래되는 환경적인 위협의 정도를 검토한다.
이 책은 21세기에는 인류가 육식 문화를 극복해야 한다는 주장으로 끝을 맺고 있다.
"만약 지구의 건강을 회복시키고 날로 증가하는 인구를 먹여 살리

는 데 일말의 희망을 가질 수 있다면, 지구상에서 축산 단지들을 해체시키고 인류의 음식에서 육류를 제외시키는 것이야말로 향후 수십 년 동안 우리가 이루어내야 할 중요한 과업이다.

인간의 식단에서 육류를 제외시키는 것은 인간 의식의 역사에서 인류학적 전환을 의미한다. 우리는 육식 문화를 넘어서야만 인류를 위한 새로운 과제를 정할 수 있다. 또한 생태계 보호, 인간에 대한 영양 공급, 지구를 공유하는 다른 생명체들의 안녕에 대한 관심을 가질 수 있다. 아무쪼록 우리 사회가 어떤 식으로든 육식을 지양했으면 하는 바람을 갖고 이 책을 저술하였다." -『육식의 종말』에서

『소유의 종말』, 『노동의 종말』, 『엔트로피』의 저자인 제레미 리프킨(Jeremy Rifkin)이 인류의 육식 문화에 던지는 경고장,『육식의 종말』(Beyond Beef)을 저술했다.(2020. 1월 초판 1쇄, 동년 7월 초판 37쇄 발행)

그는 자연과학과 인문과학을 넘나들며 자본주의 체제 및 인간의 생활방식, 현대 과학기술의 폐해 등을 날카롭게 비판해 온 세계적인 행동주의 철학자이다. 전 세계 지도층 인사들과 정부 관료들의 자문역을 맡고 있으며 과학 기술의 변화가 경제, 노동, 사회, 환경에 미치는 영향에 대해 활발히 집필 작업을 해왔다.

9) "황무지"의 모리배(謀利輩)들

엘리엇(T.S. Eliot)의 시『황무지』(The Waste Land)는 일반적으로 현대 물질주의 문명의 부패 타락, 제1차 세계대전 후의 인간사회가 불모화되어 가는 현상과 전후의 환멸, 문명의 기계화로 인해 인간의 정신문화가 피폐되고 인간의 상호관계가 단절되어서 발생한 소외의식이 심화된 현대인의 정신적, 육체적, 제문제를 사회학적이고 문명비평적

인 관점에서 다루고 있다고 많은 비평가들은 보고 있다.

『황무지』는 전후의 사회적인 불안과 공포, 인간의 정신적 피폐와 절망만을 다루고 있다고는 볼 수 없다. 20세기의 인간의 영혼문제에서 공통적인 무질서의 원인을 인식하고, 그 시대의 영적 불모의 해소와 인간구원의 시급한 요청을 선지자적 입장에서 해결하려는 방법론을 제시하고 있다는 데 큰 의미가 있다.

엘리엇(T.S. Eliot)

『황무지』는 근본적으로 기독교에 기초를 둔 종교시이고, 엘리엇의 의도나 목적은, 생명을 기독교적인 관점에서 해석하고 재생(再生)의 필요성을 증명하려는 것으로, 기독교적인 부활과 인간구원을 근간으로 하고 있다.

제1부「사자의 매장」(The Burial of the Dead)의 첫 행(行)은 만물이 소생하는 일년 중 봄의 계절, 사월로 시작된다. 4월은 소생의 달이지만, 기독교의 절기에서는 그리스도의 부활을 축하하는 가장 큰 절기 중이 하나로서 인간에게는 영적 부활을 상징하는 달이기도 하다. 이 계절에는 자연의 모든 생물이 소생하고 아울러 삶의 의욕도 깨어나고 되살아난다.

그러나 "황무지"에 살고 있는 사람들에게는 이러한 생명의 소생이나 영적인 부활은 오히려 공포와 "잔인"의 대상으로 느껴진다. 『황무지』의 인간들은 삶의 의욕이나 목적도 없이 그저 살아가고는 있지만, 실상은 영적으로 죽은 존재들로서 그들에게는 영적 각성이나 부활은 도무지 기대할 수 없는 상황이다. 그래서 소생과 부활의 4월은 그들에게는 "가장 잔인한 달"일 수밖에 없다.

> 사월은 가장 잔인한 달,
> 죽은 땅에서도 라일락은 자라고,

기억과 욕망은 뒤섞이고,
봄비로 잠든 뿌리를 흔들어 깨운다.
대지는 망각의 눈으로 덮이고,
마른 뿌리로 작은 생명을 부양했으니,
차라리 겨울이 따뜻했다.
　　　　　－「황무지 1. 사자의 매장」에서

April is the cruellest month, breeding
Lilacs out of the dead land, mixing
Memory and desire, stirring
Dull roots with spring rain.
Winter kept us warm, covering
Earth in forgetful snow, feeding
A little life with dried tubers.
　　　　　－The Waste Land, I. The Burial of the Dead

　하느님의 품을 떠나 영적인 "황무지"에서 살고 있는, 원죄를 지고 태어난 인간들은 "죽은 땅에서" 생명의 상징인 "라일락을 키워내고", 또한 봄비로 겨우내 잠자던 "뿌리"를 "뒤흔드는" 영적인 풍요와 각성을 가져다주는 "4월"의 "잔인함"보다는 차라리 하느님을 망각한 채 살아가던 "겨울"이 더 따뜻했다고 느낄 수밖에 없다. "황무지"의 인간들은 지난 여름과 겨울의 경험과 감정들을 되살리면서 영적인 게으름과 육체적인 욕망과 만족을 누리던 "황무지"에서의 생활이 더 마음이 편하고 "자유롭게 느껴진다" 여기에 등장하는 주인공들은 모두가 삶의 의미를 찾기를 기피하고 그저 그들의 삶 속에는 깊은 "뿌리"도 없고…, 그야말로 불모인 "황무지"의 모습이 있을 뿐이다. "황무지"의 모습은 분명히 피폐된 인간상황의 모습과 지옥의 모습이다.
　민중을 학살하는 미얀마의 독재군부들, 핵무기를 개발하는 자들, 자연을 파괴하고 돈을 버는 기업인들, 폭등하는 부동산 가격을 걷잡지 못하고 있는데, 온갖 수단과 방법으로 자신의 이익만을 꾀하는 모리배(謀利輩)들이 날뛴다. 때로는 "고양이 보고 반찬 가게 지키라"는 경우도 있으니 가관인 "황무지"다.

오직 온유한 자는 땅을 차지하고(시편 37-11), 의인이 땅을 차지함이여 거기 영원히 거하리로다(시편 37-29).

10) 가뭄에 한줄기 소나기

2020년에는 영화 「기생충」이 <오스카 아카데미 상>을 타면서 실의에 빠진 국민에게 큰 위로가 되었는데, 2021년 4월 26일에 윤여정 배우(75세, 영화 「미나리」에 출연)가 아카데미 여우조연상을 받았다. 잔인한 4월에 큰 기쁨과 희망을 안겨 준 쾌거였다.

윤여정은 아카데미 상을 탔으니, 김여정은 노벨 평화상 타기를 바라면서 기다려 보자. 찬란한 봄을…. 찬란한 슬픔의 봄을….

"세상은 지나가고 있습니다."
The world is passing away.
―The Bible (요한 1서)

"코로나19, 이 또한 지나가리라."
COVID PANDEMIC, This too shall pass.   ―CNN

〈참고문헌〉

1. AMANDA GORMAN, 정은귀 역, 『The Hill We Climb 우리가 오르는 언덕』, 은행나무, 2021.
2. 제리미 리프킨, 신현승 역, Beyond Beef 육식의 종말, 시공사, 2020.
3. TIME(April 26/ May 3. 2021, Dec. 21/Dec. 28. 2020)
4. 동아일보 관련기사

3. 위기에 처한 지구촌

　제2차 세계대전이 끝나면서 영미 해운은 쇠퇴하고, 괴멸상태였던 일본 해운은 재기하여 국제해운계에서 실질적인 제1위의 해운대국으로 도약했다. 한국을 위시하여 신흥국가들의 해운진출 등, 세계의 해운산업계는 판도의 변화가 일어났고, 한편 해운산업계는 경영의 합리화로 국제경쟁력을 높이고,「살아남기」위해서 선박의 편의치적(便宜置籍) 제도를 도입하여 편의치적선(FOC vessel)에 개발도상국 출신인 저임금 저자질 선원을 승무하게 하는 배승구조를 채택하게 된다. 그 결과 대형 해난사고가 많이 발생하게 되었다.

　대형 해양오염사고 발생.
　1967년 3월 18일, 리베리아 선적 탱커 Torrey Canyon호가 10만 6천 중량톤의 기름을 만재한 채 도버 해협 콘웰 해안에서 좌초하여 다량의 원유 유출 사고를 일으키고, 그 주변을 오염시킨 큰 사고를 계기로 IMCO당국(현재의 IMO 전신)은 1972년 5월부터 1977년 9월까지 6년간에 걸쳐 검토한 끝에 STCW협약을 채택했다. 채택에 앞서 1978년 3월 16일, 리베리아 선적 탱커 Amoco Cardiz호가 22만 톤의 원유를 유출시킨 사상 최악의 해양오염 사고를 야기했다. 또한 1967년~77년 사이에 미국 연안에서 발생한 일련의 해양오염 사고 중 Argo Merchant 호도

역시 최악의 유탁사고를 일으켰는데, 토리 캐년, 아모코 카디즈, 아르고 머천트는 해양오염과 관련된 악명 높은 3대 선박으로 기록된다. 이러한 해양유탁사고는 STCW협약(선원의 훈련, 자격증명 및 당직근무의 기준에 관한 국제 협약)의 조속한 채택을 위한 촉진적인 역할을 한 셈이다.

구소련(USSR)은 이 협약의 첫 번째 비준국이었는데, 조속한 발효를 위해서 개도국 대표들을 위한 해사교육훈련세미나(1979.6) 개최국이 되었다.

나는 한국측 대표로 참가했었다. 오데사해양대학의 해양오염방지대책을 연구하는 교수연구실에서 흑해에 유탁사고 발생시의 대응책이 공개되었다. 수면에 유출된 기름 확산방지를 위해서 지프라기를 활용하고 있었다. 아직 수준 미달이었다. 실습선의 실습감 임무를 수행하면서 국내의 항구를 모두 입출항해 보았고, 대만, 싱가포르 등 동남아 해역, 일본의 해역 등을 항해하면서 해양이 크게 오염되고 있음을 목격할 수 있었기에, 이 분야에 관심을 갖게 되면서, 「월간 山林」지(1996년 5월~1997년 1월호)에 「지구를 살리자」 제하의 연재물을 발표했다. 다음과 같은 아홉 편의 글과 부록 한 편, 모두 열 편의 글을 수록했다

1) 〈지구를 살리자〉 연재하면서

① 범람하는 쓰레기, 우리는 생매장 될 것인가
② 자동차 공해와의 전쟁
③ 열대우림은 살아남는가
④ 종(種) - 멸종 위기
⑤ 바다, 보고인가 하수구인가
⑥ 깨끗한 땅
⑦ 학대받는 지구, 누가 언제 끝낼 것인가
⑧ 세계적인 문제, 물 위기
⑨ 핵 위협, 끝났는가

<부록> 담배, 당신은 계속 피우시겠습니까.

지구는 전례 없는 위기에 놓여 있다.

우리는 땅과 강을 독으로 오염시키고, 해변과 바다를 원유 유출로 오염시키며, 생명의 기반인 대기마저 오염되고 있다. 이처럼 지구를 계속 희생물로 만들어 가고 있어 "지구 살리기" Green 정신을 고취하고자 앞에 적은 제하의 내용으로 연재하게 되었다.(1996.5~1997.1)

우리 주변에서 생겨나는 쓰레기 문제는 "1990년대의 위기"라고 했다. 쓰레기 전쟁에서 인류가 피해를 받지 않기 위해서 우리는 중지를 모아야 할 긴급한 시대에 살고 있다. 범람하는 쓰레기, 우리는 묻힐 것인가?

거대한 주차장으로 전락한 지구, 어떻게 해결할 것인가? 이로 인한 대기오염으로 지구환경파괴가 급속히 이루어지고 있다. 그래서 어떤 사람들은 자동차를 없애야 한다고 말한다. 그러나 대부분의 사람들은 덜 극단적인 해결책을 원하고 있다.

인간의 탐욕 속에 마구 파괴되어 사라지는 산림, 십오층 높이로 솟은 나무들 사이로 풍요로운 생물권이 있는 열대우림, 매년 스위스와 네덜란드를 합한 면적이 마구 파괴되고 있어 "생명의 역사상 최악의 대학살"이라고 일부 학자는 말한다. 하나밖에 없는 지구, 멀리 앞을 내다보고 관리해야 할 때다.

오늘날 멸종 위기에 처한 종(種) 문제에 대한 최선의 해결책은 그것들의 서식지를 보호하는 것과 관련되어 있다. 그러므로 지구 살리기의 일환으로 자연보호에 지대한 관심과 실천을 해야 할 절박한 시점에 있다는 인식이 필요하다.

바다는 우리들이 숨쉬는 산소를 공급하고 지구의 온도를 알맞게 조절한다. 또 풍부하고 다양한 생명체를 부양하며 지구의 기후와 비의 순환에 결정적인 역할을 하고 있다. 이런 바다가 죽는다면 인류도 함께 죽고 말 것이라는 경고를 우리는 겸허하게 받아들여야 한다.

우리는 창조주로부터 깨끗한 물, 깨끗한 공기 그리고 햇빛을 값을 치르지 않고 이용하도록 혜택을 받고 있다. 그러나 지난 몇 십년 간 사람들이 선택한 생활방식으로 인해 땅의 생물권이 대규모로 오염되었다. 이제는 국경을 초월하여 희망을 갖고 해결책을 찾아야 한다.

물은 지구상에 있는 모든 생명체에 꼭 필요한 물질이다. 그러나 전세계의 물 가운데 사람이 쉽게 사용할 수 있는 물은 1퍼센트밖에 되지 않아 많은 지역이 물 위기에 처해 있다. 그 이유와 해결책에 대하여 알아본다.

대만 핵폐기물 북한반입 추진으로 남의 일처럼 느껴졌던 '해폐기물' 문제가 한반도에서도 심각한 문제로 대두되고 말았다. 핵폐기물에 대한 국내외의 관심이 고조되고 있는 가운데 전 세계적으로 핵실험 문제는 어떠한가를 살펴본다.

[지구는 병들고 있다]

지금 전 세계는 오존층과 열대우림의 파괴, 엄청난 양의 독성물질을 강과 바다에 버림으로써, 지구의 사막화, 이상기후, 생물학 자원의 고갈로 지구 환경이 파괴되어 대참사가 우려되기도 한다. 학대받는 지구, 누가 언제 끝낼 것인가.

지구는 전례없는 위기에 놓여 있다.

2) 탄소중립 촉진을 위한 인류의 노력

■ '화석연료 끝났다.' 40개국 정상 꾸짖은 19세 환경운동 소녀, 시예 바스티다.

2021년 4월 22일, 조 바이든 미국 대통령 등, 세계 40개국 정상이 참석한 화상 기후정상회의에서, "화석연료의 시대가 끝났다"며 각국의 대책 마련을 촉구한 멕시코 출신 환경운동가 시예 바스티다(19)가 큰 주목을 받고 있다. 그는 스웨덴 환경운동가 그레타 툰베리(18)가 속한 국제 청소년 환경단체 '미래를 위한 금요일'의 지도자다. 툰베리가 2019년 유엔 기후행동 정상회의

시예 바스티다

에서의 연설로 유명인사가 된 만큼 바스티다. 또한 비슷한 행보를 밟을 가능성이 높다는 분석이 나온다.

이날 토리 블링컨 미국 국무장관의 소개로 등장한 바스티다는 주요국 정상에게 기후변화와 불평등에 관한 대책을 속히 내놓으라고 일갈하며 기후 정의가 곧 사회 정의라고 주장했다. 그는 "세계지도자들은 화석연료의 시대가 끝났다는 것을 받아들일 필요가 있다. 언제까지 모면할 수 있다고 믿느냐"며 신재생에너지로 즉각 전환할 것을 촉구했다. 고교재학 당시 동료 학생들과 수업을 거부한 '기후 파업'은 뉴욕 최초의 주요 기후 파업으로 꼽힌다. 2020년에 명문 펜실베니아대학에 입학했다. 바스티다는 2002년 멕시코 중부에서 아즈텍 원주민계인 아버지와 칠레·유럽계 어머니 사이에서 태어났다. 부모 역시 환경운동가다.

바스티다는 기후변화에 따른 식량과 물 부족으로 고향에서 밀려난

'기후 이민자'를 부유한 나라가 받아들여야 한다고 지적했다. 현재의 경제, 정치체제 또한 제3세계 개발도상국과 유색인종 등의 희생으로 존재한다며 "섬나라, 극지, 아프리카, 아마존 등 기후변화로 고통받는 국가와 부족들의 불평등을 해결하라"고 꾸짖었다.

 기후변화 위기감이 커지면서 온실가스 감축은 최근 국제사회의 가장 큰 문제로 떠올랐다. 2019년에 발생한 「코로나19」(COVID19) 대유행의 원인은 기후변화 때문이라고 보고 있고, 이로 인하여 '위드코로나(Living with corona)'라고 하며 인류와 함께 오래도록 살 것 같다고도 한다.
 그 동안 '탄소중립, Net Zero'을 위해서 얼마나 국제사회는 노력해 오고 있는가, 이 절박한 인류의 문제를 정리해 본다.

 1967년에 Torrey Canyon호, 1978년에 Amoco Cadiz호, 1989년에 Exxon Valdez호 등, 대형 유조선이 좌초하여 바다를 크게 오염시킨 해난사고, 1986년에 일어난 체르노빌 원전 사고 등, 지구촌에서 잇따라 참사가 일어났었다.
 '바다가 죽으면 인류도 죽는다'고 저명한 해중과학자 자크 쿠스토(Jacques Cousteau)는 말한다. 1973년 국제해사기구(IMO)는 선박으로부터의 해양오염 방지에 관한 국제협약(MARPOL 마폴)을 채택했고, '1978년에는 선원의 훈련·자격 증명 및 당직근무의 기준에 관한 국제협약(STCW)'을 채택했다. 해양오염 사고를 일으키는 원인을 분석한 결과 선원의 운항상의 과실이 80%로 밝혀졌기 때문에 선원의 자격에 관한 국제적 기준을 정하게 되었다.
 1989년에 네덜란드 헤그에서 24개 국가의 정상회담이 열렸는데, 국제연합내에 '글로브(Globe)'라는 새로운 기관을 창설해야 하기로 제의된 바 있다. 글로브는 '환경 표준을 세우고 시행하는 데 전례없는 범위의 전환'을 가져올 것으로 기대되었다.

　오직 단일화된 세계 기관만이 이 세계적인 문제를 거론하고, 실권이 주어지기 위해서 각국은 소중한 국권을 일부 포기해야 한다고 생각하게 되었다. 지금까지 각 정부나 국제기관이 탐욕과 가난을 근절해보지 못했고, 너무도 흔히 각 정부들은 탐욕에 기초를 두어왔다.

　1991년 1월, 국제환경계획(UNEP)이 중심이 되어 마련된 오존층 파괴 방지를 위한 '몬트리올 의정서'가 발효되었다. 오존층 파괴 방지는 해양환경 보존과 밀접한 관계가 있다.

　1994년에는 바다의 헌법이라고 불리는 유엔해양법협약(UNCLOS)도 발효되었는데, 해양환경의 보호, 보존, 생물자원의 개발과 보존도 그 내용의 일부를 이루고 있다.

　1992년 6월, 리우(Rio)에서 열린 지구정상회담에서 기후변화에 대한 국제사회의 관심이 표명되었고, 생물다양성 협약이 채택되어 1993년에 발효했다.

　1995년, 유엔기후회의(UN Climate Conference)가 베를린에서 개최되었는데 116개국이 참가하였다.

　2015년, 파리에서 열린 유엔기후변화협약(UNFCCC) 당사국총회(COP 21)에서 지구기온변화 1.5도 유지가 처음으로 공식화되었다.「지구의 평균온도 상승폭을 산업화 이전(1850~1900년)의 2도 아래로 유지하고, 1.5도로 제한토록 노력한다」는 내용을 담은 '파리기후 협약'이 채택되고, 신기후체제가 시작되었다. 기후변화 속도가 빨라지면서, 지구 온난화에 대처할 시간이 촉박하다고 밝혔다.

　2018년, 유엔 산하 기후변화에 관한 정부간 협의체(IPCC)가「지구온난화 1.5도 특별보고서」를 발표하고, 회원국들이 만장일치로 채택했다. 지구온난화로 인한 위험이 커지는 것은 마찬가지지만,「파국」상황을 막기 위해서는 온도 상승폭을 1.5도로 제한해야 한다는 데 모두 동의했다.

IPCC는, 이를 위해서 온실가스 배출량을 2030년까지는 2010년 대비 최소 45%로 줄이고, 향후 10년은 이에 대한 결정을 내려야 하며, 지구 기온 상승률을 1.5도 이내로 유지하게끔 노력해야 하고, 앞으로 10년 기후변화에 집중적으로 대응해야만 2050년에 「넷제로」(Net Zero, 탄소중립)에 도달한다고 보았다.

[탄소중립] : 온실가스 배출량과 흡수량이 같이 'O'(zero)으로 만들고, 앞으로 지구온도 상승률을 1.5도에서 막으려면 2050년까지 탄소중립에 도달해야 한다는 개념.

기후위기감이 커지면서 온실가스 감축은 최근 국제사회의 가장 큰 이슈로 떠올랐다. 최악의 기후위기를 막을 수 있게 향후 10년은 (2030년까지) 이에 대한 결정을 내려야 한다.

2021년은 기후변화 대응에 있어서 역사상 가장 중요한 해가 되었다. 전 세계는 파리기후변화협약의 신(新)기후체제가 시작되었다. 특히 신종 코로나 바이러스 감염증(코로나19)으로 인해 기후변화에 대한 관심이 어느 때보다도 높아졌다.

새로 취임한 조. 바이든 미국 대통령은 트럼프 정책 뒤집기를 서둘렀다. 트럼프 행정부 때 탈퇴한 파리기후변화협약에 재가입하는 행정명령을 내렸다.

2021년 4월 22일, 조. 바이든 대통령이 개최한 세계기후정상회의를 시작으로, 2021년 5월 30일, 31일 양일간 열린 '서울 녹색미래 정상회의(2021 P4G Seoul Summit)', 7개국(G7) 정상회의(영국), 주요 20개국(G20) 정상회의(이탈리아), 유엔 기후변화협약 당사국총회(COP 26, 영국 글래스고)가 열리고, 치열한 외교전이 벌어졌다.

■ <u>2021</u> 서울 녹색미래 정상회의
  (2021 P4G Seoul Summit)

'P4G 2021'이 2021년 5월 30일, 31일 양일간 서울 동대문디지털플라자에서 열렸다. 한국이 처음 여는 영상 국제정상회의인데, 지난달 4월 22일 바이든 미국 대통령이 주최한 기후정상회의에서 합의한 기후변화 관련 국제공조의 모멘텀을 이어 갈 것으로 기대가 컸다.

녹색미래 정상회의는 'P4G정상회의'로 불린다. P4G는 기후변화 대응과 지속 가능한 발전 방향을 논의하는 글로벌 협의체로 2017년에 구성되었고, 녹색성장 및 2030글로벌 목표를 위한 연대(Partnering for Green Growth and the Global Goals 2030)의 약자다. 195개 국가가 온실가스 배출량을 줄이자고 약속한 파리기후협약이 2015년에 채택된 이후 기후위기를 주제로 국제정상회의가 앞에서 언급한 바와 같이 여러 차례 개최되면서 국제협력을 강조해 왔는데, P4G도 그중 하나로, 정부·기업·시민사회가 민관 공동으로 협의체를 구성하여 기후 위기에 대응하고 있다는 점이 정부 위주의 다른 정상회의와 다르다.

P4G는 한국, 덴마크, 네덜란드, 멕시코, 베트남 등 12개국이 참여하고 있다. 2018년 10월 덴마크 코펜하겐에서 제1차 회의가 열렸고, 문재인 대통령이 주제한 제2차 회의는 한국정부가 주관하는 환경분야의 첫 번째 국제 다자 정상회의이기도 하다.

이날 회의에는 각국 정상 및 고위급인사 47명과 국제기구 수장 21명을 포함하여 정상급 인사 68명이 참여했다.

프로그램은 정상회의(30, 31일)와 기본세션 및 특별세션으로 구성되었다. 5월 31일 오후 정상 토론세션이 끝난 뒤 참가국 공동 의지를 담은 '서울선언문'이 채택되고 폐회식이 있었다.

P4G 서울 정상회의 개최에 맞춰 한국 정부는 5월 24일부터 29일까지 '녹색 미래 주간'으로 지정하고, 기본세션(식량농업, 물, 에너지, 도

시, 순환경제)과 특별세션(탄소중립 실천, 그린뉴딜, 해양, 생물 다양성, 비즈니스포럼, 녹색기술, 산림, 녹색금융, 미래세대, 시민사회)을 진행했다. P4G의 캠페인 모토는 「Green Go, Change We Make」이고, 우리말로는 「더 늦기 전에, 지구를 위한 행동」이다.

사회자인 문재인 대통령이 주재한 개회식에서 ① 개발도상국가들의 기후변화 대응을

주요 국가별 2030년 온실가스 배출량 감축 목표

미국	2005년 대비 50~52% 감축
유럽연합(EU)	1990년 대비 55% 감축
영국	1990년 대비 78% 감축
일본	2013년 대비 46% 감축
한국	2017년 대비 24.4% 감축

주요 국가별 온실가스 총배출량 단위: t

중국	124억7600만
미국	64억8800만
인도	27억9300만
러시아	21억5500만
일본	12억8900만
한국	7억1000만

2017년 기준.
자료: 환경부 온실가스종합정보센터

위해서 900만 달러(약 100억 원)를 지원하겠다고 밝히고, ② 2025년까지 기후·녹색 공적개발원조(ODA)의 대폭 증대, ③ 서울에 본부를 둔 국제기구, 글로벌 녹색성장연구소(GGGI)에 500만 달러(약 55억 원) 규모의 그린뉴딜펀드 신탁기금 신설, ④ P4G이 지속 가능한 운영을 위해 새로 400만 달러(약 45억 원) 규모의 기금 등을 제공키로 발표했다.

P4G 2021은, 지난 30~40년간 고도성장을 하며 '성장만능주의'에 빠져 있었던 한국은 기후 변화 대응에 소홀했기에 '기후악당 Climate Villain'이라고 불리웠는데, 한국의 기후위기 상황에서 책임과 의무를 지키겠다고 천명한 기회였다. 한국의 온실가스 배출량을 2017년 대비 24.4% 감축하기로 한 한국정부는 2030국가온실가스 감축 목표를 추가로 상향하여, 2021년 11월에 영국에서 열리는 유엔기후변화협약 당사국총회(COP26)에서 제시하며, '2050 탄소중립위원회'를 중심으로 목표 달성을 위한 시나리오를 구체적으로 마련해 나갈 예정임을 발표하고, 또 2023년에 열리는 제28차 유엔기후변화협약 당사국총회(COP28) 유치를 추진하겠으며, 개발도상국과 선진국을 잇는 가교 국가로서 책임

과 역할을 다할 것이라고 말했다. 기후변화대응을 논의하는 주요 국제무대인 COP28유치를 통해 기후환경 변화 대응에 주도적으로 참여하겠다는 의지를 밝혔다. 한국정부는 5월 29일, 탄소중립 실현을 위한 정책전환의 컨트럴타워 역할을 맡을 대통령 직속 '2050 탄소중립위원회'를 출범시켰다.

탄소중립(넷제로·Net Zero)은 '인류의 생존이 달린 절박한 문제'라고 말한다.

우리나라는 발전(發電) 분야에서 석탄, 액화천연가스(LNG) 등, 화석연료에 의존하는 비율이 66%에 달하고 있다. 이를 풍력과 태양광 등, 재생에너지로 빠르게 바꿔야 한다. 온실가스 대배출 업종 위주인 산업계의 변화, 수송부문의 변화가 시급히 필요하다. 한국은 '기후악당' 오명을 벗고, 탄소중립 모델국가로 거듭나야 한다.

■ 글래스고 총회

<u>2021년 11월</u>, 영국 스코틀랜드 글래스고(Glasgow)에서 열린 제26차 유엔기후변화협약 당사국총회(COP26)는 2015년 파리에서 열린 유엔기후변화협약 당사국 총회에서 197개국이 합의하여 채택한 파리기후협약에 제시된 목표를 변경 없이 이어가기로 200개 참가국가는 합의했다.

파리 협정의 목표는 「지구의 평균 온도 상승 폭을 산업화 이전(1850년~1900년)의 2도 아래로 유지하고, 1.5도로 제한토록 노력한다」는 것이었다.

이산화탄소 배출량의 약 40%를 차지하는 석탄 등, 화석연료 규제에 대해서 COP 조약에서 공식 언급되어 처음으로 명문화된 점이 큰 성과라고 평가한다.

합의문 초안에 담겼던 석탄 발전(發電)의 단계적 중단(퇴출)과 화석연료 지원금 단계적 중단은 「단계적 감축」으로 변경되었다. 화석연료의 주요 생산 및 소비국인 중국, 러시아, 인도, 호주, 사우디아라비아 등의 반대가 컸기 때문이다. 인도는 기후변화에 대한 선진국들의 책임론과 함께 개발도상국의 화석연료 사용의 필요성을 주장하고, 석탄 발전 '중단'을 '감축'으로 변경할 것을 요구했다.

일부 국가와 환경단체들은 이번 합의를 "반쪽자리"라며 비판하고 있다.

각국은 또 2022년에 온실가스 감축목표(NDC)를 새로 제출하기로 했다. 현재 각국이 제출한 목표대로라면 지구온도 상승폭이 목표를 웃도는 2.4도에 이를 것으로 분석되었기 때문이다. 한국은 목표를 충족하는 NDC(2030년까지 2018년 대비 40% 감축)를 제출했기에 영향을 받지 않는다.

한국은 또 주요 국가와 함께 '선진국은 2030년대까지, 개발도상국은 2040년대까지 석탄 발전을 중단한다'는 별도 성명에도 참여했다. 한국 정부는 기존 계획대로 2050년까지 폐지할 방침이다.

선진국이 기후변화 피해가 큰 빈곤국에 연 1000억 달러(약 118조 원)를 주겠다는 약속을 지키지 않고 있는데, 기후변화 피해를 입은 개발도상국 지원기금을 2025년까지 2019년 대비 두 배로 늘리기로 했다.

스웨덴의 10대(代) 환경운동가 그레타 툰베리는 이번 합의한 조약에 대해서 "(COP26) 요약, 어쩌고 저쩌고 허튼소리(Blah, blah, blah)"라고 혹평했다.

국제 환경단체인 그린피스(Green Peace) 사무총장은 "합의를 하면서 말을 바꿨지만 석탄 시대가 끝났다는 신호를 바꿀 수는 없다"고 평했다.

유엔 사무총장은 "우리는 여전히 기후 재앙의 문을 두드리고 있는 중이며 지구는 연약한 실 하나에 매달려 있다. 최종 합의문은 세계의 이익, 조건, 정치적 의지가 반영되었다. 불행하게도 모순을 극복하기에는 충분하지 않다"고 밝혔다.

<u>COP27은 2022년에 이집트에서, COP28은 2023년</u>에 아랍에미리트

(UAE)에서 열릴 예정이다.

COP26 '글래스고 기후 조약(Glasgow Climate Pact)'의 주요 내용

지구 온도 상승폭 1.5도 이내 제한	2015년 파리 협정의 목표 유지
국가 온실가스 감축 목표(NDC) 재점검	이행계획 점검 후 내년 총회까지 다시 제출
석탄 등 화석연료 감축	탄소저감장치 없는 석탄발전소 단계적 감축, 화석연료 보조금 단계적 중단
메탄 감축	2030년까지 메탄 등 감축 검토 요구
생태계 보전	산림, 해양 생태계 보호 및 복원 중요성 강조
선진국의 기후변화 적응기금 증액	2025년까지 2019년 대비 2배 증액
국제 탄소시장 지침 마련	탄소배출 감축분이 거래 국가 양쪽에 모두 반영되는 이중계상 방지

석탄발전 '중단' 대신 '감축'
기후총회 200개國 합의

일부국가-환경단체 "반쪽 합의"
한국은 계획대로 2050년 중단

'글래스고 기후 조약' 주요 내용
지구 온도 상승폭 1.5도 이내
목표 유지

국가 온실가스 감축 목표(NDC)
내년 재제출

탄소저감장치 없는 석탄 발전
단계적 감축

자료 : COP26 발표 종합

■ 제77차 유엔총회의 과제

지구의 살길은 온난화 1.5도 유지

이것은 산업화시대 대비 당해연도의 지구 평균온도 상승폭 상한선이다. 앞에서 10년내 탄소배출 45%(2010년 대비) 줄이기 속도전을 전개하고 있는 인류의 노력을 살펴보았다.

제77차 유엔총회(2022년 9월 19일~22일)가 열리면서, 구테흐스(Antonio Guterres) 사무총장은 "세계는 극심한 위험에 처해 있다. 지구는 문자 그대로 불타고 있다.(The world is in great peril. The planet is literally on fire.)"고 세계가 놓여 있는 상황을 역설하면서 경고했다.

193개의 회원국 지도자들은, 제2차 세계대전 이후 유럽이 겪고 있는 첫 번째 주요 전쟁, 러시아의 우크라이나 침공으로 암흑의 그림자가 드리우고 있는 와중에 지정학적 분열이 우리 모두를 위험에 몰아넣고 있다고 보고, 확전(擴戰)을 방지하고, 유럽의 평화 회복을 바라고 있으나 돌파구는 아직 보이지 않는다.

확장하는 기후위기, 다수의 기근, 확대되는 불평등, 코로나 대유행, 민주독립국가 우크라이나 침공으로 일어난 전쟁으로 인한 곡물·비료의 수출 중단, 인플레이션, 생활비와 물가 폭등 등이 시급한 의제로 부상했다. 이러한 여러 난제들 중에서도 기후위기에 대응하는 행동(action to tackle the climate crisis)은 미룰 수 없는 화급한 해결대책을 요하는 과제가 되었다.

유엔 인권위원회 위원장 대행, Nada aI-Nashif는, 겨울을 앞두고 에너지문제를 해결하기 위해서, EU회원국 중에는 화석연료(fossil fuel)를 개발하는 산업기반시설 투자로 전환하는 동향을 보이면서, "탄소중립 목표를 철회하지 말라(Don't backtrack on climate goals.)"고 말했다. 러시아가 우크라이나를 지원하고 있는 유럽연합(EU, European Union) 회원국에 가스공급을 중단했기 때문에 일어나고 있는 사태다.

러시아의 우크라이나 침략으로 인한 전쟁으로, 신냉전(New Cold War)시대가 닥쳐왔고, 식량위기, 연료위기로 인한 화석연료 사용으로 기후위기의 목표가 무너지고 있다.

■ 탄소중립보다 더 우려가 되는 다가온 새로운 핵 재무장 시대

우크라이나 전쟁에서 전세가 불리해진 러시아는 핵무기를 사용할

수도 있다고 위협적인 발언을 하면서 핵전쟁을 우려하게 되었다. 군비 축소의 시대가 곧 끝나고, 핵 확전의 위험이 냉전 이후 최고점에 달했다고 스톡홀름국제평화문제연구소(SIPRI, Stockholm International Peace Research Institute)는 발표했다. 유엔헌장에 명시된 UN정신은 국가간의 상호 협력과 분쟁의 평화적 해결이지만, 지역적 국제적 평화유지와 확전 방지를 위한 노력에도 불구하고 세계는 <서방국가>와 <러시아·중국>으로 전략적인 양분화가 일어나면서 신냉전시대가 되어 극적인 도전에 직면하고 있다.

새로운 핵 재무장 시대가 다가오고 있다. 핵무기 보유국인 <영국, 중국, 프랑스, 인도, 이스라엘, 북한, 파키스탄, 미국과 러시아>가 2021년 초보다 375개 적은 약 12,705개 핵탄두를 2022년 초 보유했다. 이 수치는, 미국과 러시아가 냉전 시대에 키운 핵무기 보유고를 점진적으로 줄여나가면서 1986년 7만 개 이상의 고점에서 내려온 것이다. 전세계 핵무기의 숫자가 35년 동안 감소해왔지만 러시아의 우크라이나 전쟁으로 긴장이 고조되면서 향후 10년 동안 증가할 것이라고 연구자들이 말했다. 푸틴의 우려스러운 발언들이 "다른 많은 핵무기 보유국들로 하여금 핵 전략에 향후 몇 년간 군축에 있어 진전을 이루기는 매우 어려울 것이라는 전망이다. 냉전시대에도 없었던 위협적인 핵무기 사용 푸틴 발언으로 세계는, 탄소중립(Net-Zero) 보다 더 심각한 문제인 핵무기 사용에 대하여 전전긍긍해야 하게 되었다."

■ 한국의 기후 위기 대응과 전망

한국은 기후위기에 대응해서 Green Nuclear Energy 정책을 채택했다. 원자력 생성(atomic power generation)은 환경에 친화적인(eco-friendly) 것으로 인식하게 되었다. 에너지에 관한 「K-taxonomy」(한국의 분류법)에는 탄소중립 목표 달성을 위한 가장 효과적인 대안으로 풍력(wind power), 태양열(solar power), 원자력(원자 전력, unclear power)이 올라 있다. 화석연료인 석탄(coal)과 천연가스(natural gas)는 나쁜 에너지원(源)이다. 문재인 정부는 원자력(원자 전력)을 제거하는 정책을 추진했었다.

Taxonomy란 온실가스(greenhouse gas) 감측과 같은 환경보호를 위한 지구적인 노력에 기여하는 행동과 항목이다. 이 리스트(list)는 녹색계획과 기술에 투자하는 일에 도움을 준다.

원자력은 두 가지 문제점을 안고 있다. 안전과 폐기물(waste)이다. 방사성 폐기물 처리(radioactive waste disposal)에 대하여 일반 국민은 불안해 한다. 정부는 원자력 산업의 개발과 병행하여 폐기물 관리방법을 찾아야 한다.

정부는 2050년까지 '탄소중립' 달성을 위해서 '기후위기 대응을 위한 탄소중립 녹색성장 기본법'을 제정했다. 탄소중립 달성 수단의 하나로 '기후변화 영향평가'를 도입했는데, 이것은 '전략 환경 영향 평가 또는 환경 영향 평가'를 할 때 계획 수립기관이나 사업자가 주요계획과 개발사업이 기후변화에 미치는 영향을 사전에 평가하고 대책을 마련하는 제도다.

발전소 건설, 산업단지 조성, 도시개발사업들은 2022년부터, 도로, 공항건설 사업들은 2023년 9월 25일부터 대상이다. 기후변화영향평가 도입으로 우선 온실가스 감축 측면에서 해당 계획이나 사업을 평가해야 한다. 기후변화에 따른 대응 방안도 평가 대상이다.

2022년 9월 25일부터 시작하는 기후변화 영향평가는 국가계획이나 대규모 개발사업에 탄소중립을 내재화하려는 첫 시도이며, 한국이 기후악당(climate villain)이라는 오명을 벗기 위한 노력의 하나이다.

이 제도가 발전하면서 우리나라와 전 세계의 탄소중립에 크게 기여할 것으로 기대한다.

4. 바다를 살리자(Save the Ocean)
－바다가 죽으면 인류도 죽는다

만물이 생육하고 번식하는 바다
함선이 지나가도 흔적조차 없다
인간은 이 땅 위에 폐허를 남기나
바닷가에 미치고 만다
바다를 망쳐 놓으려는
미약한 인간의 노고에 끄덕도 하지 않는
바다의 의젓한 모습－
태초에 하느님이 창조하신 그대로
1961년 처음으로 인류는
우주 공간에 비행해서
우주에 떠 있는 아름다운 유리 빛 둥근 천체
지구를 보았다
150만 종의 생명을 안고 있는
우리 인류의 보금자리를
하지만 이제는
사람의 힘이 미치는 곳은
바닷가에서 끝나지 않고

해양환경 보호를 위한
IMO지구계획의 로고

사람은 바다에 흔적을
그것도 추악한 흔적을 남기고 있다
바다는 쓰레기를 버리는 곳
하수, 공장에서 나오는 화학 폐기물
농경지에서 흘러나오는 살충제가 가득한 물줄기
온갖 것들이
거룻배나 강물, 수송관을 통해서
바다로 흘러간다
바다는 거대한 하수구
하수구는 막혀서
사람에게 역류(逆流)한다
해변의 휴양지는 흉한 쓰레기로 폐쇄된다
더럽혀진 붕대, 피하 주사기, 피가 담긴 약병-
에이즈 바이러스로 더럽혀진 것들, 의료용품 파편
마약 포장 봉지-
처리되지 않은 오물 덩어리
죽은 실험용 쥐, 인간의 위벽
불미스러운 물건들
흔하게 버린 소름끼치는 모습들-
여러 나라의 해안 해변에 밀려 오고 있다
부스럼 병, 회저병(壞疽病)*에 걸린 해수욕을 하는 사람들
불점병에 걸린 게와 황새우
바다거북은
물 위에 버려진 플라스틱 고리에
장난삼아 주둥이를 밀어 넣고
벗기지 못해 서서히 굶어 죽는다
낚싯줄에 걸린 바다 새는 발버둥이 치면서

선박으로부터 유류 유출로 인한 희생물

퍼덕거리다가 죽고
해양 포유 동물이 쓰레기가 목에 걸려 숨이 막혀 죽는다
펭귄, 고뿔고래, 북극곰, 물고기, 바다표범…
온갖 동물들은
사람이 만든 화학 물질과 살충제의 흔적을
몸의 조직에 지니고 다닌다
인간은
강어귀 늪을 덮어 버리고
후미를 혹사시켜
하수가 땅속에 스며들지 않고
흐르는 물줄기는 바다에 그대로 흘러간다
바다 자체의 자가 재생과 불순물의 정화를 할 수 있는
놀라운 능력은 사라지고 있다
해조는 지나친 양분이 공급되어
적갈색의 조류로 무성히 자라서
물속의 산소를 소모하고 해양 생물들을 죽인다
사람은 실로 얽히고설킨 위험한 올가미를 엮어 놓는다
따뜻한 폐기물이 흘러 들어와
온도 오염으로
생태계를 망가뜨리고
유기체의 성장을 촉진한다
지진 연구를 위한 폭파, 석유 시추,
대형 선박은
해저 세계의 정적을 깨뜨리고
소음 공해로
물고기, 고래, 바다표범의
예민한 청각 기관을 손상시키고

동물들이 서로 의사소통하는 능력을 약화시킨다.
모든 것을 <바다드리는> 바다는
오염된 바다, 역류의 바다, 분노의 바다, 학살의 바다로 변하고 있다
바다는 보고(寶庫)인가, 아니면
지구의 하수구인가
사랑하는 연인들이 거니는 바닷가에서
청춘의 바다, 낭만의 바다, 매혹의 바다라고 구가할 수 있을 것인가
생명의 바다는
망가질 대로 망가져 가면서
역류의 바다가 되어
인간의 몸 속에 흐르고 있는
작은 바다를 오염시키고 있다

살려달라는 바다의 비명(悲鳴)이 들리는가
바다가 죽으면 인류도 죽는다
누가 바다를 구할 것인가
지구를 망하게 하는 자를
망하게 하는 때가 가까워지고 있다**

---

*회저병: 비브리오 벌니퍼커스라는 균이 일으키는 질병, 물고기나 조개의 날 것 또는
상처난 피부를 통해 옮기는데, 병에 걸리면 살점이 썩어 떨어져 나가는 증
상이 나타남
**성서 계시록 11장 18절
　-the appointed time to ruin those who ruin the earth.

5. 전화에 싸인 우크라이나, 평화는 오는가

1) 우크라이나 입국, 3주 동안 체류

1979년 6월, 국교가 없는 구소련(USSR)에 나는 입국했다. <서울-도쿄-모스크바-오데사(우크라이나)>여정을 항공편으로 목적지인 오데사에 무사히 도착했다.

IMO/UNDP/USSR 주최의 해사교육세미나(Maritime Training Seminar, 1979.6.8.~6.19, Odessa)에 한국대표로 참가하기 위해 모스크바를 경유하면서, 푸시킨(Pushkin, Aleksandr Sergeevitch, 1799~1833) 탄생 180주년 기념 축제를 구경했다.(주: 소비에트 연방 점묘-흑해연안 1,280마일 항해와 문화체험, 大田펜문학 2002/통권2호에 발표).

3주 동안 우크라이나에 체류하면서 흑해 북안의 오데사(Odessa)-얄타(Yalta)-노브로시스크(Novorossiysk)-소치(Sochi)-바트미(Batumi) 항로, 왕복 1280마일을 순항하면서 세미나는 진행되었다. 평화로운 서구적 분위기가 물씬 풍기는 오데사 항의 짙은 인상이 아직도 생생한데, 지금 러시아의 침공을 받고 전화에 휩싸여 신음하고 있는 우크라이나를 생각해 본다.

왜 그토록 많은 민족과 국가가 우크라이나 땅을 탐내고, 둘러싼 강대국들의 각축장이 되고 있는가.

미국 대통령 바이든(Joe Biden), 러시아 대통령 푸틴(Vladmyr Putin), 우크라이나 대통령 젤렌스키(Volodymyr Zelensky, 44세)는 각자 무슨 생각을 하고 있는가.

우크라이나와 러시아의 세기적 전쟁의 역사적 배경을 살펴보는 것은 이 전쟁의 진정한 면모를 파악하고 미래를 전망하는 데 의의가 있지 않을까.

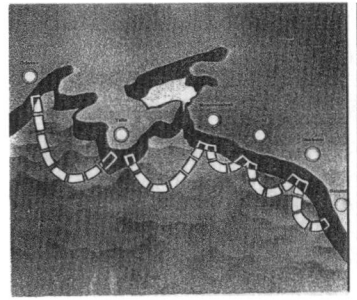

흑해 북안의 해상 관광 항로

2) 전 세계를 놀라게 한 러시아의 우크라이나 침공

2022년 2월 24일, 러시아의 우그라이나(Ukraine) 침공으로 전쟁이 시작되었다.[1]

러시아는 선봉대 격인 대대전술단(BTG)[2]을 투입하고 하이브리드전[3]으로 3일 만에 우크라이나 전체를 점령하려던 속전 속결 시나리오는 일장춘몽이 되어버렸고, 러시아 붉은 군대의 수준이 만천하에 드러났다. 블라디미르 푸틴 러시아 대통령은 우크라이나 장악 대신 대학살

---

1) BBC는 「War in Ukraine」(우크라이나의 전쟁), CNN은 「Russia's War on Ukraine」(러시아의 우크라이나 침공)으로 특보(Breaking News)의 headline을 다르게 보도했다.
2) 대대전술단: (BTG·Battalion Tactical Group) 러시아가 2014~15년 사이 우크라이나 동부 돈바스 전쟁을 치르며 개발한 확장된 대대급 부대, 전차 10대와 장갑차 40대, 야포 12문, 병력 600~800명 등으로 구성된 하이브리드전과 결합해 적에게 치명적인 피해를 준 뒤 신속하게 빠진다.
3) 하이브리드전: 러시아가 체첸전쟁과 조지아분쟁, 크림침공을 겪으며 개발한 전술. 군사적인 압박과 함께 조작 및 왜곡된 정보를 흘려 여론전과 심리전으로 상대방에 혼란과 분열을 야기하는 전술. 전쟁의 문턱을 넘지 않는 군사적 행동(hybrid전)

전략으로 선회했다. 러시아군의 잔학행위에 대해 미국 바이든(Joe Biden) 대통령은 처음으로 제노사이드(genocide, 집단 학살)라고 언급했다. 푸틴은 아돌프 히틀러에 비유, "아돌프 푸틴(Adolf Putin)"으로 불려지고 있고, 유엔은 긴급특별회의를 열어 (법적 구속력은 없지만) 러시아의 침공 규탄-철군 촉구 유엔 결의안을 141개국 찬성, 압도적으로 통과시켰다. 러시아의 유엔 인권이사회 이사국 자격 정지 결의안도 찬성 93표, 반대 24표로 통과되었다.

국제형사재판소(ICC)는 2022년 2월 러시아군의 민간학살을 전형적인 전쟁범죄라고 지적하고 수사에 착수했지만, 푸틴 체포 없인 재판은 못 열기 때문에 특별법정 설립을 검토 중이다.

이 전쟁을 통해 바이든이 얻은 것은 동맹 단합이고, 푸틴이 노린 것은 제국 부활인데, 러시아 경제는 부도에 직면하면서 자존심이 상한 러시아인들이 푸틴에게 등을 돌릴 수도 있다는 견해도 나오고 있다.

3) 350년 동안 기다린 독립

우크라이나 하면, 흑해 북안(北岸)의 '곡창지대, 농업국'이라는 생각이 먼저 떠오를 것인데, 매우 복잡하면서도 깊이가 있는 대국이다.

1991년 독립하기까지 몇 세기 동안이나 나라를 갖지 못하고, 러시아의 그늘에 가려 있었다. 1991년 12월 25일, 고르바초프 소련(USSR) 대통령의 사임으로 소련은 소멸하고, 소련제국의 붕괴와 함께 마침내 우크라이나는 샘처럼 지표면에 솟아올랐다. 350년 동안 기다린 독립이다.

유럽과 미국은, 러시아와 유럽의 다른 국가들 사이에 존재하면서 지정학적으로 중요한 위치에 있는 우크라이나가 독립을 유지하는 것이 유럽 전체의 평화와 안전을 위해 매우 중요하다고 평가한다.

<우크라이나의 발전>, <우크라이나의 복권>이라고 부를 만한 움직임이 일어나고 있어 우크라이나에 관한 관심이 높다.

4) 스키타이 인의 무대, 흑해

지금의 우크라이나는 스키타이 인이 활약한 흑해 북안이다. 8세기 경의 인물 호메로스는『오디세이』에서 흑해 북안의 땅은 '키메리아 인의 땅'이라고 불렀는데, 문헌상으로 최초로 등장한 민족이다. 그 다음으로 이란계 민족인 스키타이 인이 등장한다.

B.C 750년~700년경, 카스피 해 동쪽 연안에서 흑해 동북 연안으로 진출, 드네프로 강 유역에 살던 키메리아 인을 쫓아내고 그 땅의 주인이 된 민족이 있다. 그리스·로마의 저술가들은 그들을 '스키타이 인'이라고 불렀다.

스키타이 인의 특징은, 유목민으로 농경 스키타이 집단을 이루고, 기마 민족의 선구자로 "바지"를 발명한 뛰어난 전사(戰士)로 코사크 게릴라 전술에 능했다. 나치 독일의 소련 침공(1941~45) 당시, 후퇴와 초토화 작전, 게릴라 전술같은 스키타이 인의 기본적 전술이 2000년 이상의 세월이 지난 지금, 유라시아 대평원에서도 비슷한 일이 반복되었다

스키타이 인은 심미안의 자질을 지녔고, 높은 예술성은 다양한 매장품의 부장품에서 나타나 있는데, 황금 편애를 한 점이 눈에 띤다. 스키타이 인의 건국 전설로, 하늘에서 황금 기물(쟁기, 멍에, 도끼, 술잔)이 스키타이의 땅에 떨어졌고, 이 신화는 한반도를 거쳐 일본까지 전파됐을 가능성을 주장하는 학설도 있다. '옥의 나라'인 중국 본토를 거치지 않고 북방 초원을 우회하여 한반도의 금관총(金冠塚)이나 일본의 후지노키 고분에서 수려한 황금(또는 금색)의 관이 발견된 것은 황금 숭배의 관념이 황금의 왕권 상징이라는 점에서 아득히 먼 스키타이와 한국·일본이 이어져 있다는 상상은 즐겁지 아니할까.

〈그리스 神話, 아르고(Argo)원정대의 무대〉

북흑해(北黑海)의 진주 오데사(Odessa)항은 32개의 부두시설에서 연간 1000만 톤의 잡화를 처리하고 있다. (1979년 현재) 여객선 터미널은 하루에 3000명의 승객을 수용할 수 있고, 연간 350만 명의 휴양객을 흑해 연안의 여러 보양지에 배로 태워 보낸다. 호머(Homer)의 서사시 오디세이(The Odyssey)가 생각나는 항구다.

Odessa에서 Yalta, Novorossiysk, Sochi, Sukhumi, Batumi까지 왕복하는 1280마일의 관광항로는 매우 인기가 있어 유럽 사람들이 즐기는 쿠루징 루트(cruising route)이다.

기원전 13세기경, 그리스 본토의 북부 지방에 있는 이올코스 항을 출항한 50명의 원정대원(이들을 아르고노트(Argonaut)라고 부른다)은 아르고(Argo)라는 배를 타고 코카사스 연안의 콜키스까지 <황금의 양탄자(golden fleece>를 찾아 떠난다. 청년 선장 야손(Jason)은 역사(力士) 헬라크레스가 낀 그리스 전역의 영웅호걸들과 함께 험난한 흑해의 항로를 달렸다. 아프로디테 여신과 헤라 여신의 도움으로 드디어 목적을 이루고, 귀로에 야손 선장은 여자 마술사 메데아(Medea)와 사랑에 빠진다. 그리스 신화 <아르고 원정기>의 내용이다.

세미나 참가자인 각국 대표들 45명을 포함한 일행은, 말하자면 <新 아르고 원정대, New Argonaut>인 셈인데, 호화여객선 칼레리아 호를 타고 항해하면서 세미나를 이어간 목적은, <황금의 양탄자> 대신 "해상의 인명과 재산의 안전 및 해양환경의 보존"을 위해서 수준 높은 해사교육훈련을 범세계적으로 실시하기 위해서 관계자들의 선상 세미나를 개최하는 일이었다.

구소련(USSR)의 각급 해사교육기관은 흑해연안에 있고, 처음으로 국제사회에 공개했다. Sochi는 레닌의 휴양시설이 있고 미·소 우주비행사들의 휴양지였다.

그리스 인들은 흑해 주변 지역을 땅끝으로 여겼다.

초원의 민족 스키타이 인과 바다의 민족인 그리스 인 사이에 교역을 통한 보완 관계가 성립되었었고, 우크라이나는 그리스 본토의 "빵 바구니" 역할을 하고, 그리스의 문화를 받아들였다.

B.C 7세기~B.C 2세기에 걸쳐 약 500년의 긴 세월 동안, 흑해 북안의 광활한 초원을 지배하며 「팍스스키티카(스티키아의 평화)」의 질서를 유지했던 스키타이 인의 집단은 그리스와의 무역으로 부를 축적하고, 호화스러운 생활을 하면서 무예를 중시하는 정신은 서서히 잃고 고트족(게르만계 B.C 3~4세기)을 비롯한 여러 민족들이 이 땅을 침략, 지배하면서 스키타이 인은 멸망하고 역사의 무대에서 사라졌다.

유목 민족에 의해 스텝 초원 지대가 유린 당하는 동안, 흑해 연안의 패권을 쥔 자는 콘스탄티노플(현재의 이스탄불)을 수도로 삼은 동로마 제국(비잔티움 제국)이었다. 특히 6세기 중반에는 헤르소네스(지금의 세바스토폴 근교)를 중심으로 비잔티움 문화가 번성했다. 헤르소네스의 찬란한 유적은 현재 우크라이나의 지폐의 도안으로 채택될 정도로 신생 우크라이나의 자랑스런 역사적 유산이다.

5) 북구 바이킹이 세운 나라, 러시아

10~12세기에 키예프루스 공국이 당시 유럽에서 찬란히 빛난 대국으로 군림했는데(주: 公國, 大公國이란 王國이 되기에는 부족한 小國을 뜻함), 훗날 러시아, 우크라이나, 벨라루스의 기반을 형성했다.

당시에는 〈루스(Rus)〉로만 불렀고, 이 루스에서 파생된 〈러시아(Russia)〉가 다른 국가를 가리키는 단어로 사용하게 되었다.(예. 벨라루스).

우크라이나가 러시아의 지배를 벗어나 독립하자 러시아 인과 우크라이나 인 중에서 누가 키예프루스 공국의 직계인가? 1000년 전부터 이어 온 영광의 역사를 가진 나라는 누구인가? 이런 문제가 부상했다.

키예프루스 공국은 동슬라브 인의 거주지역에 건설되었는데, 그

촉매 역할을 한 것은 북유럽의 바랴그 인(또는 바랴기 인 Varyagi, Viking)과 하자루 인인데, 하자루 인은 건국의 토양을 정비했고, 실제로 동슬라브 인의 땅에 국가를 수립한 것은 북유럽에서 온 바랴그 인(바이킹, Viking)이다. 그들은 드네프르 강을 따라 흑해로 나온 후 콘스탄티노플에 이르는 바닷길을 확립했고, 그들에 의해 <루스>라는 국명이 탄생했다. 러시아는 북유럽에서 기원했다.

루스의 수장인 류리크(Ryurik, ?~879)가 일족을 거느리고 와서 862년에 노브고로드 공(公)이 된다. 류리크는 키예프루스 공국과 그 후의 러시아를 통치하는 류리크 왕조의 선조가 된다.

1240년에 몽골이 키예프를 점령하기까지 한 세기 가량에 걸쳐 키예프루스 공국은 서서히 해체 과정으로 접어든다.

6) 나라 없는 민족, 우크라이나 인의 내셔널리즘

우크라이나의 땅은 고대부터 크림(크리미아)을 통해서 그리스, 로마(이후 이탈리아) 세계 및 바다 세계와 연결되어 있었다. 다른 슬라브 국가의 역사가 내륙에 한정된 인상을 주는 것과는 대조적으로 이러한 개방성은 우크라이나의 특색인데, 17세기 중반, 코사크가 우크라이나 중심 세력이 되기까지는 '우크라이나를 대표하는 정치권력'이 존재하지 않았다.

모스크바에서 발흥(發興)한 국가가 훗날 대국이 되어 자국을 러시아로 명명하고, 키예프루스 공국을 잇는 정통국가라고 자칭했기에, 우크라이나의 역사는 "나라 없는" 민족의 역사가 된다.

러시아를 비롯한 주변의 여러 나라가 우크라이나를 지배했지만, 독자적인 언어, 문화, 관습을 키우며, 정체성을 잃지 않고, 코사크 시대의 독창적인 역사를 지니고, 러시아에 병합된 후에도 러시아의 역사상 경제적, 문화적으로 중요한 역할을 하는 사이에도 우크라이나의 내셔널리즘(nationalism)은 고조되었다.

우크라이나의 역사와 문화, 과학 기술이 존재함에도 불구하고 모두가 러시아·소련에 귀속하고, 세계 속에서 러시아·소련 내부에 있는 곡창지대로만 알려졌다. 국가의 틀 없이 민족이 어떻게 살아남았는지, 1991년 독립 후 유럽에 이런 대국이 나올 여지가 있었는지 매우 놀라워한다.

우크라이나는 러시아에 이어 두 번째로 크다. 독립 당시 인구는 5,200만 명, 러시아, 독일, 영국, 이탈리아, 프랑스에 이어 우크라이나는 유럽에서 인구 5,000만 명 이상의 국가 중의 하나다.

주요 산업은 농업, 프랑스 경지 면적의 2배다. 만일 21세기에 세계적 식량위기가 일어난다면 그 위기에서 구해줄 나라 중의 하나로, "유럽의 빵공장"이라고 칭하는 우크라이나를 꼽을 정도.

과학 기술 수준도 높다. 구소련(USSR)의 첨단 기술이 모두 러시아로 계승됐다고 생각하지만, 대륙간 탄도미사일(ICBM SS-19, SS-21)은 우크라이나에서 제조됐다.

<우크라이나 여인
(전통적인 차를 준비 중)>

<우크라이나 전통의상>

특히 예술, 문화, 스포츠 분야에서도 탁월하다. 음악가로는 블라디미르 호로비츠, 다비트 오이스트라흐, 스뱌토슬라프 리흐테르 등. 발레 무용수인 바츨라프 니진스키, 아방가르드(avant-garde) 회화의 창시자 카지미르 말레비치 등을 낳았다. 스포츠 분야에서는 장대높이뛰기 선수 세르게이 부브카, 피겨스케이팅 선수 옥사나 바울 등을 배출했다. 이처럼 우크라이나는 명백히 존재하고 있었다.

7) 소련의 소멸과 우크라이나

제1차 세계대전, 혁명, 내전과 격동의

<오데사 오페라 극장에서>

7년을 지나 우크라이나는 대부분 러시아제국의 지배하에, 나머지는 오스트리아, 헝가리제국의 지배하에 있었으나 새로운 체제에서 우크라이나는 소련, 폴란드, 루마니아, 체코슬로바키아 4개국으로 분할되어 그 국가들의 통치하에 놓였다.

1917년 12월 우크라이나 소비에트공화국이 수립되었다. 러시아연방, 우크라이나, 벨라루스 등, 각 공화국의 자유 의지로 결합된 다민족 연방국가인 소비에트 사회주의 공화국연방(USSR)이 1922년 12월에 성립되었다.

우크라이나의 수도는 민족주의의 여열이 남아있던 키예프를 피해서 하르키우가 되었다가 다시 1934년에 키예프가 수도가 되었다.

1985년 소련 대통령이 된 고르바초프(Michail Gorbachev)는 글라스노스트(glasnost=publicity, 정보공개, 개방정책)와 페레스트로이카 [perestroika, 경제재건 정책, pere(re-)+Stroika(construction)]를 양륜

으로 한 정책을 개시했다.

스탈린(Joseph V. Stalin), 흐루시초프(Nikita Khrushchev), 브레즈네프(Leonid Brezhnev) 등, 역대 지도자들은 각지의 민족주의를 조절함으로써 제국으로서의 소련을 유지해 왔으나 글라스노스트로 인해 민족주의의 억압의 태가 벗겨지면서 소련의 해체를 초래했다.

1990년 8월 24일, 우크라이나는 독립을 선언했다. 350년 동안 기다린 독립이다. 러시아-우크라이나-벨라루스 정상이 민스크에서 소련 해체와 <독립국가 공동체(CIS)> 결성을 결정한다. 12월 25일 고르바초프는 소련 대통령을 사임하고 소련은 소멸한다.

우크라이나의 국기는 위가 하늘을 뜻하는 파란색, 아래가 대지(보리밭)을 뜻하는 노랑색으로 구성된 이색기(二色旗), 국가는 1865년 베르비츠키 작곡의 '우크라이나의 영광은 사라지지 않으리,' 국장은 볼로디미르 성공의 국장이었던 '삼지창'을 가리킨다

신생 우크라이나의 국장이 된 삼지창

8) 푸틴의 등장

1991년 12월 31일 자정, 소련(USSR)이 사라지고 새로운 15개 국가가 등장했다. 그중 가장 크고 인구도 가장 많은 나라는 러시아 연방이다.

1990년대는 대부분의 러시아인들에게 절망과 불확실, 고난의 시기였다. 혜안과 열정을 지닌 지도자, 새로운 러시아 창조자, 러시아 인들을 결속시킬 결단력과 에너지를 지닌 인물이 필요한 시점이었다.

그때의 지도자는 보리스 옐친(Boris Yeltsin)이었다. 고르바초프 자신이 발탁했다가 내친 공산당 지도자 옐친이 부상하면서 러시아 대통령으로 당선되었다.

그러나 체첸 남부 지역에서 일어난 봉기도 진압하지 못하고, 질질 끌려가는 상황이었다. 이런 무질서 상태가 계속될 수는 없었다. 1990년대 말이 되자 크렘린 안과 주변부의 사람들이 옐친의 후임자를 찾기 시작한다.

충성스럽고 효율적인 누군가 국가의 힘을 회복시키겠다는 의지를 지니고, 러시아에 비전을 만들어 낼 수 있는 사람이 필요했다. 그 사람은 덜 알려진 블라디미르 푸틴(Vladimir Putin)이다.

9) 푸틴은 어떤 인물인가

1980년대, KGB에서 일했지만 썩 주목을 받지 못했던 푸틴은 1990년대에 고향인 상트페테르부르크로 돌아와 부시장이 된다. 1996년에 모스크바로 옮겨와 대통령 재산관리부 차장, 옐친 대통령실 차장, 연방보안국(KGB 후신) 국장, 제1부총리, 총리대행, 대통령 대행이 되었고, 대통령 선거를 치른다.

1차 투표(53.4%)에서 당선, 2004년 71% 지지를 받고 재선, 세 번 연임 금지라는 헌법에 가로 막혀서 2008년 총리로 내려 앉고, 드미트리 메드베데프 총리를 자기 대신 대통령으로 앉혔다. 총리로 옮겨갔지만 실권은 쥐고 있었다. 2021년 다시 대통령 취임, 20년 이상 집권 중이다. 푸틴의 인기의 근거는 제국부활과 러시아를 멸시하는 서방진영(西方陣營) 대응정책이라고 할 수 있다.

러시아의 역사 재창조에 노력하는 푸틴은 러시아 역사의 큰 맥락에 완벽히 들어맞는 인물이며 전환기의 존재이다. 애국자를 자처하면서, 러시아는 <강대국>의 지위를 당연히 누려야 하며, 러시아에 대한 서구의 무시와 도전을 크게 의식하면서 대결 중심의 민족주의 노선을 지향, "무릎을 꿇고 있던 러시아가 다시 일어섰다."라는 선언까지 가능해진 그의 역사적 인식은 통치하는 동안 ① 2차 체첸 전쟁(1999~2009), ② 에스토니아에 대한 사이버 공격(2007), ③ 조지아 침공(2008), ④ 우크라이나 크림반도 병합(2014), ⑤ 돈바스 개입(2014~), ⑥ 서방에 대한 노골적 '정치전쟁'(2014~), ⑦ 시리아 내전 개입(2015~) 등을 감행했다.

해외 체류 정적과 망명가 암살, 공격적인 정보전과 노골적인 개입을 하고 있다. 우크라이나 남동쪽에서 예고 없는 무력 갈등을 일으키는 민족주의 전쟁광으로 변모했다.

2013~14년, 우크라이나의 부패 정권을 무너뜨린 '친유럽 성향' 저항 운동은 모두 서구의 전략적 농간을 증명한다고 푸틴은 여기고 있고, 가짜뉴스 유포 및 전복 전략을 통해 분열을 획책하고 정치 체제를 무너뜨리는 러시아 특유의 "혼합전쟁(hybrid war)"에 대해 서방은 크게 우려하고 있다.

푸틴의 "러시아 비전" 만들기는 역사적 정통성과 미래의 방향을 한꺼번에 창조하려는 것으로, ① 합치면 강해지고 분열되면 먹잇감, ② 러시아는 침략자가 아니라 강력한 수호자일 뿐, ③ 러시아는 진정한 유럽 국가이며, 진정한 유럽 가치를 지켜낸 나라 등을 내세우고 있다.

러시아 인은, 푸틴이 내세우고 있는 강력한 USSR의 부활, 강한 국가 전략이나 안보는 우선 순위에서 한참 아래쪽이며, 대신 풍요로운 삶, 그리고 언론 자유나 결사 및 저항의 자유를 원하고 있다는 점이 설문 조사의 결과로 나타나고 있다.

러시아는 그 어느 때보다도 유럽에 가까워졌다.

톨스토이, 도스토예프스키, 영화(전함 포툠킨)와 볼쇼이 극장 등, 문화적 유산이 풍요롭고, 피비린내 나는 역사 속에도 빛나는 승리와 영웅담, 자비로움이 존재한다. 하지만 이는 과거로부터 미래를 찾는 오래된 러시아의 전통의 원재료일 뿐, 새로운 세대의 행동가, 기업인, 과학자와 예술가, 사상가와 몽상가들은 과거의 길을 한 번 더 선택하는 대신 새로운 길을 찾으려고 애쓴다.

'Land of Dimension'(광대한 땅=러시아)이라는 개념은 지리적인 면만 아니라, 문화적 전통의 의미도 포함된다. 러시아는 역사적 성취보다 훨씬 큰 나라다.

러시아의 수도 모스크바는 마치 유럽 도시처럼 서구인들에 의한 건축 등, 다시 만들어 가는 중이다.

여러 세기 동안 유럽의 일원이 되고자 하는 결사적 열망과 홀로 자립하고자 하는 저항심 사이를 오간 끝에 러시아는 이제야 자기 자신이 될 기회를 얻었는지도 모른다.

푸틴과 그 지지자들은, 스스로와 국민을 반대쪽으로 설득하려 들지 모르지만, 현재의 러시아가 계속 유럽화되어 간다는 상황을 부인한다면 이는 큰 거짓일 것이다.

10) 우크라이나 전쟁

우크라이나 전쟁은 러시아에게는 <패권 경쟁>이요, 자유진영에게는 <가치 경쟁>이다.

푸틴의 우크라이나를 속전 속결로 장악하려든 시나리오는 무산되었다. 대학살 전략으로 선회한 전쟁범 푸틴은, 국제사회의 규탄을 받고 지지부진한 전세와 제재에 따른 경제타격으로 앞날이 불안하다. '에너지 차르'로 불렸든 그의 위상도 흔들리면서 사면초가에 빠져 있다. 이 난국을 타개할 푸틴의 출구 전략은 무엇인가.

러시아는 구미의 우크라이나 지원에 대항하여 "3차 대전땐 파멸적 핵전쟁"이라고 위협적 발언을 하고 있다. 러시아는 우크라이나를 한국처럼 동서 분단 국가로 만들려고 한다.

푸틴은 서유럽 국가들의 러시아 멸시에 대항하면서 인기몰이를 하고 있다. 우크라이나는 러시아에 뿌리를 내린 나라이며, 서방화(西方化), 나토(NATO) 동진(東進)이 러시아의 안보에 위협이 된다고 판단, 나토 팽창과 서방에 맞서면서 우크라이나 침공의 명분으로 내세우고 침략을 강행하고 있다.

전쟁이 격화되면서 집단학살이 발견된 수도 키이우 인근 부차에 이어 수도권 마라리우 지역에서도 수백명의 시신이 발견되었다. 마리우폴에서만 민간인 최소 5000명이 사망했다. 도시 전체가 '죽음의 수용소'가 됐고, '새로운 아우슈비츠 수용소'가 됐다. 러시아가 학살을 은폐하기 위해 이동식 화장터에서 급히 시체를 소각했으며 시신에도 폭발물을 설치해 시신을 수습하려는 이들까지 노렸다는 의혹도 제기됐다.

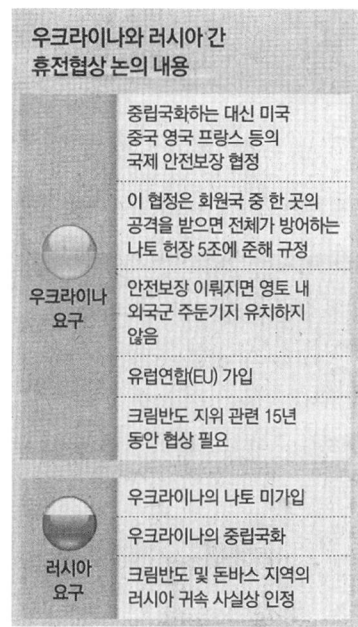

독립운동가 국민시인 타라스 셰브첸코의 동상 앞에서는 러시아를 규탄하며 그의 시 '사슬을 끊고 일어나 자유를 굳게 지켜라. 자유의 새 나라에서 나를 잊지 말아주오.'를 외치고 있다.

많은 침략을 겪어온 우리나라의 역사, 지금 이 순간에도 미국, 중국, 러시아 등 강대국에 둘러싸여 매 순간 선택을 강요받고 우리나라는 쉽지 않은 결정을 내리고 있다.

우크라이나 전쟁은 우리에게 많은 교훈을 주고 있다.

11) 셰브첸코의 시, 「유언」-우크라이나의 자유를 쟁취해다오

우크라이나 어를 창조한 최고의 문학인으로 '위대한 우크라이나의 혁명적 민주주의자'로 평가된 국민시인, 타라스 셰브첸코(1814~1861)는 우크라이나의 자연과 사람들, 역사에 대한 애정, 예종(隸從)으로부터의 해방에 대해 진지하고 솔직한 어조로 시를 읊었다.

러시아에 대한 분노도 컸다. 그중 「유언」(1845)이라는 작품을 소개한다.

내가 죽거든
그리운 우크라이나의
넓은 언덕 위에
묻어주오
끝없는 논과 드네프르 강
세찬 물살의 강변이 보이도록
잦아들지 않는 물결 소리가 들리도록.

드네프르 강이 우크라이나에서
모든 적의 피를
푸른 바다로 흘려보낼 때
나는 논이든 산이든
모든 것을 버릴 것이오.
신의 곁으로 달려가
기도도 할 것이오 하지만 지금은
신이 계신 곳을 모르오.
나를 묻거든
사슬을 끊어 일어나고
포학한 적의 피와 맞바꾸어
우크라이나의 자유를
쟁취해다오.
그리고 나를 위대하고 자유로운
새로운 가족의 일원으로
잊지 말아주오.
다정한 말을 건네주오.

타라스 셰브첸코

인용문헌:
구로카와 유지(黑川祐次) 지음, 안선주 옮김
MONOGATARI UKRAINANO-REKISHI-
YOROPASAIGONO TAIKOKU 중에서

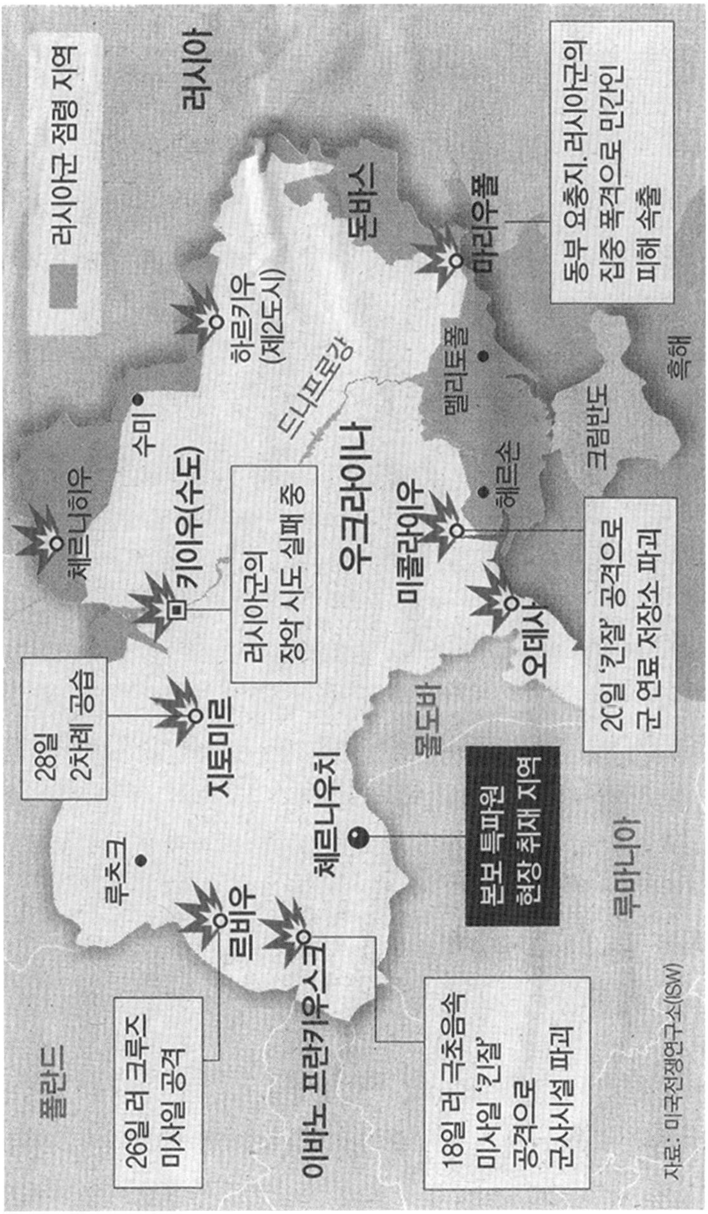
러시아군 점령 지역
러시아
폴란드
26일 러 크루즈
미사일 공격
르비우
루츠크
28일
2차례 공습
지토미르
체르니히우
수미
키이우(수도)
러시아군의
장악 시도 실패 중
하르키우
(제2도시)
드니프로강
우크라이나
돈바스
마리우폴
동부 요충지, 러시아군의
집중 폭격으로 민간인
피해 속출
멜리토폴
헤르손
크림반도
흑해
미콜라이우
오데사
20일 '킨잘' 공격으로
군 연료 저장소 파괴
몰도바
체르니우치
본보 특파원
현장 취재 지역
루마니아
이바노 프란키우스크
18일 러 극초음속
미사일 '킨잘'
공격으로
군사시설 파괴
자료: 미국전쟁연구소(ISW)

출처: 동아일보 기사 중

12) 전망-우크라이나에 평화를!

2022년 2월 24일, 러시아의 우크라이나 침공은 유라시아 패권을 놓고 미·러 대리전 양상을 보이면서 강대국들의 이해관계가 넓게 연루되고 깊게 개입된 국제전이다.

러시아는 속전 속결 전략과 친로 정권 수립에 실패하면서 동남부 돈바스(Donbas)지역 공세로 전환하고, 장기전으로 전세는 바뀌고 있다.

러시아의 우크라이나 정책의 핵심은 무엇인가? 유럽연합(EU)과 북대서양조약(NATO 나토)의 동진(東進) 확대로 국가안보에 대한 위협을 느끼고, 국익 옹호의 차원에서 우크라이나를 친로 국가화하거나 서구와의 전략적 완충지대로서 비무장 중립국으로 남겨 두고, 옛 소련제국 재창조를 꾀하는 데 있다.

푸틴은 이미 2014년 4월, '새로운 러시아'라는 의미의 '노보러시아(Novorossiya)' 국명의 새로운 국가 수립 의지를 국영TV 인터뷰에서 선언한 바 있다. 동남부의 <하르키우·자포리자·헤르손·미코라이우·오데사 주> 등을 한데 묶어서 새로운 국가를 수립하겠다는 의도다.

나는 1979년 6월, 우크라이나에 체류 중, 오데사 항을 출항, 얄타를 거쳐 '노보러시아'의 이름을 딴 공업항 노보로시스크(Novorossiysk) 항에 기항하여 해양대학을 견학하고, 제2차 세계대전 당시 독일군과의 격전지인 해변에서 끝까지 항전하다 전사한 용사들의 묘지, 보존 전시한 여러 종류의 무기들을 구경하고, 우크라이나의 민속춤 등 전통문화도 체험했다.

신생국가가 출현하게 되면 우크라이나는 바다로 나가는 출구를 상실한 내륙국가로 전락하고, 동부에 밀집한 석유화학, 제철, 항공산업 등, 경제의 척추를 잃게 된다. 인구는 4,400만 명에서 2,300만 명으로 줄고, <동서분단국>으로 남게 될 것이다. 반면에 러시아는 구소련처럼 흑해(黑海)일대를 장악하고, 재소련화(再蘇聯化) 야망을 달성하며,

팽창 야욕이 다시 탄력을 받게 될 것이다. 이것은 미국의 유라시아 패권 유지에 심각한 도전이 아닐 수 없다.

러시아는 세계 최강의 핵보유국이라는 푸틴의 겁박과 구소련의 후속체로서 <러시아·우크라이나·벨루루스·카자흐스탄>으로 이어지는 유라시아제국이 발현되는 경우, 이러한 제국적 야망을 자유진영이 제어할 묘안은 없는 것으로 보고 있다.

모든 선진국들이 러시아와의 단절에서 오는 불이익을 감수하고, 자유세계의 승리를 위해서 미국이 먼저 우크라이나에 대규모로 군사·경제·인도주의 지원(330만불, 한화로 42조원)을 하게 되면서, 우크라이나 전쟁은 자유진영과 권위주의 진영이 대결하는 국제전이 되었다. 우크라이나가 승리하지 않으면 <푸틴-시진평-김정은> 등 독재자들이 좌지우지하게 될 것이라는 우려를 낳고 있다.

제렌스키 우크라이나 대통령은 한국의 국회 화상연설에서 방위산업 선진국인 한국의 무기 지원을 호소했을 때, 정부는 응하지 않았다. 뒤늦게 대(對)러시아 제재에 동참했지만,

2022년 6월에 우크라이나를 돕기 위한 콘서트가 예정되어 있다. 그간의 모금액은 약 40억 원인데, 산불 등, 국내 이슈에 묻혀 돕기운동은 시들했었다.

우크라이나전(戰)에서 미·러 그리고 우크라이나의 득실은 무엇인가.

바이든 미국 대통령은 동맹국 간의 연대 강화, 국내의 초당적 협력을 끌어내는 성과를 얻었다.

제렌스키 우크라이나 대통령은 러시아의 암살 위협에도 불구하고 수도 키이우에 남아 수도를 지키면서 국민의 항전 의지를 북돋우고, 10차례의 해외 화상연설로 각국의 역사적 공감을 이끌어내면서 지원을 요청했다. 69회의 대국민 영상연설을 통해서 국내 지지율을 91%

수준으로 치솟게 하여 국제사회의 주목을 받으면서 영웅으로 부상했다. 미국과 동맹국이 러시아에 제재를 가하도록 만들고, 유럽연합이 회원국으로 받아드리는 문제를 검토하도록 만들었다.

역사를 바꾼 그의 용기있는 행동으로 '코미디언 출신 제렌스키는 처칠과 같은 세계적 지도자의 반열에 올랐다'고 미국 시사주간지「TIME」은 호평했다.

푸틴은 지지부진한 전세(戰勢)와 제재에 따른 국내의 경제적 타격으로 앞날이 불안하고, '에너지 차르'로 불렸던 그의 위상도 흔들리고 있다.

푸틴의 속전 속결 시나리오는 일장춘몽으로 끝나고, 붉은 군대의 수준이 만천하에 드러났다. 주요 다국적 기업들은 러시아 시장에서 철수했다. 민간인 무차별 학살 만행으로 국제여론의 악화, 국가부도가 우려되고 고립무원의 지경에 이르렀으며 물가의 상승으로 인한 국민의 고통이 심각해지면서 푸틴을 원망하는 국민의 목소리에 사면초가의 난국 타개, 출구 전략이 궁금하다. 확전(擴戰, 전면 전쟁 선포)이냐 종전 선언이냐의 기로에서 명분을 찾지 못하고 유야무야 전쟁을 마무리해나갈 태세에 있다.

푸틴 대통령의 야심, 분노한 우크라이나 국민의 강한 항전의지, 미국 등 서방의 숨은 의도와 이에 따른 강력한 지원이 맞물리면서 이 비극적인 전쟁은 쉽게 막을 내리지 않을 수 있다고 보고 있다.

우크라이나 전쟁의 장기화는 원자재, 에너지, 곡물(밀, 옥수수, 보리), 해바라기씨 등, 연료·곡물·식용유의 물류 대란으로 애그플레이션(농산물 가격 폭등으로 인한 물가 상승, agriculture+inflation)이 일어나고 있다. 곡물의 경우 우크라이나는 세계 밀 공급의 30%를 차지하고 있는 <유럽의 빵공장>. 서방 국가들 중에 러시아 제재 해제 움직임도 보인다. 해바라기씨 기름은 46%를 차지하고 있다.

우크라이나는 자국의 주권과 안보를 국제적으로 보장해줄 경우, 크렘린의 다음과 같은 요구 사항을 수용하겠다는 입장이다.

① 우크라이나 중립화, ② 비핵화 지위 명문화, ③ 돈바스 지역, 도네츠크, 루안스크인민공화국의 독립 인정, ④ 크림반도의 러시아 병합 수용 가능성

사회주의와 자본주의의 대립을 뜻하는 <냉전> 이후에 나타난 새로운 국제적 대립(유사 냉전, 신냉전) 상황에서, 러시아의 우크라이나 침공은, 대만에 대한 중국의 공세를 일으킬 수도 있다는 경고도 나온다. 북한은 강대국들의 긴장 고조 속에서 안보·보장을 받고, 핵억지력과 경제 성장 촉진의 병진 노선을 가고 있다.

한국은 이들 국가의 전략을 이해하면서 이들의 공세를 억제하기 위해 동맹, 파트너들의 집단안보 강화로 나가야 할 입장에 있다.

한국은 우크라이나 사태로 반도체, 자동차 등, 주력 제품의 러시아 수출길이 막히고 있다. 정부는 러시아 경제 제재에 동참하는 동시에 곤두박질하는 성장을 떠 받쳐야 하는 과제를 떠안고 있고, 기업인들은 하루 속히 사태의 정상화로 수출이 재개되기를 염망하고 있다.

1979년 6월, 우크라이나 오데사에 한국인으로는 처음으로 최장기간 (6월 4일~6월 21일) 체류하면서 느꼈던 그곳의 인상은, 소비에트 공화국 체제였지만 서구적인 분위기가 짙은 곳이었고, 민족의 전통문화가 잘 보존되어 오고 있음을 느꼈었다. 흑해 북연안은 당시 연간 350만 명이 찾는 관광휴양지다. 레닌의 휴양지, 미·소 우주비행사가 휴식을 함께 한 소치(Sochi, 동계올림픽 개최지), 안질에 좋은 광천수, 전구역이 금연구역인 아름다운 자연환경의 얄타반도 등, 낭만적인 추억이 있지만, 루즈벨트·처칠·스탈린 3거두가 얄타협정을 맺고 한반도의 운명을 결정한 회담 장소인 리바디아(Livadiya) 궁전은 나에게 가슴 아픈 추억으로 남아 있다.

오데사의 거리는 때맞추어 녹음이 짙게 우거져서 매인스트리트는

하늘이 보이지 않을 정도. 러시아에서 첫째로 손꼽히는 시인 푸시킨이 그의 인생 후년에 기거했던 거리는 <푸시킨 가(街)>로 불리우고 있고, 가장 아름답다고 말하는 이 거리에는 푸시킨의 옛집이 잘 보존되어 관광 명소 중의 하나가 되었다. 오데사에는 공원과 동상, 옛 건물과 기념물, 오페라 극장과 많은 고등교육기관이 있는 평화로운 항구도시다.

  우크라이나여, 오데사여,
  평화의 봄은 언제 오는가.

  러시아 인들이여,
  그대들은 예술을 사랑하는 국민이다.
  러시아 문학을 사랑하는 세계적인 많은 독자가 있지 않은가.
  지성인의 자긍심으로 전쟁은 이제 끝내자.

  러시아의 어머니들이여,
  아들들을 전선에 보내지 말아 다오.

외신(AP 뉴스)이 전하는 우크라이나 전의 이모저모

우크라이나 키이우 외곽에서 여섯 살 소년이 집 마당에 묻힌 엄마 무덤 앞에서 서 있다.

러 볼쇼이 발레단 수석 발레리나, 올가 스미르노바, 푸틴의 우크라이나 침공 비판 후 폴란드로 망명

"푸틴, 너 자신을 쏴라." 키이우 도심에 푸틴 대통령이 자신의 입에 총구를 밀어 넣고 있는 모습을 형상화한 조형물이 등장했다.

"이렇게 두 손 묶은 채 민간인 학살" … 독일에서 러 침공 규탄 시위

자료출처: 동아일보

러시아 푸틴 대통령

미국 바이든 대통령

우크라이나
볼로디미르 젤렌스키 대통령

[참고문헌·자료]

1. Mark Galeotti, A Short History of Russia, 2020, 이상원 역, ≪러시아 역사≫, 2021, 미래의 창.
2. 구로카와 유지(黑川祐次) 지음, 안선주 역, ≪유럽 최후의 대국, 우크라이나의 역사≫, 2022, 글항아리.
3. 동아일보, 중앙일보 관련기사. BBC, CNN, NHK, KBS 관련보도 자료.
4. 이재우, ≪소련 점묘, 흑해연안 1,280마일 항해와 문화체험≫, (IMO/UNDP/USSR Maritime Training Seminer 참가기), 대전PEN문학, 2002, 통권2호.

Ⅱ. 파도를 넘어
－바다로, 세계로, 미래로

모교 한국해양대학교 초청강연(2022.05.18)

부안중학교 제13회 졸업생 제자들과 함께(2015년)

실습선 세계로호(좌)에서 특강을 마치고, 인양된 세월호(우), 2018

≪청춘의 바다≫ 필진들(목포해양대 23기)과 함께
대전수목원에서(2020년 여름)

6. 생명의 바다
―바다를 지배하는 자는 세계를 지배한다

바다는 국경에 관계 없이, 민족의 구별 없이 영원히 숨 쉬며 생동하고 있다. 바다의 전통에는 생명이 있다. 이 생명력, 이것은 무엇인가. 영미(英美)의 뱃사람들이 흔히 인용하고 있는 성서 시편 107편 23~24절, 즉 '선척을 바다에 띄우며 큰 물에서 영업하는 자는 여호와의 행사와 기적을 보나니라.', 이 한 구절의 계시  (啓示)가 보여주고 있는 것, 이것이 아니겠는가.

이 계시에서 느껴지는 것은 한없이 다정하고, 그러면서도 준엄해서 항거하는 일을 용서치 않는 무한한 '바다의 힘'이다. 피와 땀 그리고 눈물을 흘리면서 고생하지 않고서는 도달할 수 없는 피안(彼岸)인 것이다.

뱃사람들은 생업으로 바다에 배를 띄우며 떠나간다. 희로애락 그 밖에 때로는 생명을 걸고서 항해해야 한다. 만일에 뱃길이 고난과 위험으로 끝나고 마는 것이라면 뱃사람들에게는 구원은 없다. 하지만 바다는 비정하고 가혹한 시련 끝에는 뱃사람들의 몸과 마음을 풀어 주는 다정한 손짓을 잊지 않는다. '폭풍이 지나가면 찬란한 햇살이 비추인

다!(Bright sunshine after the storm!)'

　그래서 뱃사람들은 원망하지 않으면서 바다에서 삶의 보람을 찾으며 가슴이 부풀게 된다. 고비를 넘긴 고난이 크면 클수록 해방감과 만족감도 깊은 것이어서, 이러한 감정이 바다와 일체감(一體感)을 이루게 되고, 이런 일이 되풀이 되는 가운데 일체감은 더욱 깊어 간다.

　구미에서는 사람들은 어린 소년시절부터 배를 타기 시작해서 선장으로 승진하는, 이른바 호스파이프(hawsepipe) 출신이 많았다. 닻줄이 감기며 들어가는 구멍, 호스파이프로 기어 올라오듯이 승진의 길이 어려움을 비유한 말이다. 졸오기신(卒伍起身)주의라고나 할까. 바다는 젊은이가 앞에서 말한 성서 시편의 구절을 굳게 믿고 도전할 만한 곳이었다.

　역사적으로 볼 때 바다에 도전하며 진출한 민족은 크게 융성했다. 반면에 징기스칸이 세운 몽고는 세계를 제패했지만 바다에 진출 못한 민족이어서 쇠퇴하고 말았듯이 바다에 도전하지 않는 민족은 융성하지 못했다. 과연 "바다를 지배하는 자는 세계를 지배한다(He who rules the waves rules the world.)"라는 말은 오늘날 우주 시대에도 역시 불변의 진리가 아니겠는가.

　1494년 스페인과 포르투갈은 세계양분조약(Tordesillas treaty)을 맺고 스페인은 대서양과 태평양을 점유하고, 포르투갈은 인도양을 점유할 것을 주장한 일이 있다. 또 "영국은 해양을 지배한다(Britannia rules the waves.)"라고 호언장담하게 되었다. "독일의 장래는 해상에 있다"고 독일 황제 윌헤름 2세는 절규하고 해상 세력의 발전에 대한 국민의 주의를 환기시켰다. 독일의 경제학자 리스트(F. List)는 "해운을 갖지 않은 국민은 날개없는 새와 같다"라고 갈파한 바 있다.

　이러한 말들은 바다의 중요성을 여실히 설명하고 있는 것이다. 제1차 세계대전 당시 영국이 전 해운을 총동원하여 자국과 연합국의 위급을 면하기 위해 노력하면서도 아직 선박이 부족하여 고통당한 나머지 당시의 수상 로이드 조지로 하여금 "첫째도 배, 둘째도 배, 셋째도 배"라고 통탄케 하였다. 요컨대 해운의 흥망성쇠는 한 나라의 국운(國運)의 바로미터라고 할 수 있는 것이다.

  우리나라는 육당 최남선의 '해양민족론'에서의 주장을 빌지 않더라도 해양민족임은 틀림없다. 우리의 경제 터전은 바다를 이용하는 일이라는 점에 대한 인식을 우리는 같이 하고 있다. 하지만 세계적인 추세라고는 하나 점점 젊은이들이 바다에 진출하려고 하지 않는다. 바다는 우리 인류의 역사를 간직한 곳이요, 생명이 돋아나고 문명이 자란 곳이다. 바다는 삶이며(sea is life), 그 무한한 가능성과 자원을 찾아서 그 장대섬미(壯大纖美)한 자연에 마음을 심고, 인류 행복의 근원을 캐어내는 곳이다. 그래서 바다는 미래가 아닌가. 다시금 우리는 "젊은이여, 바다로!(Down to the sea, young man!)"를 외칠 수 있어야 한다. 다가오는 미래는 해양 개척 시대라고 말하고 있다. 성서에서 인용한 위의 말은 우리에게 해양 진출에 대한 국가정책의 일대 전환을 다시 한 번 고려해 보게 한다.

7. 실습선 세계로호 취항 기념 선상 특강(船上 特講)
　－조국의 장래가 바다에 있다　　　　　　　　　　(2019.04.30)

① 세계로호의 특강 초청을 받고

2019년 4월 30일, 목포해양대학교 신조 실습선 세계로호에서 실습생을 위한 특강을 할 기회가 미수(米壽)인 나이에 주어졌다. 목포역에 마중 나온 출람(出藍)의 졸업생, 선장 겸 실습감(Captain-Superintendent) 신호식 교수의 안내를 받아 목포 신항으로 개발된 외항 부두에 이르러 보니, 아이러니컬하게도 인양된 앙상한 몰골의 세월호와 마주하여 계류하고 있었다.

세계로호는 총톤수 9,196톤, 세계에서 가장 크고 가장 새로운 교육훈련용 선박이다. 목포해양대학교가 주관하여 「국립대학 노후 실습선 대체 선박 공동 건조(5척: 수산계 3척, 해양계 2척/총사업비 2727억원) 사업」으로 2015년 12월에 (주)한

신조 실습선 세계로호

진중공업과 건조계약을 맺고 G마린서비스의 기술감리로 36개월의 건조과정을 거쳐 2018년 12월 인수하고, 2019년 1월 21일에 명명식을 거

행했다. 대학내 부두에 접안 계류할 수 없어서 지금 부두의 확장 공사가 진행 중이고, 당분간 외항 부두시설을 이용하고 있다.

세계로호는 같은 크기의 한국해양대학교의 신조 실습선 한바다호(9,196톤)와 더불어 5대 해양강국인 대한민국의 자랑이요, 자존심이다.

목포해양대학교 해기 지정 교육학과(항해 및 기관) 학생들의 연근해와 국제 항해에서 승선교육훈련을 통하여 해운과 해양산업 발전에 공헌할 우수한 인재양성을 목적으로 설계·건조했으며, 국제해사기구(IMO)가 각국에 권장하고 있는 실습선의 모델이라고 감히 말할 수 있을 것이다.

2019년 4월 19일, 처녀항해인 마닐라 항까지의 왕복 항해를 마치고 귀항했는데, 필리핀 국가의 교통부 차관이 참석한 성대한 입항식을 거행했고, 역사가 깊은 필리핀 상선사관학교(PMMA)와 친선교류 행사도 있었다고 전해 들었다.

2017년 12월에 목포해양대 실습선 새누리호에서 특강을 한 일이 있었는데, 이번에는 「조국의 장래가 바다에 있다.」의 연제로 특강을 했다. 영문으로 구성된 내용이어서 유인물 교재를 나누어 주고, 세계로호의 취항을 축하하는 헌시(獻詩) 「항해하라! Sail on, Sail forth!」를 수록한 「존 메이스필드 해양명시선」(서거 50주년 기념 출판)을 실습생 200명에게 방선기념으로 나누어 주었다. 또한 「재경 동문 해운 CEO CLUB(회장 황재웅 에스티엘 글로벌(주) 대표)」에서 신간 졸저 「영미 해양문학 산책」 100권을 구입하여 특강 기념 선물로 기증해 주었다. 그간 발간한 「이재우 해양문학시리즈 7권」을 목포해양대학교 재경동문회, 재경 해운동문회, 재경동문 '하자'회, 목해대 출신 도선사 모임, 총동창회 등, 졸업동문들이 세계로호 도서실에 기증해 주었다.

「바다, 그 위대한 생명」 제하의 메시지를 나누어 주고 읽어 보도록 했다.

강의에 앞서, 선장 겸 실습감 신호식 교수와 기관장 임명환 교수에게 취임 축하 기념패를 전달했다. 방선시에는 꽃다발 증정은 삼가하는 것이 선원사회의 전통적인 관습이다(불길한 장례가 된다는 미신). 빈손으로 방선을 하지 않는 것도 역시 전통적인 관습이어서 기념패 증정으로 대신했다.

국제항해하는 실습선 선장, 기관장의 집무실에 비치하기를 바라는 마음으로, 영문으로 축찬(祝撰)의 글을 새겼다. 실습항해사, 실습기관사 두 명의 여학생이 실습생 전원 앞에서 기념패의 글을 낭독했다.

② 미래의 해사기술 전문인 양성에 관심을!

특강을 하오 4시에 시작하여 5시 30분에 마쳤다. 저녁식사 시간이 되어서 연장을 할 수 없다. 사관식당(saloon)에서 저녁식사를 같이 하고, 선장 집무실(Captain's Day Room) 바로 앞쪽에 있는 <VIP Room>에서 하룻밤을 묵고, 아침식사는 부원식당(messroom)에서 했다.

실습생들의 급식비는 1일 6,000원, 한 방에 4명씩 배치, 하루 기름 소비량은 3,000만원어치, 앞으로 약 2개월 동안의 세계 일주 장기 원양실습을 위한 경비는 20억원 정도, 실습생 1인당 해외 상륙 수당은 50불 정도(2개 항 기항 기준)….

앞으로 많은 예산이 필요하니, 어려움이 많을 것이다.

실습생들의 1년간의 승선경험은 매우 중요한 의미가 있다. 장래 해기 직업을 지속할 것인가, 의무 연한만 채우고 나면 떠날 것인가. (Whether to leave the sea, or not)를 고려해 보는 기회가 될 수 있기 때문이다.

장기간 폐쇄적인 선내 사회에서 24시간 생활하고(24-hour society), 근무해야 하는 선원들을 위하여, 사회적(social), 정서적(emotional)인 측면에서(인간성 회복면에서) 배려와 지원이 절실히 요청된다. 선내 생활에 적응하고(adaptability), 영양상태가 좋으며(well-fed), 충분히 휴식하는(well-rest) 선내 생활환경을 조성하는 일이 선박의 안전 운항에서 고려해야 할 중요한 요소들이다. 선원의 건강, 안전, 복지의 향상책 강구는 선원 이직이 심각한 이 시점에서 시급한 과제들이다.

[STCW협약(1995년 개정) 결의서 12], 선원직업의 신참(新參)의 유입과 선원의 해상직 유지(Resolution 12, Attracting new entrants to, and retaining seafarers in the maritime profession)]에는 다음과 같은 내용이 담겨 있다.

「선원직업을 선택하고자 하는 젊은이들과 승무 중인 선원을 선원직에 머물게 하는 것을 저해할 잠재성이 있는 일체의 차별적인 법령과 관습을 인식하고」, 「젊은이들이 해상직업을 선택하도록 하기 위한 해운산업의 전반적인 노력」을 위한 조치를 취하도록 다음과 같은 권고 사항을 제시하고 있다.

· 해상경력이 제공하는 기회에 대한 폭넓은 인식·지식의 제고
· 해륙호환성(海陸互換性 Afloat-Ashore link type)이 가능한 인사관리
· 초급해기사의 선내 훈련 지도
· 실습생의 거주 설비를 갖추는 일
· 선원직업에 대한 자부심을 길러주는 일

이와 같은 권고 사항을 잘 검토해 보고 계획을 수립, 실천하고, 실습생들이 실망하지 않고 승선실습을 마친 후 해상직업에 진출할 수 있도록 관련 분야에서는 최선을 다하는 조치가 필요하다.

지금 우리는 삶의 질(QOL, quality of life)을 중시하는 사회에서 살고 있다. 저출산 소자주의(小子主義, One is enough)와 DINK족(Double Income No Kid)이 증가 추세에 있으며, UN University의 미래학자들이 발표한 「미래보고서 The State of the Future」에는 2035년에 한국의 대학은 절반이 줄어들고, 2300년에 지구상에서 사라지는 첫 번째 민족으로 한국을 들고 있다. 근거가 있는지는 모르지만 국민소득 3만불을 넘는 국가는 선원사회가 붕괴하고, 선원양성기관은 축소 또는 폐교된다고 말하고 있다. 20세기 후반의 선원문제를 필자의 저서 「주요해운국의 선원교육제도」에서 이미 이러한 동향을 다루었고, 20세기에 겪은 선원문제는 「선원문제의 연구Ⅰ」로 정리했었다. 21세기에 들어서

면서 급변하는 국제사회의 선원문제를 졸저「선원문제의 연구Ⅱ, 바다와 사람」에서 정리해 보았다.

　1970년대까지 선원직업은 매력적인 요소가 많았기에 선원직 고용 기회를 얻기 위해 높은 경쟁률을 보였고(How to join), 1980년, 90년대에는 어떤 조건부 승선생활을 하는 경향(Whether to leave the sea)이 보였다. 지금은 기한부 승선생활(when to leave the sea)의 경향이 짙다. 지난 20세기 중엽 이후 구미 선진해운국들이 겪은 현상을(시간차는 있으나) 지금 우리나라는 겪고 있다.

　일본은 1990년대 11명 정원의 근대화선(Pioneer Ship)이 취항에 성공했지만, 당시 P선의 연간 선원비는 190만불이었다. 24명 전승의 경우 중국인 고용시 25만불, 필리핀인 고용시 45만불, 한국인 고용시 60만불이었기에 근대화선 연구 추진은 중단하고 대신 외국인 선원을 고용하는「곤킨센 混近船」운항체제로 나가게 되었다. 재래선시대로, 다시 원점으로 돌아갔다. 일본 해운노조(全日海)는 6,000명 일본인 선원 확보를 위해 투쟁했지만, 2015년에는 2,000명선, 앞으로는 일본인 1명만 승선하는 일인일선주의(人 船主義) 체제로 방향을 바꾸었다. 140년 전통있는 명문 도쿄상선대학(東京商船大學)은 도쿄수산대학과 합병하여 도쿄해양대학으로 개편하고, 해양공학부를 두고 항해사 교육은 해사시스템공학과에서 65명, 기관사 교육은 해양전자공학과에서 65명, 입학 정원 체제로 축소했다. 해기사 면허 취득을 위해서는 승선실습과(6개월)에 진학해야 하는데, 지원자는 합계 40명 정도이다. 11개의 해원학교도 3개교만 남고, 상선고전(5.5년)의 재학생은 도중에 대학 편입생의 증가 등, 선원사회는 붕괴되었다. 미국의 킹즈포인트에 있는 미연방상선사관학교(USMMA)도 재학생 정원 1,000명에서 500명으로 감축되었다. 유럽해운국들의 경우도 모두 폐교 내지 축소가 되고 있다.

　우리나라는 두 곳 해양대학교가 모두 입학 경쟁률 약 <5:1>을 유지하고 있고, 입학정원은 한국해대 560명, 목포해대 690명, 합계 1,250명으로 자유진영국가에서 그 유례를 찾을 수 없다. 국민소득 3만불을 넘겼지만 선원사회는 외항선원 9,000명선에서 6,500명선(공식 발표통계는 아니고, 관계기관에 문의해서 얻은 2018년말 기준 통계)으로 감축되었고, 아직 붕괴는 되지 않고 있다.

필자는 세계로호에서 일박을 하면서 실습생과 가장 가까운 선배 3등 항해사와 이야기를 많이 나누었다. 세 번째로「선원문제의 연구」책을 출판할 예정이어서 실정을 알고 싶은 점이 있었기 때문이다. 곧 출간 예정인 필자의 졸저는「선원사회는 존속할 것인가.」,
「A Study on CDP, CPD and MET for Maritime Profession」으로 할 생각이다.

A smooth sea never makes a skillful mariner.
(평온한 바다는 결코 유능한 뱃사람을 만들 수 없다.)
Practice makes perfect.(배우기보다 익혀라)

악조건 밑에서 파도와 싸우며 해기(海技)를 연마하고 있는 실습생들! 지금 초등학생이 10년 뒤에 세계로호에서 또 승선실습을 하게 될 것이다. 해양정신(Mer Esprit)이 강한 젊은이들이 해상직을 선택할 수 있도록 차원 높은 선원정책을 기대해 본다.

③ | 헌시獻詩 | 항해하라! Sail on, Sail forth!
－신조 실습선 세계로호 취항을 축하하며

다도호, 태평호, 유달호, 새유달호, 새누리호,
역대 선임 실습선들이 양성 배출한
조국 근대화의 기수,
탁월한 해양인들은
빛나는 공적을 남겼다.
그대 세계로호, 신조 실습선은 뒤를 이어
세계에서 가장 크고, 가장 정교한
신예(新銳) 초자동화선으로 태어나
우리 앞에 웅장하고 화려한 모습을 보여 준다.

피끓는 청춘, 용약하는 젊은이들이
지식을 쌓고 기술을 연마하는 체험의 장,
그대 품 안에서
칠대양에 웅비할 해양인으로 태어날지니
그대의 책임은 막중하고
그 보람은 한없이 크리라.

오, 그대여,
항해하라! <Sail on, Sail forth!>
생명의 바다로, 부(富)를 나르는 바다로!
오, 상냥하고 아름답고 믿음직한 그대여,
그대가 바다를 항해할 때
우아하고, 당당한 모습으로
그리고 사랑과 믿음으로

질풍 노도 속일지라도
능히 극복하리라.
바다의 신 넵츈은
삼지창을 꼿꼿이 세워주리니.

젊은이여, 바다로!
<Down to the sea, young man!>
바다는 우리의 미래
조국의 장래가 바다에 있다.
바다에서 생명이 돋아나고
문명은 여기에서 싹트고 자란다.

젊은이여,
그대들은 역사의 주인공
거친 파도를 가르며 도전하라.
파도와 맞서는 자만이
바다의 신비를 알게 되는 법.

인간의 지혜로 태어난
그대 세계로호여,
젊은이들이 그대와 함께
선박조종술(seamanship)을 배우고,
단체정신(esprit de corps),
해양정신(Mer Esprit)을 몸에 익히리니
그대는 청춘의 바다, 매혹의 바다에서
젊은이들의 인생항로의 인도자가 되어라.

그대는

해양민족 코리아의 국위를 선양하고

바다 건너 저편 이국문화(異國文化)를 접하면서

젊은이들이 견문을 넓힘에 도와주고

생명의 바다의 수호자를 키워 내는 보금자리.

해양강국, 조국 대한의 자존심이여,

세계 평화를 선도하는

자랑스런 젊은이들의 요람이여,

쉼 없이 맥을 이어 갈 그대여,

영원하라, 신의 가호가 있으라!

목포해양대학교 전경

■ 2020년도 실습선(세계로호, 새누리호)
  실항·기사 400명에게 도서 기증

〈기증자〉

사랑하는 실습생 후배들에게,

모교의 개교 70주년을 기념하여, 목해대 명예교수 이재우 저 『영미 해양문학산책』(독서국민운동본부 우수추천도서) 책을 드립니다.

훌륭한 상선사관(商船士官)의 자질을 갖춘 해사사회의 탁월한 지도자가 되기를 기원하며 응원합니다.

- 김귀동, 25E, 목포해양대 총동문회장
                (포코엔지니어링 대표이사, 010-4106-1945)
- 박래성, 29E   목해대 재경 동문회장
                (아래스 대표이사, 010-8984-2484)
- 황재웅, 35C, 목해대 재경 해운 CEO 동문회장
                (재경동문회 부회장,
                에스티 엘 글로벌 대표이사, 010-9189-8971)
                명예 경영학 박사(목해대 수여)
- 임창수, 36N, 목해대 출신 도선사 모임 대표
                (인천항 도선사, 032-883-8111)
- 김일동, 22N, 대륙상운(주)대표이사
                한국예선업 협동조합 이사장, 032-883-3352
                명예 경영학 박사(목해대 수여)
- 박수열, 25N, 네오스타 마리타임 대표이사, 010-3713-3144
                제20대 재경동문회장 역임 및 고문
                명예 경영학 박사(목해대 수여)
- 안창호, 27N, 목해대 동문 「하자」회 창립회원
                벌크코리아 대표이사, 010-5271-3237
                제21대 재경동문회장 역임 및 고문
                명예 경영학 박사(목해대 수여)

④ |특강 요약| 조국의 장래가 바다에 있다

-No Seafarer, No Korea
-Maritime Korea shall never sink, if rolling and pitching

1. Down to the Sea, Young Man(& Woman)!
   My Business is Shipping. (L. C Kendall)

   Ah! The good old time-the good old time. Youth and the sea. Glamour and the sea!
   아아, 그리운 그 시절-그리운 좋은 시절, 청춘과 바다. 매혹의 바다!

   — Youth(청춘), Conrad

2. They that go down to the sea in the ships,
       that (   ) business in great waters ;
   These see the works of Jehova
       and his works in the deep. (Psalm 107, 23-24)
                                         ※ (do)

3. a pride in shipping industry,
   a pide in profession.
   I must(go) down to the seas again, to the lonely sea
       and the sky. (SEA-FEVER, John Masefield)

4. Whosoever commands the seas commands the trade of the world ;
   Whosoever commands the trade of the world commands
       the riches of the world, and consequently
       the world itself. (Sir Walter Raleigh, 1552~1618)

5. He who rules <u>the waves</u> rules (　　　　).

   Britannia rules the waves.

   ※ (the world)

6. Sea-blindness, Sea-enthusiast, Sea-power.

   <u>neo-sea power</u>. Merchant Marine(USA), Merchant Navy (U.K)
   Merchant Mercantile(Japan), shipping industry (U.K)

   "시파워란 무력에 의해서 해양 내지 그 일부분을 지배한 해상의 군사력뿐만 아니라, 평화적인 통상과 해운을 포함한다."(from ≪The Influence of Sea Power upon History, 1660~1783≫, A.T. Mahan, 1840~1914, 미국 해군대학교 교장)

   해상권(海上權)의 개념은 「바다를 지배하는 권력, 곧 전시나 평시를 가리지 않고, 군사·통상·항해 따위에 관하여 바다에서 갖는 실력, 海上權, 海洋力」을 뜻한다.

   海運(Shipping)은 교역과 국방(commerce and defence)의 역할을 하기 때문에 「제4군」 [The 4th (　　　　) of defence]라고 부른다.

   ※ (arm)

7. borderless people, FOC(flag of convenience), FOC crew. loyalty,
   －Moreby교수 cost effective manning.
   Cultural Frictions and Conflicts in Work Group
   －in case of Crew members on Flag of Convenience Vessel, 1986-12.12~12.16. (in Korea)

   ※ Mutiny : The Mutiny of the Bounty, The Caine Mutiny, 페스카

마 15호의 선상반란(1995. 8) (남태평에서 조업 중이던 원양어선 온두라스 국적)

PAN-HO-LIB선 → Tax Haven. 세금피난처

Human Beings as an Export Commodity (수출상품인 인간)
Lennart Jhonsson, ITF, 1993.

※ The cheapest is not always best
황금알을 낳는 混乘船(Mixed Manning)은 해난사고라는 持病을 갖고 있다.

National Minimum Fleet   국가필수 최소선대
National Minimum Crew   自國船自國船員主義

8. 재래선, 배승체제 합리화 자동화선, 기관실 무인당직선, 선교 1명 당직선, 컴퓨터 탑제 초자동화선

Conventional ship → Rationalized Ship with Special Manning Scale.

→ Unattended Machinery Space Ship.

→ Reduced Watch on Bridge, One Man Bridge Organization (OMBO)

→ Computer-assisted Operation and Advanced Rationalization (Intelligent Ship) (Pioneer Ship, P船, 11名 Manning) CAV

→ AI Captain? SO Ship, Sea Crew → Land Crew? MASS(IMO)

※ from Brawn to Brain → Drastic Change

---

* 풍파에 놀란 사공 배 팔아 말을 사니…
* 해양, 과학, 기술 및 해양이 지닌 경제적 잠재력 (economic _____) 개발에 열중 / 21세기 신해양시대
* 侵略的·軍國的·海運에서 平和的 海運으로   ※ (potential)

9. <4차 혁명의 등장>

AI(인공지능), VR(가상현실), big data, IoT(사물인터넷)

Brain Initiative 계획(미. 10년간 30억 달러)

Singularity(特異點) : AI > 인간지능, 2045.

Smart Ship, Digital Ship, Remote Ship,
Unmanned Ship, Autonomous Ship 등

※ No crew is better than low crew.

MASS (Maritime Autonomous Surface Ship)
<바다의 표면을 자율운항 형태로 무인항해가 가능한 일반화물선>을 뜻한다
- IMO, 자율운항선박

Automated Port(자동화 항만)

High Tech - High Touch (앨빈 토플러, 제3의 물결)

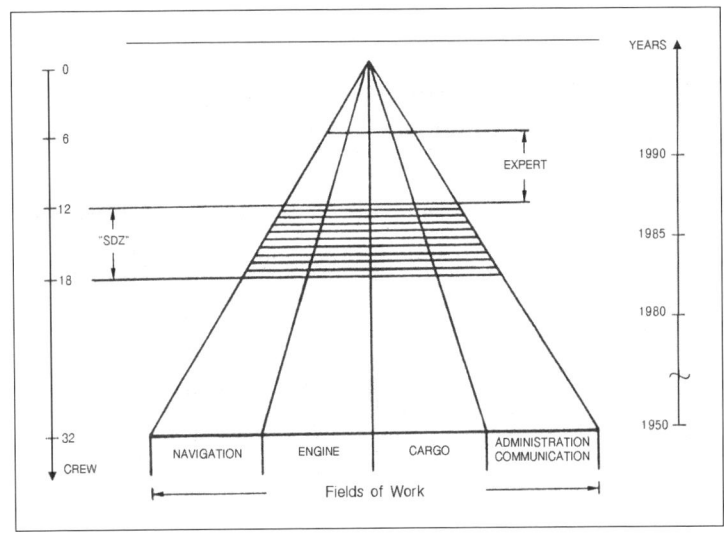

<승무원 정원 감축 단계 [서독의 장래선(SdZ)계획 중에서 인용]>

10. Functional Approach, 合理化船(近代化船) − 일본, Matrix조직
    Dual Purpose Officer, Polyvalent Officer, 운항사(W/O)
    Maritime Officer, Integrated Officer 甲機統合型,
    IMO → Alternative Certification 선택적 자격증명

11. IMO's Technical Assistance Programme
    WMU (The World Maritime University)

12. Crisis in Manning (1998.11, Singapore Conference)
    No crew No shipping, No crew No Korea

    <Incentive>
    · short afloat, long leave
    · high wage
    · career development
    · higher education, self-innovation.
    · development of social function on board
    · better accommodation.

13. ⌈ CDP (career development programme) − Horizontal
    ⌊ CPD (continuous professional development) − Vertical
    a pride in profession (social status)
    professionalization (experts, professional specialist)
    pre-retirement course (PREP), second career
    The Human Element in Shipping 해운의 人的 要素
    Safety Shipping Cleaner Oceans (IMO)

14. Officer in the Merchant Marine, which training for which ships in which countries and what kind of crews － <SEAMEN in the 21st century, 1998. 12, Paris>

> 당면과제 － 직업 선택의 본질적인 요소
> ① Employment opportunities 고용기회(국내외)
> ② Security of employment 고용보장
> ③ Opportunities for mobility in employment 유동성 있는 직업적 기회
> ④ Higher wages at sea (육상직과 비교한) 해상직의 고임금
> ⑤ Opportunities for career advancement 직업의 승진 기회
> ⑥ Social status 사회적 지위

15. Shipping the Next 100 years, J & J Denholm, U.K
    － 1966~2066, 100년간의 해운산업예측, Sturmy 등

    Ships and Shipping Tomorrow (MacGreger, 1983번역)
    (Shiffe und Schiffart von Morger, GRD, 1973)

16. Navigare necesse est, vivere non necesse.
    It is necessary to sail the sea,
    it is not necessary to live.
              (Motto of the Hanseatic League)

    Maritime Korea will never sink, if rolling and pitching.
    And, MMU too!
    May God bless TS SE-GE-RO and All in her!
    Bon Voyage!

17. KEMAS (Keep Man at Sea) : IMLA

    IMO/STCW Resolution 12

    Attracting new entrants to, and retaining seafarer in, the maritime profession.

    (선원직업에 새로운 사람의 유입과 선원의 해상직 유지)

    IMO recommends that Administrations, shipping companies, shipowner, ship manager and seafarer organizations and any other entities concerned do their utmost TO PROMOTE AMONG YOUNG PERSONS A CAREER AT SEA and TO RETAIN EXISTING SEAFARERS within The Industry by : ~(생략)

    > 주관청, 해운회사, 선주, 선박관리자, 선원단체 및 그 밖의 기관으로 하여금 '젊은이들이 해상직을 선택하도록 하고 기존 선원이 해운산업 안에 머물게 하기 위하여 다음의 조치를 하는 등 최선을 다할 것을 권고한다.'
    >
    > ※ 해상경력이 제공하는 기회에 대한 폭넓은 인식·지식
    > ※ 해륙호환성 인사관리
    > ※ 초급해기사의 선내훈련 참여
    > ※ 실습생 거주 설비
    > ※ 선원직업에 대한 자부심

    How to join, Whether to leave, When to leave

    The sooner, the better 조기하선

    MET-Quo Vadis?

18. There is nothing more enticing, disenchanting, and enslaving than the life at sea.

해상생활보다 더 마음이 끌리고, 꿈에서 깨어나게 해주고, 노예처럼 예속시키는 것은 없다.　　　(Joseph Conrad, Lord Jim에서)

※ My Home 주의, My Ship 주의, One-One system, six on six off

A smooth sea never makes a skillful mariner,
평온한 바다는 결코 유능한 뱃사람을 만들 수 없다.

바다의 비밀을 알고 싶다고요?
위험한 바다와 맞서는 사람만이 바다의 신비를 알게 된다오.
Wouldst thou learn the secret of the sea?
Only those who brave its dangers comprehend its mystery!
(The Secret of the sea, H.W. Longfellow)

There is no literature without a departure, and very often that has meant leaving the land for the more uncertain world of the sea.
떠나감이 없는 문학은 없다. 그 떠나감은 육지에서 바다라는 미지의 세계를 향하여 떠나는 경우가 많다.

Different ships use different long splices.
There is no need to reinvent the wheel.

일찍이 아시아의 황금시기에
빛나던 등불의 하나였던 코리아,
그 등불 다시 한 번 켜지는 날에
너는 동방의 밝은 빛이 되리라.
…
무한히 퍼져 나가는 생각과 행동으로
우리들의 마음이 인도되는 곳,

그러한 자유의 천국으로
내 마음의 조국 코리아여 깨어나소서.
－Tagor 타고르, 동방의 등불, 1929 기고

O To Sail to the sea in a ship! (Whitman)

Deeds, not words, (Kings Point, USMMA)

Be vigilant! (London Merchant Navy College)

Safety First. (Piny Point Maritime School)

Bright sunshine after storm!

Seafaring is more than a job : it is more even than a career :
   it is a way of life. (U.K.)

동물적 生의 형식, 직업적 生의 형식, 究竟的(구경적) 생의 형식

2019년 세계로호 선상 특강 메모

4월 30일 PM 4:00~5:30(90分間)

1. 선장, 기관장에게 기념패 증정(이재우 祝撰)

2. 수강생 全員(140명)에게 저서 증정
   ※ 세계로호 취항 기념 출판물
      "존 메이스필드 해양명시선"

3. 사관급 전원에게 저서 증정
   ※ 영미 해양문학산책 (10권)

4. 선장 집무실 비치용, 헌시패 증정(기념품 진열장 비치용)
   ※ 항해하라! Sail on, Sail forth!(동판에 새김)

5. 재경동문 해운 CEO CLUB에서
   세계로호 50권
   새누리호 50권 } 이재우 저 "영미 해양문학 산책" 증정

6. "바다의 노래" CD와 해설 (행사용 가곡 수록),
   승선실습에 관한 논문,「IMO-SMCP-for pilotage」증정

〈강연자료〉
1. 바다, 그 위대한 생명
2. 조국의 장래가 바다에 있다.
3. 승선실습제도에 관한 논문

8. 젊은이여, 바다로! Down to the sea, young man!
－선원 없이 한국 없다

> 해기를 근간으로 자기 실현을 위한 경력개발과 밀접한 관련이 있는 교육제도·해기자격제도를 개선하여 해기직업의 매력회복을 강구하고, 당면과제인 상급해기사 확보난을 완화하는 방안을 고려해 본다.

1) 천직(天職)이냐, 천직(賤職)이냐

1900년에 선장 출신 해양작가 콘래드(J. Conrad)는 그의 소설 『로드 짐』(Lord Jim)에서, "해상생활보다 더 마음이 끌리고, 꿈에서 깨어나게 해주고, 노예처럼 예속시키는 것은 없다"(There is nothing more enticing, disenchanting, and enslaving than the life at sea.)고 적고 있는 대목이 보인다. 오늘의 신원사회에서도 이 표현은 적절히다. 선원은, 어떤 종류의 모험(adventure)을 위해서 선원직업을 택하는 경우가 많고, 기대했던 바와는 달리 가혹한 현실을 겪으면서 환상적인 꿈에서 깨어난다. 기술이 급속도로 진전하고 있는 이 시대에 port time은 극도로 제한되고, 선원들은 몇 시간만이라도 상륙할 수 있다면 행운이 아닐 수 없다. 배에 예속되어 출항할 때까지 꼼짝 못하고 보니 노예나 진배없다. 이러한 예속상태(enslavement)에서 벗어나기 위해 하선(to swallow the anchor)한다면 바로 실직이나 다름없다.

명저로 알려진 미연방 상선사관학교(USMMA)의 교과서, 『The Business of Shipping』의 저자 캔돌(L. C. Kendall, 1912~)은 그의 저서의 마지막 구절에서 「해운업은 나의 천직(天職)!」(My business is shipping!) 이라고 말할 수 있다는 것은 얼마나 영광된 일인가!라고 끝을 맺고 있다. 이 끝 장의 줄거리는 해기사로 출발해서 해상직과 육상직을 교호로 경력을 쌓아가면서 대해운회사의 회장이 되어, 뉴욕 항을 출항하는 자기회사 소속인 선박을 고층 빌딩의 집무실에서 내려다 보면서, 지난 날의 추억에 잠기며, 역시 현명한 직업 선택을 했으니, 해운업은 나의 천직(天職)임을 자랑한다는 내용이다.

이 두 사례에서, 전자는 해상생활에 적응을 하지 못했다. 돈 주고도 못 사는 <젊어서 하는 고생>을 견디어 내지 못하고 천직(賤職)으로 여기고 하선했고, 후자의 경우는 해기직업에서 경력을 쌓아가면서 최고경영자가 되었고, 자기실현의 꿈을 성공적으로 이룩한 좋은 사례로 해상직을 천직(天職)으로 삼고 보람된 삶을 찾은 경우다.

2) 청춘과 바다-청춘의 특권

선원정신의 찬가라고 평하는 콘래드의 단편소설, 『청춘』(Youth)은, 「아아, 그리운 그 시절-그리운 좋은 시절. 청춘과 바다. 매혹의 바다!」 (Ah, The good old time-the good old time. Youth and the sea. Glamour and the sea!)라고 끝을 맺고 있다.

청춘의 한 시기를 해상직에서 보내며 특별한 경험을 할 기회를 갖는 다는 것은 청춘의 특권일 수 있다. 그러나 평생을 해상직에서 보낼 수는 없을 것이다. 따라서 해기직업에서 경력을 쌓아가면서 자기실현을 향해 나가는 것도 하나의 「삶의 방식」(a way of life)이다.

선원문제는 선원제도에서 발생한다. 제도의 개선으로 해기직업 선택의 선호도를 높일 수 있다고 본다.

「젊은이여, 바다로!」(Down to the sea, young man!)

「바다로, 미래로!」를 외치는 일이 구두선이 되지 않기 위해서는 이에 합당한 높은 차원의 대책이 먼저 필요하다.

3) 상선대는 국방의 제4군

선원은 국가의 경제안보의 제1선에서 싸우는 전사(戰士)이며, 해양력[sea-power]의 중요한 구성 요소인 상선대(merchant navy, merchant marine)의 요원이다. 21세기 신해양시대의 <sea-power>의 개념은 과거의 침략적인 반사회성(反社會性)을 탈피하고, 「인간과 바다의 종합적인 관계」라는 신해양력(neo-seapower)의 개념을 낳았지만, 해상권력 확장이라는 <시파워>의 개념은 여전히 도사리고 있고, 상선대는 「국방의 제4군」(The fourth arm of defence)의 위치를 굳건히 하면서 경제적 안보(commerce and defence)를 지키고 있다. 「바다를 지배하는 자는 세계를 지배한다」(He who rules the waves rules the world)는 해양정책은 21세기에도 살아 있으며, 바다는 해상권을 확보하기 위한 각축장(角逐場)이다.

4) 자국선 자국선원 주의로!

키플링(R. Kipling)은 「교통은 문명이다.」(Transportation is civilization)라고 말한다.

오늘의 고도한 문명사회는 해상교통이 확장된 데에 연유한다. 배가 움직이면 세계가 움직인다. 배는 부(富)를 나른다. 그 배를 움직이는 자는 바로 선원이요, 있는 곳에서 없는 곳으로 물자를 수송하는 승고한 사명의 수행자가 선원이다.

해운기업이 선원공급난을 해결하고 선원비 삭감으로 경영의 합리화를 도모하기 위해서 저자질인 저임금 선원을 고용하는 추세는, 결과적으로 더 큰 손실을 겪게 되면서, 「값싼 것이 반드시 가장 좋은 것은 아니다」(The cheapest is not always best)라고 결론짓고 있다.

<자국선 자국선원주의>는 선택이 아니라 필수이며, 적어도 국가필

수선원(national minimum)만큼은 <core crew>로 확보해서, 전략산업인 해운산업의 연결 고리인 <해운-선박-선원> 3개의 분야가 총합적인 힘을 발휘하여 국가의 경제적 안보를 지켜야 한다.

5) 사회적 보상이 있어야

저출산 고령화, 인구 감소, 국제경쟁력의 격화 등, 여러 동향 속에서 해기전문인력 확보를 위해서는 비상한 대책이 강구되어야 한다. 젊은이들이 위험에 노출된 해상생활에 도전할 수 있도록 하기 위해서는 그에 합당한 유인요인이 있어야 한다.

선원직업을 천시하는 사회적 풍조(sea-blindness)를 바꾸고, 선원을 해사전문기술인으로 대우하고, 사회적 지위(social status)를 높이는 길을 찾아내야 한다.

인간은 사회적 동물(social animal)이다. 사회와 격리된 <24시간 사회>(24-hour society)에서 해상위험(SSBC: sinking, stranding and aground, burning, collision, 침몰·좌초·화재·충돌, 해중전락 등)에 노출된 선상생활을 장기간 지속하며 생명선을 지키고 있는 선원에 대하여 「사회적 보상」이 있어야 한다. 경제적 능률주의로 인간성을 희생한 생산성 제고 방식은 민주사회에서 성장한 젊은이들이 받아들이기 어렵다.

6) 과감한 개혁을 해야

선원확보·양성에 장애가 되는 요소는 과감히 제거하고 개선해야 한다.

<인간 욕망의 존중충족>이라는 보다 근원적인 접근 방법을 시도하기 위해서, CDP(경력개발), Fast Tracking과 CPD(조기승진과 계속 교육)를 위한 MET(해사교육훈련제도)의 개선을 추진하여 인력(Manpower)

이 아니라, 인간(Man)으로, 인간성 회복, 인간주의의 입장에서 선원문제 해결의 실마리를 찾았으면 하는 마음이다.

범선시대의「바다의 열광자」(sea-enthusiast), 선원들은, 엄한 규율 하에서 고되고 위험한 선원생활을 하면서, 증오하는 장기항해를 마치고 가까스로 상륙하자마자 다시 바다를 그리워하며 항해를 절망했다. 메이스필드(J. Masefield)의「해수(海愁), Sea-Fever」라는 시에서,「나는 바다로 다시 가련다 / 달리는 바닷물이 부르는 소리 좋아서…」(I must go down to the seas again, / for the call of the running tide…)에서처럼, 그들은「바다에 소환」되는 것을 <사랑>하고 있었다. 적어도 그들은 자기들의「돛을 올리고, 내리고, 줄이고」하는 솜씨에 무한한 프라이드를 갖고 있었다. 지속적인 선원생활의 원동력은 바로 <직업에 대한 자긍심 a pride in profession>이었다.

선원생활에서 <자긍심 pride>을 갖도록 하기 위해서 공동사회는 크게 노력해야 한다.

7) 젊은이여, 바다로!

교단에서 재학생으로부터, 또는 해상직에서 고생하는 졸업생으로부터 받은「배를 내리면 무엇을 할까요?」라는 진로상담에 대한 대답에「일정기간 배를 타야만 <제2의 직업>(second career)을 가질 수 있다」는 말로 답변에 대신하면서, 정부, 해운기업, 교육기관이 다같이 문제해결에 높은 관심을 갖기를 기대해 본다.

> 선원은 역사요, 미래다. 우수한 선원이 있는 한,
> 한국해운은, 흔들려도, 침몰하지 않는다!
> Maritime Korea shall never sink,
> even if rolling & pitching!

우리나라는 무역에 의존한다. 해운은 무역의 날개요, 조국의 장래가 바다에 있다.

선원 없이 한국 없다.
No Seafarer, No Korea.

젊은이여, 바다로!
Down to the sea, young men!

[참고문헌]
이재우 저, 선원문제연구Ⅲ, 해운 선원정책 논단,『선원 없이 한국 없다』, 2021.6

목포해양대 실습선에서 실습생들의
「Man the Side(등현례登舷禮)」 정렬

9. 실습선 실습감 임무 수행기

■ **파일러의 꿈을 이루지 못하고**

　필자는 「Pilot」이라는 말이 일제 만년필 이름이라고 알고 있었고 항공기 조종사를 이르는 말이라고 생각했었다. 나중에 해양대학 항해학과에 입학해서 일본의 한 도선사가 돈을 많이 벌어서 만년필 공장을 차렸고, 세상에서 유명한 만년필「パイロット(파일럿)」이 생산되게 되었다는 말을 들은 적이 있었다. 정말로 그런지는 모르지만.
　도쿄만의 어떤 파일러가「パイロット, パイロット, パイロット(파일럿, 파일럿, 파일럿)」라는 책을 냈는데, 자기가 체험한 도선사 생활을 담은 아주 재미있는 책이었다. 그는 외국선을 도선하면서 11개 외국어를 익혔고, 은퇴해서 외국어학원도 경영했다고 적고 있다. 나는 파일러가 돼야겠다고 생각했었다.
　하지만, 해양대학 졸업 당시 우리나라에는 배가 없었다. 학장님(故 이시형 박사)은 "여러분은 해기면장(해기사면허증)을 받았지만 탈 배가 없으니 고향에 돌아가 때를 기다려라"고 말씀하셨다.
　나는 교원검정고시를 치르고 합격했고, 고등학교 영어과·교육과 두 개의 교사자격증을 땄다. 고향에 돌아가 명문 사립고등학교에 스카우트되어 고등학교 3학년의 대입영어 전담 교사로 12년의 세월을 보냈다. 취업을 하지 못하고 있는 동기생들의 부러움도 샀지만 오랫동안 외도를 한 것이다. 도선사의 꿈을 이루지 못해서 아쉬운 마음이 망구(望九)를 넘은 이 나이에도 아직 남아 있다. 내 자신을 위로하면서 도선사를 예찬하는 글을 적어 본다.

Pilot은 키(舵)라는 뜻의 그리스어 Pedon과 관련이 있고, 이탈리아 어인 Pilota와 Piedota에서 유래한다. 영국이 로마 제국의 영향을 크게 받았기 때문이다. 네덜란드 어의 측연(測鉛)의 뜻인 Peillood 와도 관련이 있다. Pilot은 항만, 내해 등 수역을 선박이 입출항 할 때 수로를 안내하는 유자격자이다.

영국의 계관 시인 테니슨(A.Tennyson)의 시 '사주(砂洲)를 건너면서(Crossing the Bar)'의 마지막 연에는 'I hope to see my Pilot face to face, when I have crossed the bar : 모래톱을 건너서 바라옵는 건, 그리는 주(主)를 만나 마주 볼 기쁨이어라'라는 구절이 있다. 테니슨은 바다가 영생을 그린 것이라면 Pilot은 인도자 즉, 주를 뜻한다고 말하고 있다. 파일러는 인도자, 안내자의 뜻이 있다. (sea-pilot은 파일러, 항공 조종사는 파이롯트로 발음하는 경향이 있는 것 같다.)

■ 국립해양대학에 15대1의 경쟁을 뚫고

필자는 1952년, 6·25 한국전쟁 중에 군산에 있는 국립해양대학(교통부 소속) 항해학과(8기)에 입학했다. 인천해양대학을 군산시에서 유치했다. 군산시는 발전 지원을 하지 못했다. 2학년 때 부산시 서면 근처 거제리(현재의 연제구)에 있는 교통고등학교 가건물(판자 교사)로 이전했다. 기숙사가 없어서 철도공무원 관사의 창고를 빌려서 월세를 주고 생활했다. 필자는 동아일보 거제지국을 맡아 운영하고 학비 걱정

없이 지냈다. 1956년 개명된 한국해양대학(문교부 소속)을 졸업하고, 갑종 2등항해사면장(현 3급 항해사)을 받았다. 당시 가난한 수재들이 입신양명(立身揚名) 하는 길은 3군 사관학교에 입학하거나 고등고시에 합격하는 길, 대체로 이러한 경향을 보이고 있었는데, 3군 사관학교를 빼놓고는 해양대학이 유일한 관비(국비) 대학이어서 전시 중에 '헝그리(hungry) 탈출 대학'으로 가장 인기가 있었다. 입학시험도 특차로 시행되었다. 입학을 해보니, 일본이 쌀 수탈을 위해 지은 거대한 창고 두 동을 개조하여 일층은 강의실, 이층은 학생 침실로 사용했다.

또 한 동은 식당으로 개조했다. 실습시설은 물론, 도서관도 없고, 교수진도 미약했다. 아주 실망스러운 교육시설 환경이었지만 8기 신입생들은 개교 이래 가장 우수한 인재들이라고 평했다. 대부분 고등학교 수석 졸업자들이었다.(필자도 자랑 같지만, 전주고등학교 개교 이래 최고 성적 졸업자였다.)

교육과정은 일본의 경우를 모방하여 편성하고 교재도 일본 도쿄상선대학에서 사용하는 출판물을 그대로 사용했다. 해양대학 설립을 추진한 선각자께서 모두 도쿄상선고전 출신이셨기 때문에 그 영향을 많이 받았다고 생각한다.

각 학과 수석 입학자 두 명이 1학년을 마치고 자퇴했다. 솔본느 대학을 마치고 세계적인 원자물리학자가 되고, 의대를 나와 미국으로 건너가는 등, 아까운 수재들이 다른 분야로 유출 되었다. 필자는 서울대, 해군사관학교 두 곳에도 합격했었다. 당시 서울대는 장학생 제도가 없었고, 다만 입시과목(영어·수학·국어·과학·사회)의 최고 득점자 5명만 입학금이 면제되었다. 필자는 사회 과목에서 최고 득점을 했었다. 피난도시 부산 대신동에 천막을 친 임시 교사에서 공부할 생각이 없어서 입학을 포기했다. 유청 교장선생님(김상희 가수의 시부모)이 미국유학의 길이 빠른 해군사관학교를 가도록 적극 권장하셔서 4등으로 합격했다. 부모님의 절대 반대로 포기했다.

필자는 전시 중에 그래도 학비를 내지 않고, 의식주를 해결해 주는 대학 당국이 고마워서 열심히 공부했다. 대학 학생과장의 허락을 얻어 매일 저녁 식사 후 외출해서 고등학교 선배인 군산시장의 자제의 대학 입시 개인지도를 했다. 전쟁의 참화를 아직도 겪고 있는 이 나라의 행운아라고 생각하고 해양대학생이 된 것을 감사하게 생각했다. 우수한 8기생들이 한국해운 발전에 크게 기여했다고 자부하고 있다.

■ **겨우 10만 톤의 선복량을 보유한 한국 코리아**

졸업 당시 우리나라의 선복량은 겨우 10만 톤에 불과했다. 국영 기업인 대한해운공사 소속으로, 1만 톤급 3척(동해호, 서해호, 우리나라 유일한 터빈 선 남해호), 3,500톤급 시마비(CIMAVI) 형 3척(부산호, 마산호, 여수호), 2,000톤급 볼틱 형으로 미국이 대여한 전시 수송선 3척(시퓨스 호, 올그래브 호, 알시오네 호), 1,000톤급 FS형 몇 척, 그 밖에 종전 당시 한국 영해 내에 있었던 일본 전시 수송선 2척, 그리고 극동해운이 보유한 1만 톤급 최우수선 미스코리아 호, 영신해운의 대일항로 취항 정기선 1척, 후에 한국해양대학 연습선 반도호로 개조된 김천호(3,000톤급 대만항로 취항선)가 있었다. 김천호는 위에 열거한 우수 선박이 들어오기 전까지는 재학생들의 선망 대상이었다.

필자는 스웨덴 병원선을 개조한 부산호에서 실습했는데, 자이로콤파스, 레이더, 에코사운더, 미국식 선위측정용 214Table 등을 갖춘, 당시에는 최신식 우수한 디젤 선이었다. 볼틱 형 시퓨스 호에서 대일항로도 경험했다. 1년간의 실습기간에 세 번 로테이션을 하고 여러 종류의 선박에서 실습을 했다. 철저한 도제식(徒弟式, apprenticeship) 교육훈련 체제로 매우 효과적인 실습 방식이었다고 생각한다. 1등 항해사는 Docking Order를 작성하도록 지시했고, 2등 항해사는 Ab-Log를 작성하도록 지시했다. 학교에서 배운 적이 없어서 무척 힘들었다. 일본의 해사도서 출판사인 해문당(海文堂)의 출판물을 사서 독학을 해야 했다.

■ **세계 제5위의 해운강국, 코리아**

6·25한국전쟁으로 잿더미가 된 한국은 재건에 노력하여 괄목할 만한 대성장을 했다. 현재 1,000GT 이상의 상선대 보유량을 기준으로, 그리스, 일본, 중국, 독일에 이어 세계 제5위의 해운강국이 되었다. 국적 외항선 1,088척(4,330만GT)을 보유하고(2015.12월 기준), 10척 이상의 선박 보유 해운회사도 27개나 된다. 국적 외항상선 선원은 9,308명(그 중 승선 해기사 6,634명, 예비원 1,040명), 도선사도 256명(2016.7월 기준)이나 된다. 양 해양대학교 입시 경쟁률은 5대1 정도다. 국민 총소득 5,000불 이상이면 선원 사회가 무너지기 시작하고, 3만불을 넘으면 선원 양성기관은 축소되거나 폐교되는 것이 선진해운국의 실태인데, 우리나라는 아직 선원 사회는 무너지지 않고 그런대로 유지되고 있으니 기적이라고 해야 할까. 1987년을 정점으로 5만 명의 해외 취업 선원의 우수성을 국제사회에서 인정받은 선원 대국의 시절도 있었는데, 현재도 해외취업 상선 해기사가 2,445명에 이르고 있다.

두 곳의 해양대학교는 양성 규모가 자유진영 국가군에서 가장 크다. 2017년의 신입생 정원은 증가해서 1,250명이나 된다. 미국 연방상선사관학교(Kings Point의 USMMA)는 240명의 입학 정원이 134명으로 줄었고, 재적 학생 수는 모두 500명에 불과하다. 일본의 경우 140년의 전통을 이어 왔던 도쿄상선대학은 도쿄수산대학과 병합하여 도쿄해양대학으로 개편했다. 해기사 양성은 해양공학부에서 항해, 기관 각 코스별로 65명을 신입생으로 모집하고, 4년을 마친 후 6개월의 승선실습과에 진학하여 승선경력을 구비하면 무시험으로 해기사면허증을 받는데, 인원수는 3급 항해사 25명, 3급 기관사 15명 정도다. 외항선의 해기사는 겨우 2,000명 정도를 유지하고 있다. 상급해기사가 배출되지 않으니 도선사 확보난을 해결하고자 선장 경력 없이도 도선사가 될 수 있는 양성과정(2급 및 3급 水先人)을 설치하여 운영하고 있다.

우리나라의 경우는 초급해기사가 조기 하선하는 경향이 점점 높아 가고 있기 때문에 상급해기사 확보가 점차 어려워질 것을 우려하고 있으나, 다행히 아직은 도선사 공급원이 고갈될 염려는 없는 것 같다.

자국선 자국선원주의를 포기하고 저임금 저질의 개발도상국 출신 선원을 고용해 왔던 선진해운국들은 뒤늦게 자국선원 확보를 위해 정책 전환을 시도해 보고 있으나, 한번 무너진 선원 사회는 회복하기 쉽지 않은 것 같다. 다행히 우리나라는 해기사 양성기관을 잘 육성해 왔다. 특히 두 대학교가 최신형 실습선을 두 척이나 보유한 세계에서 유일한 국가인 것 같다. 해기사의 이직률은 12.8%(2016년 기준)지만 그간 선장(1급 항해사)으로 승진한 해기사들이 많았기에 도선사도 많이 확보할 수 있었다고 생각한다.

한 가지 특기하고 싶은 점은 선각자께서 처음부터 해기사교육기관을 '해양대학(海洋大學)'이라는 이름으로 4년제 대학을 설립하기로 추진했었다는 점이다. 세계의 대부분의 해기사 교육기관은 항해학교, 기관학교, 상선학교 등, 선원직업에 국한된 전문학교 수준의 양성 체제로 발족했었다. 그러나 우리나라는 선박운항기술뿐만 아니라 해사 관련 산업분야에 진출할 수 있는 대학 수준의 폭넓은 교육(Broader Education)으로 교육과정을 운영해 왔고, 현재 한국해양대학교(KMOU, Korea Maritime and Ocean University)는 세계에서 가장 높은 수준의 해사 및 해양에 관한 종합대학으로 우뚝 서 있다. 아세아 지역에서는 한국에 이어 대만의 대만성립해양학원이 교명에 '해양(海洋)'을 넣었고, 일본이 최근에 '상선' 대신 '해양(海洋)'을 넣었다. 중국은 '해운(海運)'을 넣고 있다.

■ 실습선 유달호, 국내 기항지에서 도선사의 도움을 받고

 필자는 약 30년 전, 1986년에 목포해양대학교 실습선인 '유달호'의 실습감 임무를 수행한 일이 있다. 실습생 220명의 승선실습 집단훈련을 실시하는 일이었는데, 교육환경이 열악했다. 인천항에 기항했던 때는 정희정(한국해양대 1기) 선장께서 도선해 주셨는데, 대학시절 천문항해학, 지문항해학, 국제해상충돌예방법 강의를 해주셨던 은사님이시다. 도선료는 실습생을 위해서 사용하라고 주셨다. 실습선 도선료는 면제하는 것이 국제적인 관례라고 하나, 우리나라에서는 제도화 되어 있지 않았다. 도선료를 기증해 주셔서 대단히 감사했는데, 특강 요청도 수락해 주셔서 오랜만에 강의를 하니 감개무량하다고 말씀하셨다. 나중에 한국도선사협회장을 역임하셨다. 인천해운항만청 김종길(한국해양대 13기) 청장께서도 방선하여 특강을 하고 입항을 축하해 주셨으며, 인천항 해운항만 관련기관의 출퇴근용 버스를 동원하여 실습생의 시내 관광을 주선해 주셨다. 인천항에서 활동 중인 목포해양대 졸업생들도 방선하여 후배들을 격려해 주고 선물도 많이 전달했는데, 필자의 요청으로 선물은 '건빵'으로 해 주어서 고마웠다. 실습생들에게 간식용 먹을거리가 필요했다.

 군산항에서는 한국해양대 8기 출신인 유일한 도선사, 정찬조 선장이 도선해 주셨다. 고군산열도 해상에서 오랜만에 동기생끼리 만났으니 그 기쁨은 이루 말할 수 없었다. 특강도 하고 도선료도 기탁해 주셨다. 너무 고마웠다.

 군산해운항만청 청장 일행이 푸짐한 선물을 준비해서 방선하여 특강도 해주셨다. 틈이 나서 국립해양대학 옛터를 찾아가 보았다. 건물은 없고 대지를 토지공사에서 관할한다는 표지판과 출입금지 푯말이 보였다. 한국해양대 5기부터 9기까지 공부한 해기사 양성 요람이었던 흔적으로 기념 푯말 하나쯤 세워 두었으면 했는데 아쉬웠다.

여수항에서는 한국해양대 5기 선배인 도남섭 선장께서 도선해 주셨고, 여수해운항만청 진영일 청장께서 몸소 부두에 나와 유달호의 입항을 지켜보며 환영해 주셨다.

부산항에서는 김용석(한국해양대 1기) 선장께서 도선해 주셨다. 재학시절 항해계기 과목을 강의해 주신 은사님이신데, 특히 자기콤파스의 자차 수정에 대한 지식이 해박하셨다. 사제 간의 기쁜 만남을 축하해 주기 위해 유달호 사관들과 함께 만찬에 초대해 주셨다. 8기 동문이 건빵 5,000봉지를 싣고 방선하고 부산항 입항을 축하해 주었다. 목포해양대 총동창회 임원단이 돼지 두 마리를 준비하여 방선하고 성대한 입항 축하 행사를 마련해 주었다. 고등학교에서 교편을 잡았던 시절의 제자, 신평식 당시 부두 과장(前 해양수산부 국제협력국장)과 목포해양대 23기 출신 장영준 주무관(前 인천해양안전심판원장)의 배려로 가장 편리한 제3부두 선석을 배정받았고 부산항의 유관기관 출퇴근 버스를 동원해서 부산시내 관광도 하고 사관들을 만찬에 초대해 주었다.

동해항에서는 뜻밖에 초등학교 학생 일행이 방선 견학을 하게 되었는데, 사전 준비가 없어서 당황했고 준비한 기념품도 없어서 어린 학생들에게 아무 추억거리도 남겨 주지 못해 미안했다. 방선 기념품은 대단히 중요한 의미가 있다. 미래의 바다 일꾼을 키우기 위해 해양사상을 고취하는 일에 크게 관심을 가져야 할 필요가 있다. 동해항이 마지막 기항지였는데, 설악산 관광을 하고 그 경비의 일부는 도선사님들이 주신 도선료와 일본 오사까 기항 중 교민단체가 기탁한 금일봉으로 충당했다.

기항지에서 장래 해기사가 될 실습생들의 롤모델(role model)인 도선사를 만나는 일은 실습생들에게 신비하고 가슴 설레는 사건이다. 필자는 도선사가 승하선 할 때 실습생들이 존경을 나타내며 예의를 갖추어 맞이하도록 Man the Side(일본에서는 등현례로 번역하여 사용)의식을 갖추게 했었다. 범선시대에는 물론, 지금도 범선 실습선(Sail

Training Ship)에서는 Man the Yard(등장례)를 함께 시행하고 있다. (hand rail에 배치한다고 생각해서 간혹 Man the Rail이라고 오용하고 있는데, 바른 표현이 아니다.) 구령은 '맨 사이드'다.

실습생들에게 간식용 '건빵'을 마련해 주기 위해 마음을 썼더니, 실습생들이 '건빵 실습감'이라는 애칭을 주었다. 실습선에 에어컨디셔너, 세탁기, 건조기, 음료수 자판기, 선내 흡연장소 등을 설치했는데, 당시 형편으로는 다소 어려운 점이 많았다. 실습 종료식에서 유달호의 대외 이미지 향상(image up), 기항지 행사, 선내 복지시설 등 인상 깊은 일들을 기억하며 감사를 드린다고 새긴 실습생 일동 명의의 감사패를 받았는데 큰 보람을 느꼈다. 현재 운항 중인 실습선은 고도한 정교선 (sophisticated vessel)이고 보니 격세지감이 있다.

■ **외국의 기항지에서**

원양항해실습 중, 기항지인 싱가포르에서 현지 주재 대사님이 입항 환영식에 참석해 주셨고, 대사 공관에서 만찬회를 마련하여 지도교수와 사관들을 초대해 주셨다. 현지에서 사업을 하고 있는 목포해양대 졸업생들이 극장식 식당에 후배 실습생 220명을 초대하여 흥겨운 한때를 같이 보냈다. 대만의 가우슝(高雄)과 일본 오사까에 기항 중에는 환영 나온 교포들에게 선내 파티를 열어 주었다. 그들이 원하는 소주와 김치를 대접했다.

'아리랑', '고향의 봄' 등, 우리 노래를 들려주었을 때, 그들은 눈물을 흘렸다. 유니폼 차림의 늠름한 조국 젊은이들을 얼싸안고 함께 합창을 했다. 발전한 조국의 모습을 보는 듯해서 감개무량 했으리라. 1988년 올림픽 개최 홍보용 포스터와 책자를 나누어 주었다. 가우슝 시장은 예방한 우리 방문단 일행을 취재 기자들에게 소개하고 올림픽 안내 자료를 보여 주면서, '한국인의 조국 사랑 정신을 배우라'고 말했다. 다음

날 일간지에 '대한민국 목포해양대학 실습선 유달호 실습감, 가우슝 정부 시장 예방' 기사가 크게 실렸다.

올림픽 안내 자료는 외무부 산하 해외공보관에 부탁해서 준비했다. 오사까에서는 교포들의 상가를 찾아 다니면서 올림픽 안내 자료를 나누어 주기도 했다.

국내의 기항지에서는 입항 전에 미리 특강요청 서신을 띄워 두었다. 서신을 받아본 인사들, 특히 지방해운항만청장은 모두 특강을 해주셨고, 게다가 고맙게도 실습생들의 간식까지 챙겨와 실습생들의 사기를 크게 높여 주었다. 특강 사례는 실습감 판공비로 어렵사리 해결해 나갔다. 다음 기항지에서 '기항지에 입항하여 정박 중 베풀어 주신 호의와 성의에 대하여 감사하다'는 감사의 편지도 꼭 챙겨서 발송했다.

해외 기항지의 지방자치단체장, 항만청장, 해양대학을 예방(courtesy call)하기 위해 방문단을 구성하였고, 증정할 선물(목포의 행남도자기 다기 세트 등)도 꼼꼼히 챙겼다. 필자의 저서, '영한 대역 해양명시집'도 함께 증정했다. 이런 업무를 혼자 다 해냈다.

■ "실습생의 효과적인 집단지도 방안" 논문도 발표하고

1979년 옛 소련(USSR) 오데사(Odessa)에서 IMO/UNDP/USSR 주최로 열린 3주간의 해사교육세미나에 한국 측 대표로 참가하여 소련의 선원교육기관을 견학했다. 이때 실습선대(Training Fleet) 중 범선 실습선과 기선 실습선 몇 척을 견학하고 귀로에 일본의 항해훈련소 소속 실습선 범선 닛뽄마루와 기선 호꾸도마루를 견학했는데, 집단적인 실습에 대해서 많은 공부를 했다. 범선 실습선으로 명성이 자자한 유고슬라비아의 실습범선 달모드지지 호(Dar Młodziezy), 노르웨이의 실습범선 크리스천라디히 호(Christian Radich), 네덜란드의 실습선 프린세스 마르그리에트 호(Princess Margriet), 미국의 뉴욕주립대학교

해사대학(SUNY MC)의 실습선 엠파이어스테이트 호(Empire State)를 견학했다. Empire State 호는 U.S. Navy's Military Sealift Command의 17,630톤급 Barrett 호(여객선)를 개조한 것으로, 초대형 실습선에서 500명의 실습생이 3개월 훈련하는 것이 부적절한 실습제도라고 국제사회는 지적한다. 1992년 7월에 열린 콜롬버스 신대륙 발견 500주년 기념 'Op Sail 92' 범선축제에 참가한 250척의 범선 퍼레이드를 참관하고 그중 몇 척을 견학할 수 있었다.

위와 같은 여러 나라의 실습선 견학과 유달호에서 지도한 경험을 바탕으로 '실습생의 효과적인 집단지도에 관한 연구'를 발표하여 우리나라의 실습제도를 돌아보는 자료를 제시했다.

단체정신(esprit de corpse), 해양 정신(Mer Esprit) 등을 함양하는 면에서 단체실습, 집단지도는 효과적인 점이 많다. 운항 기술을 습득하기 위해서는 철저한 도제교육이 효과적이다. IMO/STCW 협약(선원훈련, 자격증명 및 당직근무의 기준에 관한 국제협약)에서도 이 점을 크게 부각시키고 있다. 따라서 실습선에서 단체실습 6개월, 선박회사의 선박에서 개별실습 6개월로 나누어 실시하는 것이 이상적이라고 생각한다.

실습선의 단체실습은 국위선양, 국민의 해양사상 고취, 기항지의 행사(입항 환영식, Open Ship 등), 실습생의 상륙지도와 시가행진 행사, 관계기관의 예방과 기념품 증정, 관광지 견학 등, 선박운항기술 습득 외에도 다른 측면에서 고려할 점이 많다. 따라서 예산 지원이 필요하다. 유달호의 경우 외국 기항지의 실습생 상륙수당은 겨우 5불이었고 국내의 경우는 전혀 없었다.

■ 자랑스러운 도선사 예찬(禮讚)

유달호의 실습훈련 중 기항지에서 겪은 일들을 회상하면서, 협조와 지원을 해 주신 각계각층의 모든 분들께 감사한 마음을 지금도 간직하고 회상해 본다. 특히 국내 기항지에서 도선해 주시고 실습생에게 현장교육을 해주신 도선사님께 고마웠던 마음을 간직하고 아름다운 추억으로 남아 있다.

항해학을 공부하고 도선사의 꿈을 이루지 못해 아쉬웠지만, 목포해양대학교 출신 27명의 도선사, 특히 직접 강의를 들어 준 출람(出藍)의 22명의 도선사 제위를 매우 자랑스럽게 여기며 대리 만족을 느끼면서 자신을 위로하고 있다.

해상안전과 해양환경 보존 분야의 고도한 전문가, 'King of Port'인 대한민국의 256명 도선사 제위에게, '도선사 예찬' 제목으로 지은 졸시를 드리고 도선사의 꿈을 이루지 못한 아쉬운 마음을 대신한다.

그리고 도선사가 정년퇴직 후에도 해사분야에서 Maritime Career를 십분 살려 나갈 수 있는 제도적 장치에 대한 연구 개발과 국가적 차원의 정책 수립을 제안하며 기대해 본다.

〈「導船」(2017년 여름호 통권 63호)지에 기고〉

*이재우 명예교수의 헌시(獻詩), '도선사 예찬'은 이번 호(2017. 여름) '표지명시'에서 확인할 수 있습니다.

도선사 예찬 禮讚

도선사導船士, 파이러, Pilot, パイロット, 水先人은…,
바다의 신, 넵튠의 도움을 받고
앨버트로스를 벗삼아
황파와 싸우면서
한국을 찾아 입항한
이국선異國船, 그리고 한국선을
항구 앞바다에서 맞이합니다.
안전하게 물길을 안내하고
부두에 배를 댑니다.
(Finished lying) alongside the pier!

무사히 배를 이끌고 나면
선장, 기관장, 항해사, 기관사 … 들과
기쁜 마음을 같이 나누며
입항을 자축합니다.

하느님께 감사의 기도를 드립니다.

「무사한 항해와
여기 같이 모인 친구들과
이 식사를 같이 함에 대하여

감사를 드립니다.
소망의 항구에
항해가 끝날 때까지
빛이여,
우리를 인도하소서」
(May the Light guide us
Till our sailing ends
To the desired haven)

세계 곳곳에서
배로 실어 나른 갖가지 화물을
뭍에 올리게 해 주시니, 과연
우리 삶의 전선에서
생명선을 지켜 주시는 도선사님
감사합니다.

배를 띄워
다시 항구 밖으로
물길을 안내하고
큰 바다로 떠나가는 배를 배웅합니다.
넵튠이 삼지창三枝槍을 꼿꼿이 세워
바다를 평온하게 다스리기를 기원합니다.

도선사는 선아 일체船我一體가 되어
안전하고 정확하게 도선을 합니다.
도선사는
「ft=mv」를 이해하고

노련한 경험으로 조절하는
최고의 기술인입니다.

배의 크기(m)와 속력(v)에 따라
힘의 크기(f)와 그 힘이 작용한 시간(t)과의 곱인
충격량衝擊量(ft)이 달라집니다.

거대선巨大船이 큰 속력으로 부두에 부딪친다면
엄청 큰 충격량 때문에
배는 큰 사고를 당하게 될 것이니까요.

부릿지에서
선장, 항해사, 조타수, 그리고
터그보트, 기관실과 협력해서
한 치의 오차도 없이
임출한 자업을 지휘합니다.
「신의 경지」에서 이뤄 내는 예술 작품입니다.

여러 나라의 문화를 접하고
우리나라도 알리는 홍보대사, 민간 외교관입니다.
항해사의 꽃이요
선박 조종 기술의 자랑이요,
자존심입니다.

3항사가 마중나옵니다
「Welcome aboard, sir!
This way, please.

⌜Captain, pilot on board, sir.⌟
외국선을 도선할 때마다 듣는
반가운 첫인사말입니다.

배들이 떠나갑니다.
파이러는 마지막 인사를 나눕니다.
Bon voyage!

나는 파이러를 예찬합니다.
⌜도선사가 최고야!
The pilot is God!⌟

파일럿 보트

10. 모교 전주고등학교 개교 100주년 기념 초청 강연

■ 연제 : 후배 老松人들이여,

－붕정만리(鵬程萬里)의 원대한 꿈을 안고, 세계로, 미래로!

소제목	소요시간	요　점
높이 나는 새는 뒤돌아보지 않는다. (60분)		
(1) 고민하는 소년 ＜군계일학＞	5분	입학 동기, 白線 두른 교모, 광복기념 1000명 입학 김가전 교장 －「닭이 천 마리면 봉이 한 마리」 雨田面(평화동) 촌뜨기의 도전 (외손녀들 이야기)
(2) 학창시절 ＜Record Breaking＞	5분	박병채 선생님, 漢南 전성욱 선생님 2次 大戰 6·25동란, 이데오르기 대결, 6兄弟는 全高 동창, 에피소드(형제는 용감했다.) ＊雨→수재
(3) 진학·진로 선택의 기로에서 ＜Money is might＞ ＜가난한 나라＞ ＜과학입국＞	10분	學力·權力·金力. S大(장학생), 海士(4등), 海大→어디로? American Dream과 USIS 文·理科수석→海運과 造船, 海軍으로 柳靑교장, 배와 사람 考試派兄弟와 뱃사람, 斯文亂賊(風波에 놀란 사공…)

		6學士 6及第, 學費 걱정없는 海大生 (동아일보 지국장)
(4) 世界를 무대로 <조국 근대화의 기수들>	10분	南星高 고3 영어교사(13년) 족집게 Star교사 海洋專門大교수, 4년제 개편→국제경쟁력· 송출선원 海事정책자문위원·국가고시위원 USSR, 北歐, UK, 日本, USA(KP), OP Sail 92, T/S 도선사·선장 배출, IMO활동 국가 경제 발전에 기여하는 해기사 육성→ 선진해운국의 기수
(5) 자랑스런 한국인 <세계제패>	5분	가장 우수한 민족, History repeats itself. 변수가 작용 한국의 밝은 미래, 統一되는 한국 - 최강국가
(6) Life Cycle에서 고교시절은? 고교시절의 의미 <재주를 키우자>	5분	青春예찬, <건강·어학·독서>. 三身주의, 人生과 고교시절 南兒立志出鄕關, 人間到處有青山 Be ambitious! 世界를 무대로! 굼벵이도 뒹구는 <재주>가 있다. 실력·특장점 중 시 시대, Sky시대 Columbus의 공적 - 실수로 생긴 일, 낮은 성적·비관 말자. (열등생?)
(7) 세계는 한국의 젊은이를 부른다. <흔들려도 침몰하지 않는 나라> <부자의 나라> 10위권 경제 대국	10분	인구절벽 - 프랑스의 사례 UN보고서 - 2045 Singularity, 미래의 직업 한국의 기적, 세계의 중심→극동(PAX - Far East) 해운·조선 1위, 21C는 신해양시대. 대원군 쇄국정책(조선), 최익현 움직이는 배, 달라지는 세계. Sea-Power Korea will never sink, if rolling and pitching And JHS, too! 뿌리 깊은 나무 - 校風잇기

(8) 마무리 <100년의 빛나는 전통> 명문교! 후배들의 사명은? • 대한의 아들로서도 • 노송인으로서	10분	졸업 후 모교 처음 방문 나는 名士가 아니다. } 영광, 영광, 영광! 왜 海洋文學인가. He who rules the waves rule the world. 현재의 활동 : 船員政策, 海洋文學, 海事航海英語분야
		理想을 견지하자 : 究竟的 生의 형식 母校사랑, 尊敬心, 고결성, 確乎, 감사하며 주어진 능력대로 가정·사회·국가·세계에 공헌하는 일
	강연을 마치면서 초청에 대한 인사 책 선물 (후원자 소개)	

| 특강자료 |

바다와 친하게 지내자.
For Sea-Familarity

■ 바다에 도전하는 젊은이들

 1992년 7월 4일, 미국독립기념일에, 뉴욕 항 「자유의 여신상」 앞에서 250여 척의 크고 작은 범선(帆船)들이 허드슨(Hudson) 강을 따라 뉴욕 항내를 순항하는 역사적인 큰 행사, 해상 퍼레이드가 개최되었다. 이 범선 퍼레이드는 콜롬브스(Christopher Columbus)가 신대륙을 발견한 지 500주년이 되는 해를 기념하는 뜻 깊은 축제였다. 이 축제에 참가한 범선 중에서 35척은 아름다운 대형 범선들이며, 바다를 사랑하고 아끼는 해양국가들이 바다에 도전하는 젊은이들을 교육하고 훈련하는 실습범선(Sail Training Ship)들이다.

훈련생 가운데에는 물론 여자훈련생도 있었고, 나이는 16세 이상이었다. 20세기 첨단과학기술을 응용한 초자동화선(超自動化船)이 대양을 항해하고 있는 현대에, 아직도 범선훈련을 고집하고 있는 국가들은 모두 전통적인 선진 해운국이다.「바다의 정신(mer esprit)」을 직접적인 항해 체험을 바탕으로 기르면서, 세계 여러 나라의 젊은이들과 해상에서 친선 교류를 통하여 상호 이해심을 기르기 위한 것이 이러한 범선 퍼레이드 행사의 목적이다. 나는 바다에 도전하는 젊은이들을 만났던 감명 깊은 일을 잊을 수 없다.

우리 나라는 해양민족 조상의 얼을 이어받아 세계 제5위의 해양강국이 되었고, 세계 제1위의 조선대국(造船大國)이 되었다. 2015년 올해, 유엔(UN) 산하의 국제전문기구 중의 하나인 국제해사기구(國際海事機構, IMO)의 사무총장에 한국인으로는 처음으로 선출되어, 이른바 <해양 대통령>의 탄생이라는 기쁨을 안겨 주었고, 이제 세계에서 탁월한 지도력을 발휘해야 할 해양국가로 크게 도약하게 되었으며, 맡은 바 그 책임 또한 한층 무겁게 되었다.

이러한 뜻 깊은 해에 우리 나라의 청소년들이 왕성하게 바다에 도전하고, 바다와 즐겁게 만나기를 바라면서,「바다와 배 그리고 사람」이야기를 적어 보려고 한다.

■ **바다와의 만남**

바다와의 즐거운 만남을 아름다운 추억으로 간직하고 있을 것이다. 지난 여름 가족끼리 함께 거닐며, 달리던 바닷가, 파도를 타며 즐기던 해수욕장, 먼 섬을 오가는 여객선상에서 바라보던 수평선 너머로 지는 해,… 이러한 기억들이 바다를 사랑하는 마음으로 이어진다. 바다는 어머니요, 마음의 고향인가 보다.

그뿐인가. 망망한 바다 위 외딴섬에서 인내와 슬기로 살아 돌아온

「로빈슨 크루소」의 모험담,「걸리버 여행기」,「보물섬」,「십오소년 표류기」,「해저 2만리」등, 해양소년문학 작품을 읽으면서 맺은 바다와의 인연이나, 성장해서 읽게 된 헤밍웨이의「노인과 바다」, 허먼 멜빌의「모비 딕」고래와의 싸움 이야기, 또는 존 메이스필드나 월트 휘트먼의 주옥같은 해양명시와의 만남도 있을 것이다.

콜롬브스가 횡단한 망망한 대양, 바이킹이 휩쓴 북해, 타이타닉 호의 참사를 안은 빙해(氷海), 펭귄 새 우짖는 남극해, 그리고 예수 그리스도가 걸은 갈릴리 바다, 이러한 바다에 얽힌 이야기 속에서도 바다와 가까이 만날 수 있다. 하지만 생업(生業)을 위해서 일터가 되고 있는 바다와 직접 만나고 있는 사람들은 전체 국민의 극히 적은 부분을 차지하고 있을 뿐이다. 바다와 간접적으로 만나고 있는 국민들도 물론 있다. 바다와의 만남은 사람마다 여러모로 다르듯이 담겨있는 뜻도 다를 것이다.

■ 생명의 바다, 그 자연과 신비

태초에 천지가 창조되면서 바다도 창조되었다. 모든 생명은 바닷속에서 기원하고 있으므로 바다는 어머니이다.「바다 해(海)」라는 글자를 보면「어머니(母)」가 들어 있지 않은가? 바다에는 다양한 생물이 30여 만 종이나 살고 있고, 지구 전체 생물의 80퍼센트를 차지하고 있다.

지구 면적의 71퍼센트를 차지하고, 3억 6천만 제곱킬로미터의 넓이인 바다, 4만 2천년 전 옛날부터 그 바다를 사람들은 왕래했다.

바다는 5대양으로 나누어 부르지만, 남·북태평양, 남·북대서양, 인도양, 북극해(북빙양), 남극해(남빙양)로 나누어 7대양(The Seven Seas)이라고도 부른다. 7대양은「지구를 에워싸고 있는 바다」를 뜻하는 말이며, 19세기부터 사용되어 왔다. 태평양, 대서양, 인도양은 「大洋」이고, 그 외는 지중해, 연해로 구분해서 「海」라고 부르고 있다.

　전 해양의 평균 깊이는 3,594미터로 추정되고 있고, 가장 깊은 바다는 마리아나(Mariana) 해구(海溝)로 1만 924미터이다. 미국의 심해탐사선 트리에스트 호는 1만 915미터까지 해저에 잠수한 기록을 남겼다.

　바다는 무한한 자원의 보고이다. 망간, 니켈, 코발트, 구리 등, 주요한 광물을 이용할 수 있는 기간은 188년~1만 1,904년인데, 육지의 경우에는 41년~112년밖에 안되므로, 이에 비한다면 아주 긴 기간이다. 에너지 자원인 석유도 세계 총생산량의 약 30퍼센트가 바다에서 생산되고 있다.

　바다는 생명의 근원이요, 신비하고 경이로 가득 차 있다. 우리 인류의 희망이요, 생명선이다. 「바다가 죽으면 인류도 죽는다.」고 프랑스의 해중과학자 쿠스토(J. Y. Cousteou, 1910~1997)는 경고하고 있다. 우리는 해양을 깨끗하게 보존해야 한다.

■ **삼면이 바다인 우리나라**

　삼면이 바다로 둘러싸여 있는 한반도는 남한의 경우, 육지 면적(9만 9천 제곱킬로미터)의 4.5배인 44만 7천 제곱킬로미터의 배타적 경제수역(排他的 經濟水域, EEZ)을 보유하고 있다. 배타적 경제수역은 200해리 수역이라고도 하는데, 영해(12마일)의 밖으로 188마일까지의 구역을 말한다. 연안국가가 주로 바다의 자원을 개발하기 위해서, 그 연안국가의 권리가 인정되는 바다이다. 세계에서 50번째로 관할 가능한 넓은 바다를 갖고 있는 해양국가이다.

　서해안은 대륙붕(大陸棚)이 멀리 뻗혀 있어 넓은 갯벌이 많아서 철

새들의 좋은 서식지가 되고 있다. 골재 자원도 풍부하고, 조력 발전(潮力發電)의 가능성도 높은 곳이다.

남해안은 풍부한 수산자원과 해상관광 자원인 섬들이 많은 다도해로 국립해상공원으로 지정된 곳이 많다. 대륙붕 제7광구는 3년 동안 사용할 수 있는 석유 20억배럴이 매장되어 있다.

동해안은 물이 맑고 관광 휴양지가 많다. 동해 바다에는 우리나라 섬 독도(獨島)가 있다. 태평양으로 뻗어 나가는 길목을 지키고 있다. 또한 동해의 6광구에서는 천연가스가 발견되어 시추 발굴에 성공했다.

삼면의 바다에는 3,153개의 크고 작은 섬들이 널려 있고, 이 중에서 464개의 섬에는 사람들이 살고 있다. 생활의 중심지와 육지를 연결하는 많은 여객선들이 운항한다.

■ 배의 발달
－통나무 배에서 자동화선까지

고대에는 사람들이 통나무 배, 가죽 배, 뗏목 배를 이용했다. 「페니키아」(Phoenicia)라는 나라는 조선기술과 항해술이 발달했던 최초의 해양국가였다. 그리스 인은 갤리 선을, 로마 인은 군선(軍船)을 사용했다.

중세의 배는 범노선이었고, 서양에서는 노르만 족의 바이킹(Viking) 선이 발달했다. 동양에서는 신라인과 백제인의 항해술이나, 고려인의 조선기술이 뛰어났다.

13세기부터 범선시대가 열리기 시작했다. 15～16세기는 대항해시대로 지리상의 발견이 이루어지면서 각국은 해양진출을 위한 각축전을 벌이게 된다.

이 무렵, 조선시대에 이순신장군이 거북 모양을 본떠 만든, 세계 최초의 철갑선(鐵甲船), 거북선이 건조되어 임진왜란에서 크게 활약하여, 세계 해전사(海戰史)에서 가장 탁월한 평을 받는 승전을 하였다.

19세기 기선시대 이전까지 화려한 범선시대가 꽃을 피우면서, 「커티 사크 호」(Cutty Sark)와 같은 티크러퍼(Tea Clipper, 茶 운반선)의 경쟁이 벌어지기도 했다.

18세기 증기기관 발명 이후, 기선과 철강선 시대가 열린다. 19세기 초에 기선이 선보이고, 호화 여객선도 등장한다.

21세기 오늘날의 배는 유조선, LNG선, LPG선, 벌크운반선, 컨테이너선, 자동차운반 전용선, 케미칼선, 로로선, 여객선 등과 같은 선종이 다양하다. 배는 대형화, 고속화, 전용화, 자동화, 컴퓨터화하면서 첨단 과학기술의 진전과 보조를 같이 해가며 고도 합리화선(Sophisticated Vessel), 지능화선(知能化船, Intelligent Ship)이 개발되고 있다. 원자력 상선, 정예 군함도 출현하고 있다. 21세기에 들어서면서 미래의 배 (Future Vessel)는 상상할 수 없을 정도로 선형(船型)의 개발이 예상되고 있다. 사람이 타지 않고서도 운항이 가능한 자율운항선(MASS, 무인화선無人化船, SO船)이 개발되면서 머지않은 장래에 대양을 항해하게 될 것이다.

■ 바다에 도전하는 인류의 역사

바다를 떠나서 인류의 역사는 생각할 수 없다. 고대 이집트와 기원전 900년경에 부귀영화를 누린 솔로몬 왕의 선단(船團)을 비롯해서, 9〜12세기 유럽 천지를 휩쓴 바이킹 배들의 활약, 대항해 시대에 접어들면서 콜롬브스의 신대륙 발견 항해(1492년), 마젤란의 세계 일주 항해(1513년) 등, 인류는 바다로 진출하기 위해서 끊임없이 도전을 해왔다.

그리스, 로마, 스페인, 포르투갈, 네덜란드, 영국 등, 여러 해양국가는 지중해와 대서양에서 세력 다툼을 벌여왔고, 지금은 무대를 태평양으로 옮기면서 태평양 시대를 맞고 있다.

과연,「바다를 지배하는 자는 세계를 지배한다」(He who rules the waves rules the world)라는 말처럼「해양력」(Sea Power)이 강한 나라가 세계를 지배해 왔다.

북유럽의 노르웨이 인들은 용맹했던 바이킹의 후예답게 해양탐험 사상 눈부신 업적을 남기고 있다.

난센(F. Nansen)은 1895년에「프람 호」(Fram)를 타고 북극점 근처(북위 86도 13분)까지 항해하는 데 성공했다. 1911년에 남극점에 첫 번째로 도착한 아문센(R. Amundsen)도 노르웨이 사람이다. 남태평양의 폴리네시아 원주민이 남미 서해안에서 이주했음을 실증하기 위해서, 뗏목 배「콘티키 호」(Kon-Tiki)로 남미 서해안에서 해류와 무역풍을 타고 남태평양에 표류항해실험을 한 헤이어달(T. Heyerdahl)도 역시 노르웨이 사람이다.

바다 탐험에 나선 인간의 기록들은 그 밖에도 많다. 오늘날 지구촌이 하나가 되고, 고도한 문명 사회(文明社會)로 발전하기에 이르게 된 것은 많은 해양탐험가에 의해 해상교통(海上交通)이 확대된 데에 연유한다고 생각할 수 있다.「교통은 문명이다」(Transportation is civilization)라는 말이 과연 옳다는 생각이 든다.

■ **우리는 자랑스러운 해양민족**

우리 민족은 신석기시대에 이미 바다로 진출하고, 일찍부터 해상을 왕래하면서 물물 교류(物物交流)가 활발했음을 알려주는 사실들이 많다. 특히 그 중에서도 통일신라시대의 해상왕 장보고(海上王 張保皐)대사는 지금의 완도에 청해진(淸海鎭)을 설치하고, 황해와 남지나해 그리고 대한해협을 거쳐 일본에 이르기까지 해상권(海上權)을 장악했다. 동북아시아 해상무역을 주도하는 강력한 해상왕국을 형성하고 있었다. 고려시대에도 중국의 宋, 元나라뿐만 아니라, 아라비아 상인들과도 해상무역이 활발하게 이루어졌고, 이때에 아라비아 상인들에 의해서 「코리아」(Corea, Korea)라는 나라 이름이 서양에 알려지게 되었다.

조선시대 왜국의 침공을 받아 나라가 위태로웠던 임진왜란(1592년) 당시, 충무공 이순신장군은 구국의 일념으로 거북선 함대를 지휘하면서 왜군을 한산섬 해전과 명량 해전에서 무찔러, 세계 해전사상 유례없는 대승리를 거두고, 장렬한 최후를 맞는 노량 해전에 이르기까지, 나라 사랑 정신을 보여줌으로써 영원히 꺼지지 않는 민족의 태양으로 우리 겨레를 밝혀주고 있다. 충무공의 애국 충정의 정신을 이어받은 후예들인 해군 장병과 해양경찰 대원들은 삶의 터전인 삼면의 바다를 철통 같이 수호하고 있다.

우리는 해양사상(海洋思想)이 투철했던 자랑스러운 조상들의 정신을 계승하여 바다를 잊지 않는 국민, 바다를 사랑하고, 가꾸고, 지키는 국민이 되어야 하겠다.

■ 바다를 이용한 산업

바다에서 여러 가지 자원(資源)을 얻거나 바다의 공간(空間)을 이용하기 위한 모든 기업 활동을 통틀어서 「해양산업(海洋産業)」이라고 말한다. 해양을 이용하는 분야는 해운업, 조선업, 항만건설업, 수산업, 수산식품 가공업, 양식업, 해양자원 개발 사업뿐만 아니라, 해양 레저 산업, 심해저(深海底) 자원 개발 사업, 해양정보 산업과 같은 미래 산업도 포함된다.

해운업(海運業)은 사람과 물건, 특히 수출입 상품을 바다를 통해서 선원(船員)들이 선박(상선)으로 운송하는 산업인데, 화물운송은 거의 모두 해운에 의존하고 있다. 해운은 국가경제 발전에 크게 도움을 주고 있으므로 매우 중요한 기간산업이요, 전략산업이다.

　우리 나라가 보유하고 있는 상선은 총톤수 4,000만톤 1,000여 척을 상회하고 있어(2014년 현재) 세계 5위를 차지하고 있는 해운대국(海運大國)이다. 부산항이 컨테이너 화물을 처리하는 능력은 세계 5위이다. 장차 동아시아 물류 중심국가로 발전하기 위해 발돋움하고 있다. 신항인 광양항과 평택항도 큰 몫을 하고 있다. 2011년 이후에는 세계 5대 항만기술국으로 도약하고, 동북아 중추 거점항으로서의 역할을 수행하게 될 것으로 보고 있다.

　우리나라 선원들은 수출입 화물의 99퍼센트를 배로 수송하고 있고, 그들의 우수한 선박운항 기술은 세계적으로 높이 인정받고 있으며, 1970년대 지난 20여 년간 많은 선원들이 외국선에 취업하면서 선원대국이라는 평도 받았다. 또한 어려웠던 시대에 많은 외화를 벌어들이기도 했다. 우리 나라 국가경제 발전에 크게 기여했다고 평가한다. 오늘도 높은 파도와 싸우면서 세계를 누비며, 배를 타고 항해하는 수출 전선이 여군인 선원들에게 감사한 마음을 갖도록 해야하겠다.

　수산업(水産業)은 중요한 식량산업으로 세계 7위를 차지하고 있다. 이웃 나라들과 어로(漁撈) 해역 문제로 분쟁이 일어나고 있다.

　배를 건조하는 조선업(造船業)은 국가 경제를 크게 성장시키려는 전략산업(戰略産業)으로 세계 1위를 지키고 있으며, 우수한 조선기술은 세계에서 크게 인정받고 있다. 우리는 조선기술이 뛰어났던 조상들의 얼을 오늘에 이르기까지 이어받고 있는 자랑스러운 후손들이다.

■ 꿈을 펼치는 미래의 바다

　21세기는 해양 혁명(海洋革命)의 시대라고 말한다. 바다를 둘러싼 새로운 질서가 꿈틀대는 신해양시대를 맞아, 인류 생활의 중심지로 떠

오르는 해양공간인 바다는 미래산업의 터전이며, 보다 다양하고 풍요로운 삶을 약속해 준다.

일부 선진국에서는 이미 인공섬, 해상공항, 인공 항만 등을 현실적으로 건설하여 이용하고 있다. 21세기에는 해저도시, 날으는 여객선, 해양신도시 건설은 물론, 첨단 해양정보산업이 등장하게 될 것이다. 바다는 우리 인류가 추구하는 이상향인 시토피아(seatopia)의 세계이다.

우리나라는 대륙의 끝에 달려 있는 작은 반도 국가가 아니라, 넓은 태평양을 앞마당으로 바라보면서 세계로 뻗어나갈 수 있는 무한한 가능성을 지닌 해양국가이다. 해운산업은 우리의 생명선(生命線, lifeline)이다. 12만 톤 크기의 배는 1만 량의 화물열차와 맞먹는 화물을 수송한다. 20만톤 크기의 대형 유조선(VLCC라고 부른다)은 4일분의 전국 소요 기름을 운반한다. 유조선이 일주일만 늦게 입항한다면 우리 생활에 많은 불편을 주게 될 것이다. 가스운반선이나 곡물운반선의 경우도 마찬가지다.

수산업은 현재 국민이 섭취하는 동물성 단백질의 약 45퍼센트를 공급하고 있다. 오염된 바다에서는 물고기가 살 수 없으므로 잡히지 않게 되고, 우리들의 식생활에 큰 걱정이 생기게 된다.

바다는 미생물, 식물·동물 프랑크톤, 바닷말 등이 풍부하고, 물고기들이 바닷물, 바위, 갯벌과 서로 어우러져 살아갈 때, 건강하게 유지되고, 지속적으로 개발과 이용이 가능하게 된다. 우리는 바다를 깨끗하고 푸르게 보존하여 후손들에게 영원히 물려줄 삶의 터전으로 가꾸어 나가야 한다.

■ 젊은이여, 바다로!

우리 나라는 1986년에 세계 33번째로 남극조약에 가입했고, 1988년에는 남극 킹조지 섬에 세종과학기지를 건설하였다. 세계 각국은 남극에 진출해서 개발할 수 있는 권리를 먼저 차지하기 위해 치열한 경쟁을 벌이고 있다.

21세기! 우리는 바다 개척을 통해서 일류 해양국가로 다시 태어나야 한다. 신라시대 청해진에 장보고대사가 해상왕국을 건설하여 해상권을 장악했듯이 말이다. 이것만이 자원이 부족한 우리 민족이 살아남을 수 있는 길이다. 육당 최남선(六堂 崔南善)선생은, 우리 민족을 향해서, "누가 한국을 구원할 자이냐, 한국을 바다의 나라로 일으키는 자, 그일 것이다."라고 외치면서, 해양민족의 기상을 다시 한번 드높이기를 강조한 바 있다.

영국의 정치가요, 탐험가인 월터 롤리 경(Sir Walter Raleigh, 1552~1618)은 일찍이 "바다를 지배하는 자는 세계의 무역을 지배하고, 무역을 지배하는 자는 세계의 부(富)를 지배하고, 그 결과 세계를 지배한다."고 말한 바 있다. 그렇다. 바다의 뱃길은 국가 경제의 생명선이다. 배는 부(富)를 나른다.

바다밑, 그것은 엄청난 지하 자원의 보고이다. 삶의 터전, 무한한 바다, 생명의 바다, ―21세기의 해양개척, 개발 경쟁은 거친 파도만큼이나 높을 것으로 보고 있다.

지금 우리는 바다를 향하여, 세계를 향해서, 풍요로운 미래의 꿈을 실현시키기 위해 노력할 때이다.

「바다로! 세계로! 미래로!」를 힘차게 외쳐보자. 그리고 「젊은이여, 바다로!」를 한번 더 크게 외쳐 보자.

그리스 해운회사 '마린 가스'의 수주로 건조한 LNG운반선(대우 조선 해양)

Ⅲ. 바다와 문화

<오슬로 바이킹선 박물관에서/노르웨이>

구 소련(USSR)에서 개최한 해사교육세미나 참가 중에, 1979.6
(칼레리아 호 선내/USSR 우크라이나)

<미연방 상선사관학교(USMMA)
생도들과 필자 / USA>

<세계해사대학(WMU)에서 / 스웨덴>

11. 해양사상의 대표적인 인물

■ 해사교육훈련(MET)과 해양정신(Mer Esprit)

영국 런던 교외 Kent주에 있는 Merchant Navy College는 106년간 영국 상선사관(항해사)을 양성해 온 명문항해학교, H.M.S. Worcester호 (학교선 School Ship, 1862~1968) 대신에 뒤를 이어 설립된 육상교육시설로 초급 항해사과정을 운영하고, Polytechnic 등 계속교육기관에 진학하여 상급해기사 자격을 취득할 수 있다.

「Be vigilant, 경계하라」가 교육의 모토이고, 생존기술 훈련장인 풀 (swimming pool)은 온수로 채워져 있어서 언제나 훈련이 가능하다. The Titanic호의 침몰사고로 해상안전훈련의 중요성이 인식되어 철저한 훈련을 실시하고 세계에 모범을 보여주고 있음을 현지에서 실감했다.

「인간과 바다가 서로 얽히어 있는 나라」(England, where men and sea interpenetrate-J. Conrad)답게, The English people are a practical people(영국인은 실용적인 국민이다), The smooth sea never makes a skilled mariner(평온한 바다는 유능한 뱃사람을 만들지 않는다) 등의 말처럼, 영국선원 양성은 체험(real experience) 중심으로 Practice makes perfect(배우기보다 익혀라)를 실천하고 있다.

대항해시대의 영광을 이어 받기 위해서 1972년에 설립된 포르투갈의 항해대학(Ecola Nàutica Infante D. Henrique)는 항해왕 엔리크왕자(헨리왕자)의 이름을 따서 교명으로 하고 있는데, 「바다를 지배하는 자는 부(富)를 지배한다」(He who rules the waves rules the riches)는 사상이 교육의 바탕을 이루고 있다.

중등교육수준의 선원교육기관이 36개나 있는 이탈리아에서는 「바다를 위한 교육뿐만 아니라, 바다에 의한 교육」(Education by the sea, not only for the sea)이 실시되고 있다.

상선사관 양성의 전형적인 체제로 알려진 미국의 연방상선사관학교(USMMA)의 교육 모토는 「Acta Non Verba, Deeds, not Words」(말보다 행동)이다. 명예심(The Honor Concept)은 생도정신의 근간이다. 「A midshipman will not lie, cheat or steal」이라는 글이 생활관(기숙사)에 걸려 있다. 모든 시험은 무감독(Honor System)이다. 미국 해군대학교 교장인 마한(A.T. Mahan, 1840~1914, 군인, 역사가)의 「Sea Power(해양력)」의 이론을 실천하기 위해 군사학을 학습하여 해군예비소위로 임관되고, 모교와 군사교육단에 대한 높은 존경심과 깊은 사랑을 지니고 해운산업의 탁월한 지도자가 되도록 교육한다.

일본의 (구)도쿄상선대학은 「엣쥬시마 정신」(越中島精神, 엣쥬시마는 학교 소재지인 섬의 이름), (구)코베상선대학은 「신꼬 정신」(深江精神)을 모토로 했다.

중국이나 대만은 명나라 때의 「Chinese Columbus, 정화(鄭和)제독」의 항해정신을 개발해서 교육활동에 반영하고 있다.

한국해양대학교는 창립 당시부터 「해대정신 5개조」를 모토로 내세우고 교육했는데, 다섯 번째가 「우리의 각오는 바다에 매골」이다.

일언이폐지(一言以蔽之)하고, 선원교육기관은 「바다를 지배하는 자는 세계를 지배한다」(He who rules the waves rules the world)라는 말을 내세우고 교육해 왔다.

■ 해양정신의 표상(表象)

이순신, 장보고, 정화(鄭和, 중국의 Chinese Columbus), 도고헤이하치로와 사토 데쓰타로(러일 전쟁의 승리에 공을 세운 해군제독들), 가쓰가이슈(勝海舟, 18세기 최초로 感臨丸 범선으로 태평양을 항해한 일본인), 데 로이테르(Michiel de Ruyter, 영국과의 해전에서 승리를 거두고 해상권을 강화한 네덜란드 해군제독, De Ruyter Polytechnic은 그의 이름을 딴 명문 대학임), 찰스 하워드(Charles Howard, 스페인 무적함대를 격파한 영국군 지휘관), 넬슨(Viscount Horatio Nelson, Trafalgar 해전에서 스페인·프랑스 연합함대를 격파한 영국 해군제독), 마한(Alfred Thayer Mahan, Sea Power론의 창시자, 미국 해군대학교 교장), 피에르 쉬프랑(Pierre André de Suffren, 프랑스 장군). 이들 중에서 바다의 장수로는 서양에서는 넬슨보다 데 로이테르가 더 유명하고, 세계적으로 인격·역량 면에서 이순신 장군을 첫 번째로 손꼽는다.

삼도수군조련도

<'한국의 민족적 영웅, 영문판 이순신'의 표지>

『YI SUN SHIN』
대한민국 해군사관학교 교수 조성도 지음

〈미국 해군장교들에게〉
"이 책을 읽으시오. 그리고 영웅의 인격과 훌륭한 업적을 기리시오. 오늘과 내일의 보다 나은 성취를 위해서 그의 교훈을 간직하시오. 제독의 위대한 본보기와 정신을 배우도록 노력하시오."

—미국 해군소장 스틸(G.P.Steele)
U.S. Navy Chief,
U.S. Naval Advisory Group.

일본 해군대학교 교장 해군대장
사토 데스타로 저『불멸의 명장 이순신』,

1927년에 처음으로 일본에 소개됨

이순신은 메이지 시대, 일본에서 영웅적 존재가 된다.

일본 문필가 3인이 이순신을 흠모하여 그에 관해 집필한 글을 모아 소개한 한국판 번역서

12. 성서와 해양문화

1) 영원한 베스트셀러, 성서

성서는 세계에서 가장 잘 팔리고 있는 책 중의 하나이지만 통독한다는 것은 힘든 일이다. 영국의 학자이자 동화작가인 C.S. 루이스는 「가장 많이 번역된 책이지만 가장 적게 읽히고 있다」고 비꼬고 있

〈평화의 벽 UN본부 입구(NY), 이사야서 2:4〉

다. 하지만 성서에는 신화, 역사, 소설, 희곡, 시, 예언, 전기, 편지 등, 다채로운 내용이 포함되고 있어, 읽으면 읽을수록 그 깊이와 흥미로움에 압도된다. 그리고 수많은 명언, 명구가 내포되어 있는데, 독자에게 감명을 줄 뿐만 아니라, 문학 작품이나 신문 등에도 많이 인용되고 있기에 성서의 지식이 없으면 숨겨 있는(행간의) 뜻을 이해하기 어려운 경우가 많다. 따라서 기독교 신자 여부를 떠나 고전으로서 성서 지식의 중요성은 부정할 수 없다.

「England became the people of a book, and that book was the Bible. 영국은 한 권의 책을 읽는 국민이 되었다. 그 책이란 성서다.」

이 말은 19세기의 영국 역사가 그린(J.R. Green)의 명저, ≪A Short History of the English People, 1874(영국민 약사)≫의 제8장에 적혀 있다. 영어 성서로는, 새 번역판이 많이 출간되어 1000종을 웃돌고 있으나, 400년 이상이 지난 오늘날에도 명역으로 읽혀지고 있는 고전적인, 1611년에 출판된 ≪흠정영역성서≫(欽定英譯聖書, Authorized Version: 약칭 AV)를 들 수 있다.

이 AV는 셰익스피어(W. Shakespeare, 1564~1616)와 더불어 근대영어의 성격을 결정하고, 출판 이후 오늘에 이르기까지 4세기에 걸쳐 영·미인의 정신·사상·감정 생활의 밑거름이 되었고, 또한 관용표현(idiomatic expression)의 일부로서 일상영어에서 뺄 수 없는 요소가 되고 있다.

오늘날, 최대, 최량의 영어사전인 ≪Oxford English Dictionary(약칭 OED)≫에 가장 많이 인용된 작가는 셰익스피어(약 33,300개의 보기)인데, 최다 작품으로는, AV를 주로, 영어성서(약 25,000개의 보기)이다. 영미에서 출판된 대형 인용구사전에도 인용구의 수는 성서(AV)가 압도적으로 제1위를 차지하고, 셰익스피어가 제2위인 것이 보통이다.

영미 가정의 70~80퍼센트는 성서 한 권쯤 구비하고 있다는 사실은, 비록 읽혀지고 있지는 않는다손 치더라도, 영·미인의 생활과 성서의 깊은 관련성을 짐작케 한다.

2) 성서와 구미인(歐美人)의 생활과의 관련성

중세, 르네상스(Renaissance) 이래, 문학 말고도 회화, 조각 등, 미술이나 음악의 제재(題材)를 성서에서 따오고 있다.

회화·조각에서는 다빈치(Leonarod da Vinci)의 ≪최후의 만찬, 1495?≫을 비롯해서 미켈란젤로(Buonarroti Michelangelo)의 ≪다윗(David) 상(像), 1501≫, 밀레(J. F. Millet)의 ≪이삭줍기, 1857≫ 등 무수하게 많

고, 최근에 샤갈(Marc Chagall)도 성서에 바탕을 둔 많은 작품을 남기고 있다.

영화로는, ≪The Ten Commandments, 1925, 1956(십계)≫, ≪Samson and Delilah, 1949(삼손과 델릴라)≫, ≪Jesus Christ Superstar, 1973(예수 그리스도 슈퍼스타)≫, ≪The Last Temptation of Christ, 1988 (최후의 유혹)≫, ≪The Passion of Christ, 2004(그리스도의 수난)≫, ≪Ben Hur (벤허)≫ 등, 성서에서 취재(取材)한 것이 적지 않다.

〈예수의 탄생(Lindisfarne Gospels, 마태복음 1:18)〉

음악 분야에서는 ≪Messiah(수난곡, 메시아, 미사이어)≫를 비롯한 오라토리아(oratoria), 오페라(opera)로는 Camille Saint-Saëns의 ≪Samson et Dalila, 1877(삼손과 다릴라)≫, 마스네(Jules Massenet)의 ≪Hérodiade, 1881(헤로디아)≫, 발레(ballet)의 경우는 프로코피예프(Sergei Prokofiev)의 ≪Prodigal Son, 1928(탕아, 蕩兒)≫ 등을 들 수 있다.

영·미인들의 명명(命名)에서 Christian Name(세례명)이 있는데, 시대에 따라, 유행의 차이는 있으나, 여성명으로는 Mary, Elizabeth, Rebecca 등, 남성명으로는 John, Michael, James, Daniel 등, 성서 중의 인물이나 성도(聖徒)의 이름을 따서 사용하는 경우가 많다.

또한 공식적인 모임에서 발언을 하는 경우 선서를 할 때 "swear by [on] the Bible"과 같은 표현이 있는데, 그런 경우 의식 (왼손을 성서 위에 얹고, 오른손으로 거수)을 행할 때도 있다. 미국 오바마(Barack Obama)의 대통령 취임식(2009년 1월)에서 선서할 때 사용한 성서는 제16대 대통령 링컨(Abraham Lincoln)이 사용한 성서(AV)였다고 한다. 미국 대통령은, 성서에서 인용하기를 좋아해서, 취임 연설에서 성구를 언급하는 경우를 볼 수 있다.

2001년 9월 11일, 뉴욕에서 발생한 테러 사건 당일 밤에, 부쉬대통령 (G. W. Bush)의 긴급 연설의 끝머리에서 국민을 위로하고 격려하는 말로 다음과 같이 성서의 한 구절을 인용해서 말했다.

"Even though I walk through the valley of the shadow of death, I fear no evil, for You are with me." ≪시편 23:4≫(Shepherd Psalm).
내가 사망의 음침한 골짜기로 다닐지라도 해를 두려워하지 않습니다. 국민 여러분과 함께 하기 때문입니다.

현대영어의 성구(成句), the valley of the shadow of death(죽음의 그늘의 계곡)은 「질병이나 위험 등으로 죽음에 직면한 상태」, 「화가 미친 이 세상」 등, 비유적인 의미로 사용된다.

영·미문학 작품의 제명(題名)이 성서, 특히 AV에서 따온 경우를 볼 수 있다. ≪창세기 4:1~16≫의 카인과 아벨(Cain and Abel)의 이야기에서, 인간의 원죄와 구원의 가능성을 테마로 한 스타인벡(John E. Steinbeck)의 ≪East of Eden, 1952(에덴의 동쪽)≫, "헛되고 헛되며 헛되고 헛되니 모든 것이 헛되도다"로 시작하는 ≪전도서(Koheleth의 서)≫에서 영국 소설가 새커리(W. M. Thackeray, 1811~63)의 대표작 ≪Vanity Fair, 1847~48(허영의 도시)≫의 최후의 일절에는 라틴어로 된 구절 'Ah, Vanitas vanitatum'이 인용되고 있고, 존슨(Samuel Johnson, 1709~84)도 장시 ≪The Vanity of Human Wishes, 1749(헛된 인간의 욕망)≫의 타이틀을 땄고, 제1차 세계대전 후의 상실의 세대(Lost Generation)에 초점을 맞춘 헤밍웨이(Ernest Hemingway)의 ≪The

Sun Also Rises, 1926(태양은 또다시 떠오른다)≫라는 제명도 전도서 1:5에서 인용했다. ≪잠언 9:1≫에서 로런스(T. E. Lawrence)는 제1차 세계대전 중의 아라비아의 회상기 ≪The Seven Pillars of Wisdom, 1926(지혜의 일곱 기둥)≫ 제명을 얻었다. 'Lord's Prayer, 마태복음 6:9~13(주의 기도)'」에서, 'whisky-priest'로 불리는 장취불성(長醉不醒)의 파계 사제(破戒司祭)의 죽음을 통해서 인간 구원의 가능성을 묻는 그레이엄 그린(Graham Greene)의 ≪The Power and the Glory, 1940(권력과 영광)≫의 제명을 얻었다.

영국 태생인 미국의 극작가소설가 두르텐(John Van Druten)의 대표작 ≪The Voice of the Turtle, 1943(산비둘기의 노랫소리)≫는 로맨틱한 희극인데, 영화화(1947)되기도 한 작품이다. 이 작품은 구약성서 중에서도 가장 문학적 향기가 짙은 ≪아가(Song of Songs)≫의, 그 ≪아가≫ 중에서도 가장 아름다운 표현의 하나로 손꼽는 다음과 같은 구애하는 말 일절이 있다.

'Io, the winter is past, the rain is over and gone.
The flowers appear on the earth, the time of the singing
of birds is come, and the voice of the turtle[1] is heard
in our land, (The Song of Songs, 2:11~12)'
(보시오! 겨울도 지났고, 비도 다 그쳤소.
땅에는 꽃이 피고, 새의 노래할 때가 이르렀는데
우리 땅에는 산비둘기의 노랫소리가 들린다오.)

문학성(文學性)이 뛰어난 성서의 기록들은 헤아릴 수 없이 많지만, 특히 다음과 같은 기록들은 너무나 많은 사랑을 받고 있고, 많이 인용

---

[1] turtle은 바다거북의 뜻도 있으나, 여기에서는 turtledove(산비둘기).

되고 있다.
　―마태복음 6:25~26, Behold the fowls of the air.
　　공중에 나는 새들　　　(첫째로 왕국을 구하라.)
　―마태복음 6:28, Consider the lilies of the field.
　　들의 백합화　　　　　(첫째로 왕국을 구하라.)
　―사무엘 하 18~33, Absalom O my son Absalom.
　　　　　　　압살롬을 애도하다.
　Thomas Hardy(1840~1928)는 최고의 산문이라고 격상(激賞).

　―시편 23, Shepherd Psalm, 여호와는 나의 목자
　―고린도 전서 13:4, Christian love(charity) 사랑에 대한 설명
　―룻기, 괴테(J. W. von Goethe, 1749~1832)는 성서 중에서도 문학성이 가장 뛰어나며 가장 사랑하는 소품(小品)이라고 말한다.

　영어문화는 뛰어난 '인용의 문화'(quotation culture, the culture of quotations)라고 할 수 있다. 영·미인의 회화, 연설(speech), 서적에는 비단 성서에 한하지 않고, 속담이나 문학작품 또는 철학서적 등에서 인용하는 경우가 많다. 영미의 신문·잡지 등에서 성서에서 유래한 헤드라인(headline)을 볼 수 있다. 일상적인 생활에서도 인용을 많이 하는 특징이 보이고, 인용구를 수록한 인용구사전도 해마다 출판되고 있다.
　영어의 인용에 관한 하나의 예를 들어 본다. 1995년 4월 19일, 미국의 오클라호마 시티(Oklahoma City)의 연방빌딩 폭탄 테러 사건으로 168명의 목숨을 앗아간 살인범 Timothy McVeigh의 처형이 2001년 6월 11일에 영상으로 공개된 충격적인 보도가 있었다. 처형에 앞서 최후로 할 말이 있느냐고 물었을 때, McVeigh는 말 없이 다음과 같은 시의 한 구절을 적어 교도관에게 제시했다고 한다(당시 나이는 38세).

I am the master of my fate. 나는 내 운명의 지배자.
I am the captain of my soul. 나는 내 혼의 선장(키잡이).

이 한 구절의 시는 영국 빅토리아 왕조 시대의 영국 시인·극작가·비평가로 속어사전의 편집자이기도 한 헨리(W. E. Henley)의 입원 체험기를 노래한 ≪Invictus, 1875(불요불굴의 마음)≫이라는 시에서 인용한 것이다. 이런 경우, 이와 같은 범죄자가 이와 같은 시를 (언제, 어디에서, 어떠한 방법으로) 인용했는가, 하는 점을 생각해 볼 때, 구미인들의 뿌리 깊은 인용문화에 대해서 새삼 감동하지 않을 수 없다.

3) 흠정영역성서(AV)의 언어의 특징

성서의 수사법(修辭法, rhetoric)이 영어에서 많이 활용되고 있기에, AV의 언어의 특징을 살펴본다.

1611년에 출판한 AV의 언어의 특징, 말하자면 Biblical English 또는 Biblicism은, 폐어(번)<廢語(法), obsoletism>을 포함한 고어(번)<古語(法), archaism>과 히브리어법(Hebraism)이 중요한 요소이지만, 현대에는 일상적인 것이 아니기 때문에, 종교서에 어울리는 장중(莊重)한 문체 효과를 높이는 데 의의가 있다.

AV영어의 특징은 셰익스피어의 영어와 더불어 초기 근대영어의 일면을 나타내고 있다. 다만 셰익스피어에 비해서 AV의 언어·용법은 선행인 Tyndale 번역(1520, 1535) 등의 성서 번역문을 답습한 점이 많기 때문에 보수적이며, 1611년에 출판되었음에도 불구하고 16세기반 경의 영어의 상태를 반영하고 있다. 따라서 어휘를 비롯해서 문법적인 면에서도 고어법적 특징이 셰익스피어보다 많이 보인다.

어형(語形), 어휘(語彙), 문법(관사, 명사복수형, 대명사, 관계대명사, 동사), 가정법(subjunctive), 조동사, 접속사, 어순 등을 중심으로 고어법을 살펴 볼 필요가 있으나 이 글에서는 생략하기로 하고, 문체와 히브리어법에 대해서만 고찰해 본다.

　AV의 문체적(文體的)인 특색으로는 고아(古雅), 간박(簡樸), 구상성(具象性), 병렬체(竝列體), 리듬 등을 지적하고 있다. 리듬과 고어법(古語法)을 제외하고는 이 모두는 히브리어법(Hebraism)의 관점에서 살펴 볼 수 있다.

　성서는 히브리어로 기술한 구약과 코이네-그리스어(The Koine-Greek)로 적은 신약으로 구성되어 있다. 코이네는 B.C. 5세기부터 B.C. 3세기에 걸쳐 정립된 표준 그리스어인데, 히브리어와 그 동족어인 아람어(Aram어, Aramaean)의 영향을 적잖이 받고 있기 때문에, 원전(原典)을 충실하게 번역하는 데 노력한 AV는 당연히 히브리어적인 표현이 많고, 따라서 AV는 원전의 문체적 특색을 반영하고 있다고 볼 수 있으며, 히브리어적인 표현법은 성서 본문 전체의 특색을 이룬다. 다음에 열거하는 특색들은 얼마쯤 영어 본래의 문체에도 내재한 것으로 히브리어법의 수용에 이용되고 관용화되었다.

　■ 간박성(簡樸性)

　사랑하는 소년 나사로의 죽음을 슬퍼하는 예수의 모습을 기술한 한 구절, 'Jesus wept.'(예수께서 눈물을 흘리시다. 요한복음 11:35), 혹은 'Before the cock crows twice, you shall deny me thrice. 마가복음 14:72' (닭이 두 번 울기 전에 네가 세 번 나를 부인하리라.)라고 하신 말씀이 그대로 실현되었을 때, 베드로 자신의 나약한 모습을 묘사한 구절, 'And when he thought thereon, he wept.'에서 여운을 남기고 있는 최후의 한마디, 'he wept.'로 끝을 맺고 있으나, 이 기사에 대응하는 마태복음 26:75에서는 'And he went out, and wept bitterly.' (밖에 나가서 심히

통곡하니라.)라고 적고 있다. 이 경우에 'he wept.'라고 간략히 적고, 강조의 부사 등은 생략한 마가복음의 기술법이 (어떤 표현법보다도) 베드로의 이때 심정을 보다 잘 표현하고 있고, 무한한 정감을 암시한 보기라고 할 수 있다. '소리내어 우는 cry'보다 '소리내지 않고 눈물을 흘리면서 우는 weep'가 이 경우에는 적절한 말이라고 볼 수 있고, 수사학적(修辭學的)으로는 완서법(緩敍法, understatement)[2)]의 좋은 보기이다.

colon, semicolon을 포함한 장문(長文)으로 된 구절도 있다. (골로새서 1:9-17; 195어).

간박성을 나타내는 요소의 하나로 <and의 다용(多用, and verbosity)>이 있다. 이것은 and를 주로 한 등위접속사에 의한 단문병렬(單文竝列) 즉 산열문(散列文, loose sentence)이다. 이것은 주절(主節)이 끝난 뒤에 종속절이나 기타 수식어구가 계속 이어지는 문장으로 담화체에 많다.(주절이 文尾에 있는 글은 掉尾文이다.) 산열문을 빈번하게 사용하여 히브리어법을 전사(轉寫)한 것인데, 문두뿐만 아니라 패러그래프나 장(章)외 모두에도 빈번히 사용되어 AV문체 또는 성서문체의 큰 특징의 하나가 되고 있다(보기, 창세기 3:6~7, 2절 사이에 10개의 and가 있다). 현대의 영역 성서에서는 이와 같은 and의 다용을 피하고 있다.

■ **구상성(具象性)**

원전의 영향 하에 일상생활에 의거한 구상적 표현, 풍부한 비유적 표현이 많다. 특히 신체의 각 부분의 명칭을 사용한 표현의 다용은 히브리어법을 반영한 것이다. 'Mine eyes do fail with tears, and bowels are troubled, my liver is poured upon the earth.(내 눈이 눈물에 상하며,

---

2) to state, express, ete. in a style that is restrained and makes use of irony or *litotes*.

내 창자가 끓으며, 내 간이 땅에 쏟아졌다. 애가 2:11)'

■ 반복·병렬체(反復·竝列體, repetition·parallelism)

반복에 의한 강조적 표현은 히브리어에 한한 것은 아니지만, 성서 원전에는 어(語), 구(句), 절(節), 문장(文章)의 반복으로 문체적 효과를 높이는 기교가 현저하고, 이 또한 AV문체의 특색이다.

'Verily, verily, I say unto you…'(진실로, 진실로 너희에게 이르노니… 요한복음 1:51)

'I will overturn, overturn, overturn it.' (내가 엎드려뜨리고, 엎드려뜨리고, 엎드려뜨리니라. 에스겔 21:27).

'Surely blessing I will bless thee and multiplying I will multiply thee.' (내가 반드시 너를 복 주고 복 주며 너를 번성케하고 번성케 하리라. 히브리서 6:14. cf. 창세기 22:17).

'Holy, holy, holy, is the Lord of hosts; the whole earth is full of his glory.'(거룩하다. 거룩하다. 거룩하다. 만군의 여호와여 영광이 온 땅에 충만하도다. 이사야서 6:1~3)
holy를 세 번 사용해서 최상급(holiest)적인 강조를 표현한다.

반복의 기능(機能)은, 동족목적어(cognate object)나 속격최상급(屬格最上級, genetive superlative)에서도 인정된다.

'Fight the good fight of the faith… thou… hast professed a good profession before many witnesses.'

(믿음의 선한 싸움을 싸우라… 많은 증인 앞에 선한 증거를 증거하였도다. 디모데전서 6:12)

'Vanity of vanities, saith the Preacher, vanity of vanities. all is vanity.'(헛되며 헛되고 헛되니 모든 것이 헛되도다. 전도서 1:2)

접속사를 동반한 유의적 어구(類義的 語句)의 반복도 강조적 표현이다.

joy and gladnes (기쁨, 이사야 22:13)
safe and sound (무사히, 누가복음 15:27)
wonder and amazement (기이하게, 사도행전 3:10)

동의적(同義的) 반복이 절 또는 문장 단위가 될 때, 그것은 병렬체(竝列體)가 된다. 이것은 히브리어법에서 가장 중요한 기교인데, 유사적(類似的), 상보적(相補的), 대조적(對照的), 점층적(漸層的)인 사상을 상호간 연속하는 문장으로 표현한 것으로 ≪시편≫이나 ≪잠언≫에 많다.

■ 어순 Word Order

긍정평서문(肯定平敍文)에서 주어 이외의 문요소(文要素)가 문두(文頭)에 올 때, 주어와 동사의 도치(倒置, inversion)가 일어나는 경우가 많다. 강조의 효과를 위한 문장의 표현 기법이다.

Thus spake the man unto me, 창세기 24:30
그 사람이 자기에게 이 같이 말하더라.
Blessed are the pure in heart, 마태복음 5:8
마음이 청결한 자는 복이 있나니(라).

또 강조하기 위해서, 목적어가 문두(文頭)에 오는 경우 주어와 동사의 도치가 일어나는 경우도 있다.

   Greater love hath no man than this. 요한복음 15:13.

   …이 보다 더 큰 사랑이 없나니(라)

   These things have I spoken unto you. 요한복음 14:25.

   내가 이 말을 너희에게 하였다.

   그런데,

   Peace I leave with you, my peace I give unto you. 요한복음 14:27

   평안을 너희에게 끼치노니 곧 나의 평안을 너희에게 주노라.

에서처럼 전치목적어(前置目的語)의 뒤의 주어, 동사의 도치가 없는 경우도 있다.

   'Ye shall know them by their fruits. 마태 7:16'(그의 열매로 그들을 알리라)는 어순을 바꾸어 By their fruits ye shall know them이라고 반복해서 강조한다. 이와 같은 어순의 대치(對置, 말의 ×자 모양 배열 전환)를 교차대구법(交叉對句法, chiasmus)이라고 하며 특히 ≪시편≫에 적잖이 사용되고 있다.

   'God created man in his own image.' 창세기 1:27(하느님이 자기의 형상대로 사람을 창조하셨다.)에서 동일문의 전반과 후반의 어순을 교차상(交叉狀)으로 바꾸어서 강조반복하는 것은 히브리어 수사법의 하나다.

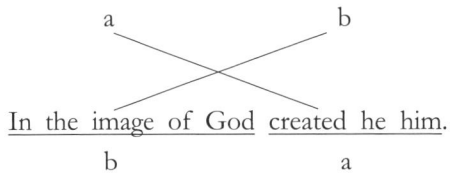

   You shall know them by their friends.(누가복음 7:16)

They can be judged only by their fruits

　　　　　　　　　—T.S. Eliot Introduction to Pensée

4) 성서(聖書)와 해양문화

성서에서는 제1권 창세기부터 제66권 계시록에 이르기까지 바다에 관한 기록을 많이 대할 수 있다.

"여러분, 용기를 내시오. 나는 하느님을 믿으며, 또 내게 말씀하신 그대로 되리라고 믿습니다. 우리는 반드시 어떤 섬에 흘러 닿을 것입니다."

(Therefore be of good cheer, Men : for I believe God that it will be exactly as it has been told me. However, we must be cast ashore on a certain island.)

여기에 인용한 많은 바다를 달리는 항해자에게 어려움에 처할 때에 위로를 받고, 용기를 잃지 않게 해주며 희망을 갖게 해주는 성서의 한 구절로 사도행전 제27장 25~26절에 기록되어 있다.(번역은 <새번역 성경전서> 참조).

1세기경의 항해에 관한 정확한 기록으로서 신약성서 사도행전(Acts) 제27장은 지금까지 전해오는 귀중한 문헌이라고 해야 할 것이다.

위의 항해기록은 일종의 항해일지(logbook)인데, 여기서 알 수 있는 것은 2백76명을 태운 로마의 대형 곡물운반선 아드라뭇데노 호(Adramyttium)의 크기, '유라글로'라는 이 지방 특유의 일시적인 강한 북동풍, 사방위 등 기원 전후의 항해 모습을 엿볼 수 있다.

종교의 힘으로 지켜 온 이 최고의 고전에서 항해술, 기상 등에 대한 당시의 지식과 실제 기록을 보게 된다. 사도행전의 이 부분에서 육지에 가까워지는 것을 짐작하고 "물 깊이를 재어 보니 스무 길이었고, 더 가서 재니 열다섯 길"이었다는 항해기술에 관한 기록이라든지, "닻을 끊어 바다에 버리고 키를 묶었던 밧줄을 늦추어 앞 돛을 달고 바람에 맞추어 해안을 향해 들어갔는데, 두 물살이 합치는 곳에 끼어들어 배는 모래톱에 걸리고 이물은 박혀 움직이지 않고 고물은 심한 물결 때문에 깨어졌습니다."와 같은 난파하는 장면의 모습이 생생하게 그려져 있고, "짐을 바다에 던져버렸다"는 기록에서 공동해손에서 말하는 투하(jettison)의 개념을 파악할 수 있다.

성서에서는 현대의 과학적 시각에서도 깊이 재음미할 만한 항해와 조선 그리고 기상, 무역 등에 관한 기록들이 많다.

창세기 7장 노아의 방주(Noah's ark), 에스겔 37장 9절과 마태복음 24장 31절의 사방의 바람(four winds), 출애굽기 14장 홍해의 기적(Red Sea Split), 출애굽기 15장 '모세의 승리의 노래'(Mose's Victory Song) <최초의 바다의 노래>, 마태복음 8장(23~27절)과 14장(25~33절)의 예수의 해상기적(calm sea, walking over the sea), 에스겔 27장의 조선, 무역 등, 항해와 관련된 기록들을 살펴 볼 수 있다.

이러한 항해기록보다도 우리의 관심은 성서가 바다의 창조에 관해서 알려주고 있다는 점이다.

성서 제1권 창세기(Genesis)는 감탄할 정도로 간결하게 이러한 말로 시작한다.

"태초에 하느님이 천지를 창조하시니라."(창세기 1:1)
(In the begining God created the heaven and the earth.)

의미심장하게도 이 첫 문장은 하느님께서 창조주(Creator)이시며, 그분의 물질적 창조물이 천지 곧 하늘과 땅임을 밝혀 준다. 첫째 장은 계속해서 위엄있고, 잘 선택된 말로 땅과 관련된 창조사업을 전반적으로 설명해 준다.

창세기 1장 9절과 10절에서 천지의 창조주이신 여호와(Jehovah) 하느님이 "바다의 창조주(The Creator of the Seas)"임을 알려주고, 이 점에 관하여 성서는 반복하고 있다. 셋째 창조일에 바다는 육지와 구분되어 다음과 같이 형성된다.

"하느님이 말씀하시기를 <하늘 아래에 있는 물은 한곳으로 모이고, 뭍은 드러나거라> 하시니 그대로 되었다. 하느님이 뭍을 땅이라 하시고, 모인 물을 바다라 하셨다."(and God began calling the dry land Earth, but the bringing together of the waters he called seas.)

성서는 바다 위에 하느님의 힘(Power)이 미치고 하느님은 바다를 관리하는 관리자(Controller)이시며, 예수가 지상에 오셨을 때 하느님으로부터 바다를 효과적으로 지배할 권위가 부여되었음을 알려준다. 바다는 여호와 하느님의 기사(奇事, wonderful works)의 보기로 묘사되고 있는데, 이 점과 관련하여 시편 104편 24~26절에서 "이 모든 것을 하느님께서 지혜로 만드셨으니, 땅에는 하느님께서 지으신 것으로 가득합니다. 저 크고 넓은 바다에는 크고 작은 고기들이 헤아릴 수 없이 우글거립니다. 물 위로는 배들도 오가며, 하느님이 지으신 리워야단 <Leviathen, 주: 거대한 해수(海獸), 용(龍), 뱀>도 그 속에서 놉니다."라고 기록되어 있다.

대해원(大海原)에는 거경(巨鯨)이 살고 있기 때문에, sea의 뜻으로 the whale's way, the whale's bath, the whale's road라고 표현하는데, 보통명사를 같은 내용의 어구로 치환(置換)하여 비유적으로 표현하는 방법으로, kenning(代稱)이라고 하며, 고대 영시의 특징적인 기법의 하나다. <보기: storm of swords(=battle), swan's bath(=sea), ocean-horse(=ship) 등> 영국의 해양시인 메이스필드(J. Masefield)는 그의 시, Sea-Fever(海愁)의 제3연, 둘째 행에서,

'I must go down to the seas again, …

To the gull's way and the whale's way.'

(나는 바다로 다시 가련다 / 갈매기 날고 고래 물 뿜는 곳으로)
라고 읊고 있다.

하느님께서는 물론 생물을 번성케 하고, 커다란 짐승들과 물에서 번성하는 움직이는 모든 생물을 그 종류대로 창조하셨고, 이것들에게 복을 베푸시면서 "생육하고 번성하여 여러 바닷물에 충만하여라(창세기 1장 20~22절)"라고 하셨다. 또한 "생육하고 번성하여 땅에 충만하여라. 땅을 정복하여라. 바다의 고기와 공중의 새와 땅위에 살아 움직이는 모든 생물을 다스려라(창세기 1장 28절)"고 하셨다. 우리는 창세기 1장에서 생명의 시원을 바다에서 찾을 수 있다.

바다의 전통에는 생명이 있다. 영미 선원들이 흔히 인용하고 있는 성서 시편 107편 23~24절, 즉

"그들이 배를 타고 바다로 내려가서, 큰 물을 헤쳐가면서 영업을 할 때에,

그들은 여호와께서 하신 행사를 보고, 깊은 바다에서 일으키신 기사를 본다.",

Those going down to the sea in the ships,
　　　Doing business on vast waters,
They are the ones that have seen the works of Jehovah
　　　And his wonderful works in the depths;

이 한 구절의 계시가 바다의 생명력을 보여 주고 있다.

바다는, 구미(歐美)의 젊은이들이 성서 시편의 이 구절을 굳게 믿

고, 도전할 만한 곳이었다.

디포(Daniel Defoe, 1660~1731)의 소설 ≪Robinson Crusoe, 1719(로빈슨 크루소)≫를 읽고, 영국의 젊은이들은 바다에 도전했다.

이 소설에서 절해 고도(絶海孤島)의 제왕 크루소는 난파선에서 가지고 온 성서를 우연히 발견하고 처음으로 손에 들고 펼쳐 본다. 거기에서,

'고난의 때에 나를 불러라. 내가 너를 구출하리라. 네가 나를 영광스럽게 하리라(시편 50:15)'(Call me in the day of distress. I shall rescue you, and you will glorify me.)

라는 성구를 발견하고 큰 위로와 용기를 얻고 매일 성서를 읽기 시작한다. 마침내 "나의 전 영토에서 선교의 자유를 허용한다."고 말하는 선교자가 된다.

시편 107편은 25절에서 다음과 같이 이어진다.

"그는 말씀으로 큰 폭풍을 일으키시고, 물결을 산더미처럼 쌓으신다. 배들은 하늘 높이 떠올랐다가 바다 깊이 잠긴다. 그런 위기에서 사람들은 얼이 빠지고 간담이 녹는다. 그들이 모두 술 취한 사람처럼 비틀거리며 흔들리니, 그들의 지혜가 모두 쓸모없이 된다. 그러나 그들이 고난 가운데서 여호와께 부르짖을 때에, 그들을 곤경에서 벗어나게 해주신다. 폭풍이 잠잠해지고, 물결도 잔잔해진다. 사방이 조용해지니 모두들 기뻐하고, 하느님은 그들이 바라는 항구로 그들을 인도하여 주신다."

(…so he brings them unto their desired haven.)

이 계시에서 느껴지는 것은 한없이 다정하고, 그러면서도 준엄해서

항거하는 일을 용서치 않는 무한한 '바다의 힘'이다. 피와 땀, 그리고 눈물을 흘리면서 고생하지 않고서는 도달할 수 없는 피안(彼岸)인 것이다.

우리는 위급할 때, 역경에 처해 있을 때, 하느님을 무의식적으로 찾게 되며 구원의 기도를 하게 된다.

역사적으로 볼 때 바다에 도전하여 진출한 민족은 크게 융성했고, 그렇지 못한 민족은 위축되었다. 시편의 이 계시는 오늘날에도 불변의 진리요, 21세기는 해양시대라고 하니 이 구절은 우리에게 시사해 주는 바 더욱 크다.

하느님은 바다의 창조주요, 관리자이시며, 바다를 통제하는 권능자이시다. 바다는 하느님의 기사(奇事)의 좋은 보기요, 모든 생명은 바다에서 시원한다. 인류는 이 모든 생물을 다스리고 땅을 정복하라는 명령을 하느님으로부터 받았다.

그런데, '생명의 바다'는 지금 국가라는 인류집단의 관리하에 놓여 있으면서 관리 소홀로 '죽음의 바다'로 변해가고 있다고 지구촌은 걱정하고 있다.

바이런(George Gordon Lord Byron, 1788~1824)은 그의 시 ≪Childe Harold's pilgrimage≫ 중, Our Friend of Youth, The Ocean에서 '수많은 함선이 그대 위를 휘몰고 달려가도 자취조차 없나니 / 인간은 이 땅 위에 폐허를 남기나− / 바닷가에 미치고 말도다'라고 읊고 있다. 한때는 이 말이 단순한 시구가 아니라, 사실 그대로를 뜻했던 적이 있었다. 그러나 더는 그렇지 않다. 오늘날 사람의 힘이 미치는 곳은 더 이상 바다 기슭에서 끝나지 않고, 사람은 바다에 흔적을, 그것도 아주 추한 흔적을 남겨 왔다.

미국의 여류 해양과학자 카슨(R. Carson, 1907~1964)은 "생물 그 자체가 바닷속에서 생성된 것처럼, 인간의 생명도 어머니의 자궁 속에 있는 작은 해안에서 비롯된다…"라고 말한다. 이 말은 <어머니인 바

다>를 말할 때 인용되는 상투적인 명구인데, 그의 저서 ≪The Sea Around Us, 1951(우리를 애워 싼 바다)≫에서, "바다가 오염되면 인체 내의 작은 해안, 양수(羊水)도 오염된다"고 경고한다.

프랑스의 해중과학(海中科學)의 선구자, 쿠스토(J. Cousteou, 1910~1977)도 그의 저서, ≪The Silent World, 1953(침묵의 세계)≫에서. "인류를 구하려면 바다를 구해야 한다.", "바다가 죽으면 인류도 죽는다."고 경고한다.

국제해사기구(IMO)는 <Safer Shipping Cleaner Oceans>(안전한 해상운송, 깨끗한 바다)를 모토로 삼고, 해양환경 보호를 위한 국제협력과 규제를 강화하고 있다.

창조주께서 인류에게 마련해 주신 지구라는 거처와 생명의 시원(始原)인 바다를 경건한 마음가짐으로 대해야 한다. 우리의 밝은 미래를 약속하는 길이 될 수 있기 때문이다. 경제수역과 해양분할이 특징을 이루고 있는 21세기에 인류의 공동유산인 바다를 어떻게 관리해 나갈 것인가, 우리는 성서 속의 계시를 통해서 다시 한번 생각해 볼 때라고 생각한다.

육지와 구분되어 지구에 모인 물이 '바다'요, 지구표면의 70퍼센트를 차지하고 있다. 현재 바다의 참혹한 모습과 미래의 모습을 생각할 때, 우리 인류는 바다를 깨끗이 보존하기 위한 시급한 조치를 취해야만 할 때이다. 생명의 시원인 바다가 죽으면 인류도 죽게 될 것이다. 창조주께서 인류에게 주신 선물, 바다를 인류의 공동유산으로 잘 간수하고 지켜나가는 문제에 대하여 국제사회의 관심이 고조되고 있는 이때, 가장 많이 읽고 있는 성서에 기록된 바다를 살펴보고, 그 계시를 통하여 바다를 이해하고, 경고를 청종하면서 바다에 대한 인식을 새롭게 해볼 기회가 되었으면 한다.

"바다와 거기 충만한 것과 세계와 그 중에 거주하는 자는 다 외칠지어다.(시편 98장 7절)"

(Let the sea roar, and the fulness thereof; the world, and they that dwell therein.)

이처럼 바다도 창조주를 찬양하는 일에 동참함을 나타내는 성서의 시적 표현이 오늘날 우리들의 환경에 합당한가, 다시 한번 살펴보아야 한다.

■ 해양문학 걸작, ≪모비 딕≫과 ≪노인과 바다≫
　－성서적 비평

해양문학의 백미(白眉)인 ≪The Old Man and the Sea(노인과 바다)≫가 출판된 1952년의 꼭 100년 전인 1851년, 같은 해양생활을 그린 포경문학(捕鯨文學)의 박물지(博物誌)인 ≪Moby Dick(모비 딕)≫이 세상에 나왔었다는 것은 매우 흥미롭다.

주제도 주인공인 대어(大魚)와의 싸움을 그려 내고, ≪모비 딕≫의 주인공인 에이햅(Ahab)과 ≪노인과 바다≫의 주인공인 노인 산티아고(Santiago)의 대비, 그리고 그들의 상호간의 적, 모비 딕과 돌고래의 대비는 각각 그 성격이 정반대라는 점이 매우 흥미롭다.

에이햅에게는 모비 딕을 뒤쫓는 일이 하나의 복수요, 집념의 표현이었다. 그래서 그가 백경에게 패배 당했을 때, 그는 자기의 오만한 죄 때문에, 말하자면 신의 벌을 받는 것이 되는데, 산티아고는 대어 돌고래를 죽이는 데 사랑과 존경으로 맞서고 있다. 그리고 드디어 패배했을 때 그의 정신은 오히려, (그리스도적으로 말한다면) 영광에 충만했던 것이다. 이 대조는 매우 흥미롭다. 헤밍웨이의 평화적이고 긍정적인 감정이 넘쳐 흐르는 이 작품에서, 그가 30년대까지 상실의 세대(Lost

Generation)의 대표자였으나, 결국 이 작품이 그의 문학의 도달점이요, 총결산이었다.

멜빌(H. Melville)의 포경문학의 명작, ≪Moby Dick(모비 딕)≫에서 이쉬마엘(Ishmael)은 일요일, 매플(Mapple) 신부의 설교를 듣는다. 그 설교는 성서 ≪요나서(Jonah)≫에서 제목을 딴 것인데, 신과 진실과 자아의 문제를 흥미 깊게 다루고 있다.

힘찬 노인의 불굴의 생명력이 넘치는 헤밍웨이(Emest Hemingway)의 소설, ≪The Old Man and the Sea, 1952(노인과 바다)≫의 주인공인 늙은 어부 산티아고(Santiago)를 그리스도의 상징이라고까지 평하는 경우도 있다. 예컨대, "늙은 어부는 바다로 나아가 성모 마리아에게 향하여 기도한다. 그리고 큰 고기, 돌고래를 낚으려고 격투할 때, 그의 손은 십자가에 못 박힌 그리스도의 손처럼 상처를 입는다. 귀로에 상어의 습격을 받을 때, '에이'(Ay)라고 외치는데, 'Ay'라는 말은 손에 못질을 당할 때 외치는 남자의 목소리라는 설명도 있다. 최후에 항구에 당도하여 무거운 마스트를 배에서 떼어 내려서 어깨에 짊어지고, 자기 오막살이로 가는 도중 길가에 쓰러지는데, 그 모습은 십자가를 짊어진 그리스도를 생각나게 한다…"라고 논하는 비평가도 있다.

헤밍웨이는 리얼리스트에 불과하지 않음은 명백한 것 같다. 노어부의 고기잡이에 대한 이야기만으로 그치고 있는 것이 아니고, 이 노어부는 불요 불굴의 정신을 지닌 인간의 상징이며, 인간의 고통을 상징적으로 그려낸 이야기다. 늙은 어부를 그리스도의 상징이라고 말할 만하다.

■ 성서 속의 바다와 관련된 표현들

- Waters he called Sea(모인 물을 바다라고 부르셨다. Gen. 11:10).
- converting the sea into dry ground(물이 갈라져 바다가 마른 땅이 된지라, Exod. 14:21).
- He shall have dominion also from sea to sea(저가 바다에서부터 바다까지… 다스리리니, Ps. 72:8).
- The earth shall be full of the knowledge of the Lord, as waters cover the sea(물이 바다를 덮고 있듯이 여호와를 아는 지식이 세상에 충만할 것입니다. Isa. 11:9).
- The wicked are like the troubled sea(악인들은 요동하는 바다와 같다. Isa. 57:20).
- The abundance of the sea shall be converted unto you(바다의 풍부가 네게로 돌아오며, Isa. 60:5).
- He will plant his palatial tents between the grand sea and the holy mountains of Decoration.(그가 장막 궁전을 바다와 영화롭고 거룩한 산 사이에 베풀 것이다. Dan. 11:45).
- because of the roaring of the sea and its agitation.(바다의 울부짖는 소리와 그 요동 때문에, Luke 21:25).
- And were all baptized unto Moses in the cloud and in the sea.(구름과 바다에서 세례를 받고, 1 Cor. 10:2).
- wild waves of the sea - that foam up(거품처럼 뿜어 올리는 바다의 거친 물결, Jude 13).
- the sea gave up those dead in it(바다가 죽은 사람을 내주고, Rev. 20:13).
- The first heaven and the first earth were passed away; and there was no more sea(처음 하늘과 처음 땅이 사라지고, 바다도 더는

있지 않더라. Rew 21:1).

- 그 밖에 Isa. 17:12, Ezek. 27:27, Jonah 1:15, Rev. 7:3 등

[※약자—Gen. (창), Exod. (출), Ps. (시), Isa. (사), Dan. (단), Luke. (눅), I Co. (고전), Jude. (유), Rev. (계), Ezek. (겔), Jonah.(욘)]

〈인용 성서〉

1. 성경전서 개혁 한글판, 대한성서공회, 1956.
2. The Holy Bible, containing Old and New Testament, Authorized (King James) Version, The Gideons International, 1961.
3. 개역 개정 NIV 큰글 한영성경, AGAPE 출판사, 2020. (Big Letter NIV Korean-English Bible)

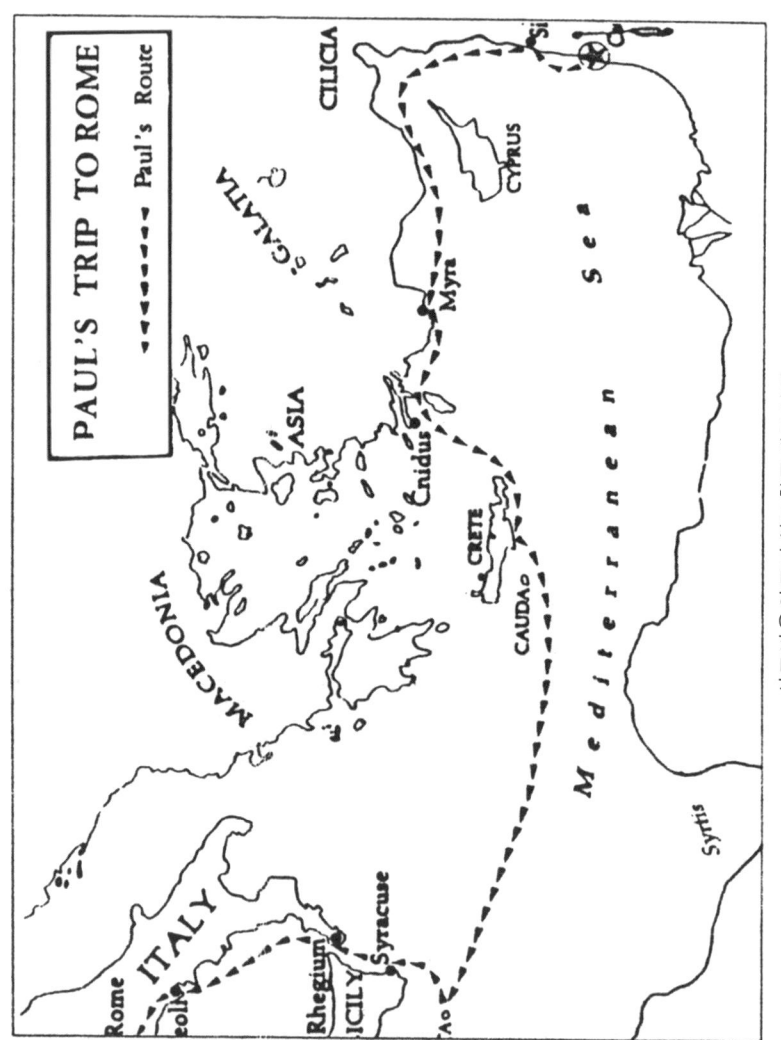

가상도바울이로마선교활동해로도 정

13. 바다의 노래

1) 바다를 사랑하는 분들에게

「바다의 노래」를 몇 곡 골라 바다를 사랑하는 분들(Sea-enthusiasts)에게 삼가 드립니다.

「라 팔로마」는 바다를 소재로 떠난 사람을 그리워하는 마음을 담은 노래입니다. 본디 멀리 떠나 있는 자녀를 그리워하는 노래, 「아, 목동아」는 어떤 노랫말도 알맞은 곡이니, 각자 노랫말을 지어서 부르면 어떨지.

고향에 돌아와 사랑하는 가족들과 함께 밤하늘의 별을 바라보면서 포근한 정이 넘치게 하는 「밤하늘의 트럼펫」도 수록했습니다.

특히 송년회나 송별회에서 흔히 부르는 「올랭사인」은 단체 원무(円舞)곡, 왈츠곡 등으로 골랐습니다.

압박과 구속, 고통에서 벗어나기를 갈망하고, 자유를 얻은 기쁨과 감사하는 마음을 「히브리 노예들의 합창」, 「어매이징 그레이스」로 대신하여 봅니다.

끝으로 모두 함께, 있는 그 자리에서 각자 편안한 자세로 손뼉 치면서 즐겁게 그리고 활기 넘치는 분위기로 마무리하기를 바라면서, 가족끼리 혹은 직장의 파티에서 활용했으면 하는 마음으로 「리버 오브 바빌론」을 보냅니다.

육지를 떠나 바다에서 갖가지로 일들을 겪으면서 목적지에 도달하는 것이 항해입니다. 위 노래들은 해상 생활을 하는 선원들의 일상(日常)을 생각하면서 모은 노래들이지만, 뭍에서 사는 사람들에게도 알맞은 노래들이라고 생각합니다. 인생을 항해에 비유하고 있지 않습니까.

회자정리(會者定離), 만나면 떠나감이 인생이라고 말하지만, 다시 만나게 되리라는 기대와 희망을 안고, 우리는 살아갑니다.

2) 〔Sea-Fever, 해수(海愁)〕

1955년, 한국해양대학교(당시에는 국립해양대학)재학 시절, 승선실습(4학년) 중에 해양 명시「Sea-Fever」를 만났다.

세계 제2차 세계대전 당시 병원선으로 취항했던 스웨덴의 배를 한국의 대한해운공사에서 인수하여 화물선으로 개조했다. 레이더, 자이로콤파스 등을 갖춘 (당시에는) 최신형 3,500톤급 CIMAVI형 디젤선이었다. 부산호로 명명했고, 동종의 선박으로 마산호, 여수호가 있었다. 나는 운이 좋아서 이 배에 배치되어 실습을 했는데, 부산호의 브릿지(bridge)에서「Sea-Fever」를 발견한 것이다.

이 시를 쓴 존 메이스필드(John Masefield)가 어떤 시인이며, 시상(詩想)이나 시형(詩形)같은 점에 대해서는 알 길도 없었다. 다만 이 시가 외국선원들의 애송시라는 생각을 가졌을 뿐, 실습을 마치고 하선한 후로는 잊고 있었다.

대학 졸업 당시 우리나라의 선복량은 겨우 10만 톤(1만톤 급 3척, CIMAVI형 3,500톤 급 3척, 볼틱형 2,000톤 급 4척, 기타 패전국 일본이 한국 영해에 남긴 改E형 전시 수송용 시멘트선 등)이었다.

졸업생들이 탈 배가 없어서 학장님이「고향에 돌아가서 대기하라」고 말씀하셨다. 나는 다행히 명문 사립고등학교 영어교사(고교 교원자격증 취득)로 채용되어서 교직생활을 했다. 고2 영어교과서(시사 영어사 편찬)에「Sea-Fever」가 실려 있었다. 놀랍고 반가웠다. 메이스필드가 작고(1967년) 하기 전인 1961년의 일이다. 그 당시 영어과목 수업은 대학입시 준비 위주의 매우 비중이 큰 과목이어서 입학시험문제에는 나오지 않는 영시 같은 것은 보통 생략하는 것이 관례였다.

목포해양전문대학으로 자리를 옮기게 되었다. 2.5년의 학제였기에 국제협약(STCW)에서 정한 3년의 교육과정을 충족시키고 있지 않았다. 국제해사기구(IMO)의 위촉으로 아세아태평양 경제사회이사회(ESCAP)에서 파견된 영국인 머니 선장(Captain Money)이 목포해양전문대학의 실태 파악을 위해 학교에 온 일이 있다.

목포해전 캠퍼스에 세운「나는 바다를 사랑한다」가 새겨진 석탑 앞에서 머니 선장이 Sea-Fever를 낭송한다. 나도 따라서 낭송했다. 내가「주요해운국의 선원교육제도」제하의 연구를 하면서 영국의 해원육영단체(海員育英團體)인 The Marine Society(1756년 창립)를 방문한 일이 있다. Director인 Ronald Hope박사(문학)의 호의로「The Sea Poems」라는 시집을 방문 기념으로 받았다.

1878년에 탄생하여 1967년에 서거한 유일한 선원 출신 해양시인이요, 계관시인(Poet Laureate)인 존 메이스필드(John Masefield) 탄생 100주년 기념으로 마린소사이어티에서 발간한 메이스필드의 해양시집이다.

나는 이 시집과 그의 전기,「J. Masefield A Life」를 공부했기에 Sea-Fever를 암송할 수 있었다. 머니 선장은 개발도상국의 한 교수가 얼마 전(1967년)에 작고한 시인에 대해서 알고 있다는 것을 기뻐했고, 서로

의사 소통에 도움이 되었다.

1981년에 「영미 해양명시 모음, 디 해변의 모래밭, 영한대역주」를 출판하면서, Sea-Fever를 비롯하여 메이스필드의 해양시를 수록했다.

이 시가 바다를 사랑하는 모든 사람들의 애송시임을 알게 되면서, 나의 강의용 대학교재(해사영어, 항해영어)의 서두에 싣고, 국내의 정기 간행물이나 해사신문 등에 꾸준히 발표했다. 「PEN문학」에도 외국문학 편에 발표했다.

2017년은 메이스필드 서거 50주년이 되는 해여서, 시인을 기리는 마음으로 「존 메이스필드 해양명시선」 졸저도 출간했다.

목포해양대학교 실습선 「새누리호」의 특강을 위해 방선했을 때에는 Sea-Fever를 새긴 방선기념패를 제작해서 실습선의 선내 기념품 전시실에 기증한 일도 있다.

(Sea-Fever에 대한 상세한 내용은 졸저, 「영미 바다의 명시, 이해와 감상」, 「존 메이스필드 해양명시선」에 수록했으니 참고하면 좋겠다.) Ireland의 작곡으로, Thomas Allen이 부른 Sea-Fever를 담은 CD(영국판)가 나와 있다. Mansel Thomas가 편곡한 것도 있다.

3) 〔Shenandoah, 쉐난도오〕

1980년대 대학 강단에서 해사영어(Maritime English)와 항해영어(Nautical English) 등을 강의하면서 미국판 정기간행물, English Teaching Journal을 구독했는데, Shenandoah의 가사, 악보 그리고 해설이 실린 기사를 대할 기회가 있었다. 바다의 노래에 관심이 많았기에 나는 「미국의 소리(Voice of America, VOA) 방송」에 도움을 요청해서, 유명 가수가 부른 이 노래의 녹음테이프를 구할 수 있었다. 어학실습실(Language Laboratory)에서 사용하는 교재 중의 하나로 선정하여 활용했다.

19세기 초에 Mississippi 지방에서 부르기 시작한 뱃노래인데, 무거운 닻을 감아 올릴 때 선원들이 즐겨 부른 노동요(work song)로 대표적인 sea chanty(뱃노래)이다.

인디언 추장인 Shenandoah의 딸과 사랑에 빠진 백인 무역상인이 추장의 딸을 카누에 태우고 미주리(Missouri) 강을 건너간다는 이야기가 이 뱃노래의 배경이다.

지금은 동명의 강이 흐르고 있고, Virginia 주에는 Shenandoah 국립공원도 있다. 이 뱃노래는 1840년대 조금 전, 범선시대에 가장 널리 불리었다고 한다. 그 후 범선 대신 증기선이 출현하면서도 뱃사람이나 항만 노동자들이 계속 부르고 있다. 가장 아름답고 인기 있는 미국의 대중 가요(popular song) 중의 하나이다.

국내에서는 임형주 가수, 해외에서는 Chanticlear가 이 노래를 불러서 알려져 있다.

한 가지 특기하고 싶은 것이 있다. 이 곡은 장송곡이 아니기 때문에 장례식에서는 부르지 않는다. 그런데, 지난 번(2018년 9월 말), 미국 상원 의원 존 매케인의 장례식(Funeral of Senator Jon MacCain)에서 저명한 한 여자 가수가 이 노래를 부르는 장면이 CNN방송에서 방영되었다. 미국연방 해군사관하고(USNA, 흔히 소재지의 이름을 따서 아나폴리스 Annapolis라고 부른다)의 남성합창단인 Glee Club이 함께 불렀다. 아나폴리스 출신인 매케인의 장지는 해군사관학교 캠퍼스 내에 정해졌다. Glee Club 합창단은 American the Beautiful, Battle Hymn of the Republic(주: battle의 뜻은 '승리'), How Great Thou Art, The Lord is Shepherd 등과 같은 Anthem, Hymn도 합창했다. Danny Boy와

Shenandoah도 repertory에 끼어 있는 것이 매우 이채롭다. 이별이나 떠나감(departure)의 시상(詩想)이 담긴 차분한 곡이 이 의식에 맞는 것 같고, 해양인은 물론, 전국민의 애창곡인 쉐난도오를 바다와 인연이 깊은 매케인의 마지막 가는 길에 불러 주면서 tribute에 대신한 것이 아닐까.

4) 〔작별의 노래, Auld Lang Syne 올랭사인〕

해상생활은 떠나감 (departure)과 도착(arrival)의 반복이 아닐까. 작별의 노래인「Auld Lang Syne 올랭사인」을 기항지에서 있을 수 있는 Party에 대비해서 선원들은 부를 수 있으면 좋겠다. 이 노래에 맞추어 farewell dance도 출 줄 알아야 한다.

내가 대학 재학 시절, 선배들이 부산항에 입항하면 후배들을 위해서 댄스 교습 봉사도 해주곤 했다. 올랭사인은 <이별의 왈츠>라고 부르는 춤곡이다.

이 노래는 일제 강점기에 소학교(초등학교) 졸업식에서「반딧불과 창문의 눈」이라는 뜻인 <ほたる(螢)の ひかり(光)まど(窓)の ゆき(雪)>로 시작하는 졸업가인데, 지금도 일본에서는 졸업가로 부르고 있다. 우리나라에서는 안익태 작곡인 현재 부르는 애국가의 곡 대신에, 이전에는 이 곡에 애국가 가사를 넣어 불렀다. 나이 지긋한 사람들에게는 익숙한 곡이다.

auld lang syne [ɔ́:ld lǽŋ sáin (záin)]은 곡명이기도 한데, 스코틀랜드의 방언(方言)으로 old long ago(가버린 그리운 옛날)의 뜻이다.

넓은 의미의 작별의 노래(farewell song)다. (많은 사람이 모여서) 원형으로 줄지어 서서, 오른손으로 왼쪽 사람의 왼손을, 왼손으로 오른쪽 사람의 오른손을 잡고 가슴 위에서 팔짱을 끼고 노래한다.

본디 스코틀랜드의 오랜 댄스 곡이었는데, 가사는 스코틀랜드의 국민시인인 로버트 번스(Robert Burns, 1759~1796)가 고요(古謠)에 가필한 노래다.

외국의 레스토랑 같은 곳에는 식당 홀의 맨 앞쪽에 피아노가 놓여 있고, 간단한 공간도 무대 앞에 있다. 식사 후에 dancing을 즐길 수 있다.
국내외의 모임 등에서 farewell party가 끝날 무렵에 이 곡이 울리면 모두 일어나 춤을 춘다. 춤 출 상대가 없어서 벽에 기대어 있는 젊은 여자는 wall flower(벽의 꽃)이라고 부른다.
Boney M, Susan Boyle(한국인)이 노래했고, Keney G의 색소폰 연주곡이 알려져 있다.

5) 온 국민이 부르는 「바다의 노래」가 있어야

나라마다 온 국민이 널리 부르는 전통적인 〈바다의 노래〉가 있다.
영국은 〈Rule, Britannia〉, 〈Sea-Fever〉 등, 미국은 〈Shenandoah〉, 러시아는 〈Volga Boatman's Song〉, 북구민족들은 〈Viking의 노래〉(영화 Viking의 주제곡), 일본은 〈我は 海の子 나는 바다의 아들〉, 그리고 2차 세계대전 종전 후 미소라 히바리(美空ヒバリ)가 부른 〈マドロスの唄 마도로스의 노래 12곡〉, 이탈리아는 〈산타루치아〉 등, 이러한 애창곡들은 국가(國歌) 다음으로 많이 불리고 있는 노래들이다.
우리나라에서 애국가 다음으로 부르는 애창곡은 아마 〈고향의 봄-나의 살던 고향은…〉일 것이다.
우리나라에는 온 국민이 함께 부르는 바다의 노래가 없는 것 같다.
〈아! 대한민국〉, 〈아름다운 이 강산〉, 〈서울의 찬가〉 등과 같은 스타일의 온 국민이 부르는 바다의 노래가 있으면 좋겠다.
지금 인기 있는 대중가요 중에 바다와 관련있는 노래가 많지만, 퇴폐적이거나 선원(마도로스)의 품위를 떨어뜨리고 있다는 지적이 TV

에서 보도된 적도 있다. 나아가서 바다를 저주하거나 원망하는 내용이 담긴 가사도 있다.

해양강국답게 품위 있고 진취적이며, <바다로! 세계로! 미래로!>를 외치는 내용의 가곡이 나오고, 온 국민의 존경과 사랑을 받고 있는 음악인들이 이런 노래의 보급에 앞장서 주기를 바라는 마음 간절하다.

<사공의 노래>, <희망의 나라로>, 국악의 <뱃노래> 등, 사랑을 받고 있는 노래도 물론 있다. <떠나가는 배>라는 가곡은 장송곡으로 부르고 있으니, 원양항해 실습훈련을 위해 떠나가는 실습선의 환송식에서는 불러서는 안된다.

(모 실습선이 호주로 떠나는 환송식에서 4중주 실내악단이 갑판 위에서 연주한 잘못된 일이 있었다. 반면에 천안함 전몰용사의 추모식에서 이 노래를 연주한 일이 있다.)

바다에 도전하는 해양학도들에게 특강을 할 기회가 있었다. 「바다의 노래」를 편집 수록한 CD를 사전에 실습선에 보내서, 합창단에게 Shenandoah를 연습시켰다. Sea-Fever와 사공의 노래는 독창으로, 그리고 Auld Lang Syne은 실습생 전원이 부르도록 준비를 시킨 일이 있다. 적도제(赤道祭, Neptune's revel)극본을 주고 연습시켜 무대에 올린 일도 있다.

단체 생활에서 노래는 매우 의미있는 활력소가 아닐까. 선내문화의 활성화를 위한 하나의 방안일 수 있다. 그리고 온 국민들이 다 같이 부를 수 있는 바다의 노래가 있다면 해양사상을 고취하고, 해양강국의 굳건한 기틀 마련에 도움이 되지 않을까.

〈바다의 날(5월 31일)〉에 부를 수 있는 노래가 있으면 좋겠다.

- Shenandoah

- Auld Long Syne

- Danny Boy

14. 나의 애송시

1) 바다의 귀거래사(歸去來辭)

영국의 계관시인 존 메이스필드(John Masefield, 1878~1967)는 선원 출신의 유일한 해양시인이다. 너무도 잘 알려진 그의 대표작「해수(海愁), Sea-Fever」는 명시집에 꼭 끼이기 마련이고, 고등학교의 영어교과서에도 실리고 있다.

> 나는 바다로 다시 가련다, 저 호젓한 바다와 하늘을 찾아서,
> 내 바라는 것은 높직한 돛배 하나, 길 가려 줄 별 하나,
> 그리고 파도를 차는 키와 바람 소리 펄럭이는 흰 돛,
> 바다 위의 뽀얀 안개 먼동 트는 새벽뿐일세.

> I must (go) down to the seas again, to the lonely sea and the sky,
> And all I ask is a tall ship and a star to steer her by,
> And the wheel's kick and the wind's song and
>   the white sail's shaking,
> And a grey mist on the sea's face and a grey dawn breaking.

3장으로 구성된 이 시에서 각 장의 첫 행(行)은 모두「나는 바다로 다시 가련다, …」로 시작하고 있다. 일종의 귀소성(歸巢性) 같은 것을

느끼게 한다. 그는 그의 이상향, 꿈나라인 바다로 가야만 한다.

과거 범선시대의 선상 생활은 아주 난폭하고 전재적이었으며 엄격한 규율 생활이 강요되었다. 지옥선 시대라고 할만한 것이었다. 그런데도, 종종 해사사(海事史) 관련 문헌에서 산견(散見)되는 일이지만, 범선 시대의 뱃사람들이 증오하는 장기 항해를 가까스로 마치고 상륙하자마자 다시 바다를 그리워하며 항해를 절망(切望)하고 있었다는 것은 특필할 일이다.

메이스필드의 시 「해수」의 제2장에서 「나는 바다로 다시 가련다, 달리는 바닷물이 부르는 소리 좇아서…」처럼 그들은 「바다에 소환(召喚)」되는 것을 「사랑」하고 있었던 것이다.

「사랑」하고 있었다는 말이 지나치다면 적어도 자기들의 「돛을 올리고 내리고, 줄이고」 하는 솜씨에 무한한 프라이드를 갖고 있었다. 그래서 그들 나름의 노하우로 바다를 두려워하고, 존중하고, 사랑했다. 가장 아름다운 것. 셋, 즉 「만월(滿月), 만삭(滿朔), 만범(滿帆)」이라는 말처럼, 모든 돛을 활짝 펴고 순풍을 받으면서 달리는 범선의 아름다움을 알고 있었다. 순풍만범(順風滿帆)의 아름다움을 알기에 거친 파도를 헤치면서 바다를 달릴 수 있었다.

메이스필드는 제3장에서
「… 매서운 칼바람 휘몰아치는 곳으로, where the wind's like a whetted knife ; … 그리고 지루한 당직(當直) 끝에 늘어져 한숨 자며 꿈꾸는 달콤한 꿈이로세, And quiet sleep and a sweet dream when the long trick's over.」라고 읊고 있다.

「Sea-Fever」의 끝에서, 아무리 조수(潮水)의 향기 그윽한 바다에 귀거래사(歸去來辭)를 읊어 본다 하여도, 인생의 긴 근무시간을 마친 뒤에라야 비로소 안식이 얻어지는 것이라고 맺고 있다. 그렇다면 매서운 칼바람 휘몰아치는 곳으로 감연히 배를 타고 가야만 하리라.

고진감래(苦盡甘來)라는 말처럼, 인생고해(人生苦海)를 우리는 견디면서 건너야 하고, 이상향을 향하여 달려가야만 한다.

  메이스필드는 같은 시대의 영국 시인 예이츠(W.B. Yeats, 1865~1939)와 교분이 두터웠다. 메이스필드는 그의 시상(詩想)이 예이츠와 같다. 예이츠는 그의 시 「The Lake of Innisfree」에서,

> 나는 일어나 가련다, 이니쉬프리로 가련다,
> 그곳에서 작은 가지 엮어 진흙 발라 오막살이 한 칸 짓고 ;
> 아홉이랑 밭고랑에 콩 심고 꿀벌 치면서,
> 나 홀로 살리라 꿀벌 잉잉거리는 숲 사이에서.
>
> I will arise and go now, and go to Innisfree,
> And a small cabin build there, of clay and wattles made;
> Nine bean rows will I have there, a hive for the honey bee,
>   And live alone in the bee-loud glade.

라고 읊으면서 이상향인 「이니쉬프리」로 갔고, 만년에는 상상 속에서 비잔티움(Byzantium)이라고 부르는 매혹의 도시로 항해한다. 이니쉬프리와 비잔티움은 예이츠의 꿈나라(dream-lands)이다.

> 도시의 먼지와 소음 속에서
> 일에 쫓기면서 바쁜 나날을 보낸다
> 즐거웠던 고향 산천,
> 호반의 아름다운 자연이
> 그리워진다.
>
> 바람이 부는 겨울 밤에, 혹은
> 비 내리는 가로수 길에서
> 눈 내리는 거리에서
> 홀로 누워 있는 쓸쓸한 방에서
> 시름에 잠길 때
> 고향이 그리워진다.

그러노라면
아름다운 자연 속에서
꿈에 본 듯한 이상적인 전원생활을
조용히 보내고 싶어진다.

새가 날고 벌레 울며
꿀벌 잉잉거리는
평화로운 숲 속에서
작은 땅을 가꾸면서
낮에는 일을 하고
밤에는 글을 읽는
그런 생활을 가져 보았으면…
하는 생각이 든다.

문득 이런 생각이 나면
이제, 더는 견딜 수 없다
그래서, 나는 떠나야 한다.　　　(시·나는 떠나야 한다/필자)

그래서, 예이츠의 시의 첫머리에 「나는 일어나 가련다. I will arise and go now, …」가 쓰였으리라고 생각하면서,
　나는 그 기분을 이해할 것 같다.

　메이스필드는 그의 꿈나라인 바다로 가야만 하기에 "나는 바다로 가련다…"라고 외친다. 예이츠는 "나는 일어나 가련다, 이니쉬프리로 가련다, …"라고 외친다.
　이 두 편의 시에서 성서 누가복음(Luke 15장 18절)에 있는 "내가 일어나 아버지에게 가서…(I will arise and go to my father…)"라는 구절을 생각나게 한다. 탕아(prodigal son)가 일어나 가듯이, 바다로 혹은 이니쉬프리로(이상향을 찾아서) 바로 떠나야 한다.

<메이스필드(좌측)와 예이츠(1935년
예이츠 70회 탄생일에 Dublin에서)>

주1) Innisfree : Ireland 북서부의 Sligo[Sláigou]주에 있는 Lough Gill(길 湖)에 떠 있는 섬으로 Innis는 Gaelic 어로 섬이란 뜻이다. 발음은 [iniʃfri]가 옳으나 관행대로 「이니스프리」로 읽음.

月性이라는 스님이 지은 다음 한시도 나는 애송하는데, 많은 젊은 이들이 좋아한 한시다.

男兒立志出鄕關　남아입지출향관
學若不成死不還　학약불성사불환
埋骨豈期墳墓地　매골기기분묘지
人間到處有靑山　인간도처유청산

남아가 일단 뜻을 세워 고향을 떠난 이상, 학업을 성취하지 못하면 돌아가지 않겠다. 뼈는 꼭 선산(先山)에 묻히지 않아도 좋다. 세상 어디에도 (묻힐) 푸른 산이 있다.(靑山 : 안거(安居)의 땅)

어떤 일이든 지는 일 없이 굳건히 밀고 나가는 강인함이 나타나 있어 젊은이의 기백이 넘치는 시이기에 사랑하고 있다.

미국인 클라크가 일본의 홋카이도(北海道)의 어느 학교에서 강연할 때 말했다는 "Boys, be ambitious! 소년들이여, 대망(야망)을 품어라!"와도 일맥상통한다.

풋풋하고 이상을 견지하며 추구했던 젊은 날은 갔다.

이제 나이가 많이 들면서 내가 특별히 애송하는 시는 다음과 같은 테니슨의 사세(辭世)의 시, "Crossing the Bar 砂洲를 건너면서"다.

이제는 녹슬고 썩어가며 정박 중인 나의 배를 하느님께 맡기오며, "모래톱에 한숨짓는 소리"(죽음의 고통)가 없기를 바랄 뿐이다.

2) 사세(辭世)의 시
  －사주(砂洲)를 건너면서

시·앨프릿 테니슨
역·이재우

해는 지고 저녁 별 반짝이는데,
날 부르는 맑은 목소리 하나 들리나니!
내 바다로 떠나가는데,
모래톱에 한숨짓는 소리 없소서,

가없는 해원(海原)에서 밀려든 조수가
다시금 제 고향에 돌아가렬 제,
너무도 가득하여 소리도 물거품도 없나니,
굽이치는 밀물도 잠자는 듯한데.

황혼이 깃들고 만종이 울리면,
그 뒤에 오는 것은 어둠뿐인데!
내 갈 길 찾아 배 띄울 제,
이별의 서러움 보이지 마옵소서 ;

이 세상 시공(時空)의 한계 너머로
조수에 이 몸 실어 먼 길 떠나도,
모래톱을 건너고서 바라옵는 건
그리는 주님 만나 마주 볼 기쁨이어라.

Crossing the Bar

Alfred, Lord Tennyson

Sunset and evening star,
    And one clear call for me!
And may there be no moaning of the bar,
    When I put out to sea.

But such a tide as moving seems asleep,
    Too full for sound and foam,
When that which drew from out the boundless deep
    Turns again home.

Twilight and evening bell,
    And after that the dark!
And may there be no sadness of farewell,
    When I embark ;

For tho' from out our bourne of Time and Place
    The flood may bear me far,
I hope to see my Pilot face to face
    When I have crossed the bar.

  테니슨의 이 시는 시제(詩題)와 시상(詩想)이 매우 고무적이고 생기가 넘쳐흐른다. 시제(詩題)인 'Crossing the Bar'에서 the bar는 사주(砂洲, 모래톱)의 뜻인데, 유한과 무한, 시공(時空)의 한계를 상징하고, cross the bar는 「죽다(die)」의 뜻을 지니고 있다. 십자가(the Cross)를 생각하면 된다. 이 시는 그런데도 죽음에 대해서는 한마디의 말도 없다. 사주(砂洲), 해원(海原), 조수(潮水), 황혼(黃昏), 만종(晚鐘), 저녁별 등, 아름답고 음악적인 그의 시의 특유한 표현들이 나타나 있으나, 이 속에 바로 인생의 죽음을 그리고 있다.

  만년의 테니슨은 두 개의 저택을 갖고 있었다. 사레주 해이즐미어의 남쪽 블랙다운 동쪽 언덕바지에 세운 앨드워드(Aldworth)莊은 1868년부터 이듬해에 걸쳐 완성되었는데, 이곳에서는 남구릉(the South Downs)의 절경을 내려다 볼 수 있는 곳이다. 또 한 곳은 와이트 섬의 푸렛쉬워터에 있는 패링포드(Farringford)莊이다. 이것은 'Maud(1855)'라는 작품의 인세로 사들인 것이다. 만년의 테니슨은 이 두 곳 저택을 오가며 지냈다.

  이 시는 시인이 81세에 큰 병환을 치르고 나서 10월에 엘드워드 장에서 패링포드 장으로 가는 도중 솔렌트 수도(the Solent)를 건널 때, 조류를 보고 시흥이 일어나 지은 것이다. 저택에 당도하여 저녁 식사를 마치고 났을 때 시는 완성되어 있었다. 아들인 할램이 "이 시는 아버지의 최상 작품입니다."라고 했다. 시인은 "바로 지어졌다."고 대답했다고 한다. 그 후 3년 뒤 시인은 앨드워드 장에서 작고했는데, 세상을 떠나기 며칠 전에 아들을 불러 놓고, "이 시를 내 시집의 말미에 수록해라"고 당부했다. 사세(辭世)의 시라고 생각했던 것 같다.

솔렌트 수도의 조류는 소리도 없이 고요하게 대양으로 흘러 들어간다. 그것은 마치 지상의 삶과 헤어져서 조용히 무한한 곳으로 흘러 들어가는 혼의 움직임의 상징이라고 테니슨은 받아들인 것이다. "모래톱에 한숨짓는 소리"(죽음의 고통)가 없기를 바랄 뿐. 바다가 영생(永生)의 세계라면, 사주의 저 건너편에 파이럿(the Pilot) 즉 인도자이신 주(主)께서 계신다. '날 부르는 맑은 목소리!' 좇아서 시인은 자신감이 넘쳐흐르며 경건한 가운데 이 세상을 하직한다. 웨스트민스터 寺院에서 거행된 장례식에서 이 시를 테니슨 부인이 작곡해서 직접 이 노래를 불렀다.

테니슨은 신앙심이 깊은 기독교 시인이었지만, 그의 생애에 신앙에 대한 회의가 없었던 것은 아니었다. 「In Memoriam」에서조차 신앙과 이성의 괴리(乖離)를 인정했다. 그것을 생각하면, "사주를 건너면서"에 보이는 이 조용한 경지는, 간신히 인생의 만년에 다다른 시인의, 마지막 정착하는 곳, 유택(幽宅)이라고 해야 할 것이다. 그의 심경은 서정성과 회화성이 풍부하고, 유려(流麗)한 언어로 온화하다. 이 사세(辭世)의 시는 마음의 조화를 느끼게 하고, 나에게 아늑함을 안겨 준다.

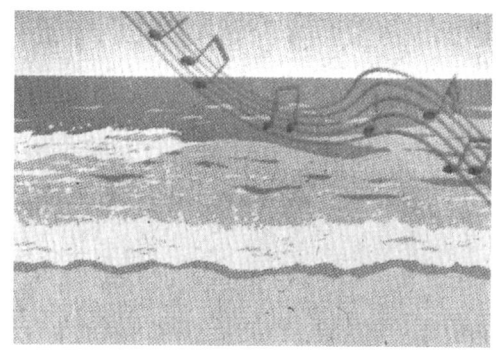

15. 「선원의 날(6월 25일)」 유감(有感)

　국제해사기구(IMO)는 매년 6월 25일을 「선원의 날」<(The) Day of Seafarer>로 정하고, 각 회원국들이 적절한 기념 행사를 치르도록 권장하고 있다(2010년 6월 채택).
　달력에는 수많은 기념일들이 표시되고 있지만 선원의 날은 보이지 않는다. 도하(都下)의 신문들이 기사화(記事化)한 일도 없다.
　선진해운국이 대열에 오르고 있고, 해양강국이라고 자처하고 있는 이 나라는 선원에 대해서 무관심하다.
　금년도 「선원의 날」은 예년처럼 말없이 조용하다.

　〔선원의 날의 의의〕
　국제해사기구의 방침은 해상에서의 인명, 재산의 안전과 해양환경의 보호를 위해서, 종전의 물적 설비에 대한 강화로부터 인적 요소(선원)에 대한 각종 규제의 강화와 개선을 하는 방향으로 전환하고 있다.
　STCW협약(선원의 훈련·자격증명 및 당직근무의 기준에 관한 국제협약)이 1978년에 채택되고 1984년에 발효되었으나, 계속해서 발생한 대형 해난사고, 선박의 기술혁신 등으로 협약개정의 필요성이 인식되면서, 1995년에 개정안이 채택되고, 1997년에 발효하였다.

2010년 6월, 필리핀 마닐라에서 STCW 협약과 코드를 다시 개정하기 위해서 "STCW 협약 개정 외교회의(6.21~6.25)"가 개최되었고, 그 결과 개정된 STCW협약은 "STCW협약 마닐라 개정규정"(Manila amendments to STCW, 1978)이라고 부른다.

국제해사기구는 마닐라 개정 STCW협약을 채택하면서 매년 6월 25일을 「선원의 날」(The Day of the Seafarer)로 정하기로 의결하고(결의서 19), 정부, 해운단체, 회사, 선주 그리고 그 밖의 관련된 당사자가 적절하게 「선원의 날」을 홍보하며, 이를 뜻깊게 기념하는 행사를 갖도록 권고했다. STCW협약과 코드에 대한 개정안을 2010년 6월 25일에 채택했기에 해사공동체와 선박 승무원들에게 매우 중요한 날이 된다는 것을 인식한 조치였다.

2010년 마닐라 회의는 국제해사기구가 2010년을 「선원의 해」(Year of the Seafarer)로 명명한 결정을 "결의 18"로 채택하고, 국제해상무역, 세계경제와 시민사회에 대한 공헌 등을 인식하는 한편, 적대적인 환경(hostile environment)에서 매일의 과업과 임무 수행을 하기 위해서 처하게 되는 위험, 가족과 친구들과 격리된 해상 직업생활을 장기간 해야 하는 데서 생기는 상실감 등을 인식하고 염두에 두면서, 선박이 사고에 연루되었을 때, 외국항에 유기되었을 때, 보안 목적상 상륙이 거절된 경우, 해적 출몰 해역을 통항시 심각한 위협을 받거나 해적에게 나포된 경우에 위험한 취급을 받았을 때, 선원이 부당한 대우를 받은 보고 사례 등에 대한 우려를 표명하고, 위에 언급한 공헌에 대해서 선원에게 찬사를 보내기 위해 축하행사를 함께 하기를 희망했다.

IMO와 ILO의 지원하에서 정부와 해운단체, 회사 및 관련단체는 젊은이들이 선원직업을 선택하도록 장려하고 촉진하며, 또한 승선 중인 선원들이 계속해서 해운산업체에 근무하도록 장려하는 것을 강조하면서, "결의 12"(Attracting new entrants to and retaining Seafarers in, the maritime profession)를 채택했는데, 다음과 같은 내용을 담고 있다.

90% 이상(한국은 99.8%)의 세계무역이 해상수송에 의존하고, 해운산업이 안전하고 보안이 유지되면서, 환경면에서 건전한 방식으로 효율적으로 운영되고 있으며 범세계적으로 지속 가능한 개발과 번영에 크게 기여하고 있는 해운산업에서 절대적으로 필요한 역할을 선원이 수행하고 있고, 더 정교해진 선박(sophisticated ships)을, 안전하고 효율적으로 운항하기 위해서 탁월한 해기능력을 구비한 선원에게 맡겨야 하고, 더 나아가서 선원직업 지망자와 승무 중인 선원에게 걸림돌이 되는 법령이나 제도가 있는지 살펴보고, 효과적인 배승(配乘)과 선박운항에 종사할 유자격 해기사의 부족현상이 예측되고 있음을 우려하면서, IMO와 유관 국제기구, 단체 등(BIMCO, ICS, ISF, INTERCARGO, INTERTANKO, ITF, ILO)이 협력해서, 2008년 11월에 발족한 "선원이 되자(Go to Sea)^{주)} 캠페인"에 감사하며, 젊은이들이 해상직업을 선택하도록 하기 위한 해운산업계의 전반적인 노력에 감사하면서, 관계기관에서 다음과 같은 조치를 취하기 위해 최선을 다하기를 권고하고 있다

① 해운산업에 대한 대중의(특히 젊은들의) 호의적인 인식 제고
② 해상경력이 제공하는 많은 직업적 기회에 대한 지식과 인식을 갖게 하는 일(해기직업의 경력개발(CDP)에 관한 인식 제고)
③ 해륙호환성(海陸互換性) 있는 해상직업에 대한 인식과 인터넷 연결을 포함한 선내시설의 향상에 따르는 해상 생활의 질적 향상
④ 승선생활 초보자의 선내 교육 훈련에 모든 해기사가 적극 참여하는 일
⑤ 실습생을 위한 거주설비를 신조선에 갖추도록 하는 일
⑥ 선원직업에 대한 자부심을 고취하고 선내의 안전문화와 환경을 위한 적절한 조치를 취하는 일

〔선원정신을 되살리기 위해서〕

　불침선(不沈船)이라고 자랑했던 해상의 궁전 타이타닉 호가 처녀항해 중 빙산에 충돌, 1912년 4월 14일 오후 11시 45분에 충돌, 2시간 30분만에 다음날 15일 아침에 침몰했다.

　타이타닉 호가 침몰한 지 약 100여년이 지나서 하루 뒤인 2014년 4월 16일, 한국에서는 대형 여객선 세월호가 침몰하고, 수학여행차 승선했던 고등학생 등 325명이 선실에 갇힌 체 배와 함께 침몰, 그중 일반인 포함 295명이 사망하고 9명이 실종했다.

　타이타닉 호의 침몰 광경은 TV가 없던 시대라서 중계되지 않았고, 침몰 광경의 사진 촬영도 할 수 없었다. 그러나 세월호의 침몰 광경이 TV로 생생하게 중계되는 현장을 보고 한국 국민은 물론, 전 세계가 놀라움을 금치 못했고, 젊은 생명을 구조하지 못하고 있는 한국 정부의 무능력, 승객에게 퇴선 명령을 내리며 구조작업을 하지 않고 승객을 방치한 체 탈출한 선장 이하 승무원들에 대한 국제사회의 비난은 신랄했고, 해양강국이요, 선원대국이었던 한국은 그 위상이 무참히도 무너졌다. 너무 부끄러워서 우리나라 국민은 고개를 들 수 없게 되었다. 땅에 떨어진 명예, 자부심을 어떻게 회복할 것이며, 해상직업은 위험하다는 인상을 온 국민에게 크게 남겨 주었으니 누가 앞으로 선원이 될 것인가. 그 여파는 너무나 크다.

　타이타닉 호의 Smith 선장은 배와 함께 생을 마감했다. 승객 중 생존자의 한 사람인 스튜어드 화이트 부인의 증언에서, 당시의 선원들이 해상안전에 관한 훈련이 안되어 있었다는 점이 밝혀지면서 영국 정부는 심히 부끄럽게 생각하고 선원교육훈련제도를 개혁했고, 솔라스(SOLAS, 국제해상인명안정조약)을 1914년에 채택하게 되었다.

　선원은 <24시간 갇힌 사회>(24-hour closed society)에서 황파와 싸

우고 있다. 전투를 하고 있는 것이다. 바다는 낭만의 바다가 아니오, 생사를 가르는 전쟁터인 것이다.

  선원이 없으면 배가 움직이지 않고, 배가 움직이지 않으면, 무역을 할 수 없다. 무역으로 살아가는 우리나라다.

  <선원 없이 한국은 존재할 수 없다.> No Seafarer, No Korea!
  우리의 생명선을 지키면서 우리나라의 교역과 국방(commerce and defence)의 전선에서 싸우는 제4군(The 4th arm of defence), 선원에게 사랑과 존경, 그리고 격려의 힘찬 박수를 보내주시지 않겠습니까.

  「선원의 날」하루만이라도 그분들을 기억합시다.

주)「go to sea」를「바다로 가자」로 번역한 것은 오역이므로「선원이 되자」
   로 번역해야 함(=become a sailor)
   「go to the sea=go to the seaside 바다로(해변으로) 가다」
   STCW 소위원회는 STW소위원회로 고칠 것(훈련당직 기준 소위원회)
   STW=Standards on training and watchkeeping
   (STCW협약 번역판)

Ⅳ. 출람(出藍)의 제자들과 함께

日本語能力認定書
CERTIFICATE
JAPANESE-LANGUAGE PROFICIENCY

氏 名　　LEE JAE-WOO
Name

生年月日　1933. 6. 2
Date of Birth

受験地　　韓国　　　　　Korea
Test Site

上記の者は1996年12月に国際交流基金および財団法人
日本国際教育協会が実施した日本語能力試験1級に合格
したことを証明します。　　　1997年2月7日

This is to certify that the person named above has passed Level 1 of the Japanese-Language Proficiency Test given in December 1996, jointly administered by the Japan Foundation and the Association of International Education, Japan.

February 7, 1997

国際交流基金　　　　　財団法人 日本国際教育協会
理事長 浅尾 新　　　　理事長 逸見 博

Shinichiro Asao　　　　Hiromasa Hemmi
President　　　　　　　President
The Japan Foundation　Association of International
　　　　　　　　　　　Education, Japan

16. 만추에 만난 제자들
−소포(小浦)의「만추일기」(晚秋日記)

3일 후면 소설(小雪)이다. 만추(晚秋)의 끝 자락, 낙엽이 휘날리는 덕수궁 돌담 길을 오랜만에 걸었다. 바바리-코트(Burberry coat)를 걸치고, 깃을 세우고, 머플러를 두루고……, 한껏 뽐내고 싶었는데……. 아침에 일어나니 코앞의 寶文山이 흐리다. 미세 먼지 나쁨, 섭씨 5도의 추운 날씨. 겨울 코트로 무장하고 출발, 10시 55분에 서울역에 도착, subway 1호선으로 시청역에서 히치, 1번 출구를 나와 GS 24 conve (convenience store)를 지나서 골목길에 들어서니 福盛閣(중국 레스토랑 시청점)이 보였다. 朴鍾成君(扶中 13회 사무총장)이 상세히 알려 주었기에 쉽게 모임 장소를 찾았다.

11시 30분, 아직 아무도 보이지 않았다. 시간 여유가 있으니 허덕대지 않아서 다행이다. bag, coat, hat 등을 제자리 찾아 놓고, 나누어 줄 CD와「바다의 노래」file도 꺼내 놓고, MENU板도 살펴 보고…….

식탁 앞줄에는 宋允燮, 許盤石, 朴鍾成, 뒷줄에는 李海植, 나, 李相基, 李曉鍾의 순으로 좌정했다. 사정으로 참석하지 못한 학급반장인 朴喜元(전북경찰청장), 姜聲(成)燮, 金東均, 李眞久, 李喜(熙)敦을 포함해서 모두 11명이 나를 환영해 주었다. 이해식군(명예교수)이 보행이 불편한지라 늦게 도착했다.

福盛閣의 음식은 아주 좋았다. 나는 小食이어서 가벼운 코스를 부탁했는데, 푸짐한 요리가 나왔다. 이번 모임 장소를 물색하느라고 애쓴 朴鍾成 사무총장이 眺望이 좋은 자리를 예약하지 못했다고 했으나 7명의 회식 장소로는 안성맞춤이고, 식탁 의자에 앉게 되어서 편했다.
　"금강산도 식후경", 먼저 식사를 하고, 다음에 談笑를 나누자고 제안했다. 우리말 속담을 영어로는 「Bread is better than the song of birds」라고 표현한다고 한마디 했다. 회식 장소에서 이 말을 꺼내 보면 대답하는 사람이 없다. 외국인과 식사할 기회가 많을 텐데, 국제화시대에 알아 둘 말이다. 박종성군이 적어 달라고 해서 「The song of birds is better than bread.」(바뀜)라고 적어 준 것 같다. 큰 실수를 했으니 이 拙文을 읽는 扶中 13회 졸업생 여러분, 잘못된 것 정정합니다.
　Silence is gold(en), speech is silver라고 했던가, 눈치도 없이 언제나 妄言을 늘어놓기 마련이니, 弟子들이 지겨워 할 것이다. 제자들의 近況이나 물어보고, 초대해 주어서 고맙다는 인사와 지내고 있는 모습을 짧게 이야기나 하고 말았으면 좋았을 텐데.
　참석하지 못한 5명에게도 CD와 file을 곧 보내줄 생각이다.
　「국제계관시인연합 한국위원회, UPLI-KC」의 기관지인 「Poetry Korea (vol. 6, Winter, 2017)」에 발표한 나의 拙作詩 「경고」의 한 구절을 이상기군(사업가)에게 낭송을 부탁하고, 영어로 번역한 「The Warning」은 영문학을 전공한 이효종군(고교 교장, 장학관)에게 부탁했다. 「왜 코는 입 위에 있을까. Why the nose is above the mouth?」로 시작하는 시다. 미세 먼지에 대한 내용인데, 작년에 국제PEN誌에 발표한 것으로 生態文學(eco-literature)을 시도한 작품이다. 미세 먼지는 인류를 파멸시킬지도 모른다.
　이상기군은 내가 담임한 3-3반 졸업생이 아니고 3-1(?)반인데 참석해 주어서 고마웠다. 「七大洋의 해양문학」 책을 받은 사람 중에서 제일 먼저 전화를 해 주었다.

송윤섭군(長老, 사장)은 중후한 음성으로 간절한 기도를 이끌어 주었고, 작년에 나누어 준 拙詩,「녹슬고 썩어 가며 정박 중인 나의 배를 하느님께 맡기옵니다(대전PEN문학상 수상 소감문의 말미)」를 준비해 와서 낭송을 했다. 목회활동을 하고 있는 長老의 세심한 배려에 감사하며 admirable! 아울러 Tennyson의 辭世의 시,「砂州를 건너면서」의 (~그리는 주님 만나 마주 볼 기쁨이어라)가 들어 있는 끝머리도 낭송했다.

박종성군(13회 사무총장, 고교 교장)은「송년시, 除夜의 종소리 제2절」을 낭송하고, 오늘 모임에 대하여 경위를 설명했다.

마치 60년 전에 부안중학교에서 수업했듯이 내가 부탁하는 데로 낭송했다. 出藍의 제자들이 순진한 中學生이 되어 주어서 감회가 새로웠다.

사공의 노래, Danny Boy를 다 같이 부르고, 박종성군이 Amazing Grace를 독창했다. 이해식군은 국악을 전공한 저명한 작곡가요, 명예 교수다. 국악 한 곡 불렀더라면 금상첨화요 화룡점정이었을 터인데, 나는 이해식군의 棄苦迎樂을 希願하는 마음을 간절히 담아「여호와는 나의 목자이시니(My Lord is Shepherd)」를 불러 주고 싶었는데, 주변 환경이 마땅치 않아서 부르지 못했다.

당시의 扶中 선생님들에 대하여 화제가 이어지면서 정운염(斗下 鄭雲炎) 선생 이야기가 나왔다. 허반석군(학원 사업가)의 웅변 지도를 해주시고 나에게 허반석군을 칭찬하는 말을 많이 해주셨던 것이 생각난다. 전국 웅변대회(학생부)에서 장원 입상을 했었다고 기억하는데, 어중간한 나이에 亡室했으니 의기 소침하고 있는 것 같다. 續絃(끊어진 가야금 줄을 잇다, 재혼의 뜻)을 할 수도 있는 나이 – 백세시대이니까.

나는 매우 행복한 사람이다. 이 나이에 아직은 보행이 가능해서 出藍의 제자들과 가끔씩 오찬과 함께 담소를 나눌 수 있으니 말이다.

나의 米壽기념문집에 넣을 짤막한 글들을 연말까지 보내주기를 부탁하는 이효종군의 제안이 있었다. '불감청(不敢請)이언정 고소원(固所願)이라', 교직생활의 초임지가 '울고 왔다 울고 간다'는 부안 고을이고 보니, 부안 사위가 될 뻔했던 25세 풋풋한 청춘의 한 때를 보낸 부안중학교의 영어교사 이재우의 인상은 어떠했을까.

낙엽이 휘날리는 덕수궁 돌담길을 따라 거닐면서 세종문화회관 뒷편에 있는 한국해사문제연구소로 향하여 발길을 옮겼다. 재직 중에는 용무차 상경하면 다니던 길목이라서 추억이 새록새록 되살아난다.

노잣돈 치고는 너무 많은 금일봉 봉투를 받았다. 「저희들에게 배움과 가르침을 주셨던 은사님께 존경과 감사의 마음을 드립니다.」라고 적힌 글과 함께. 過用한 것 같아 폐를 끼치게 되어서 미안하지만 감사할 따름이다. 모두 新中年, 喜壽를 앞둔, 出藍의 扶中 13회 졸업생 諸位들이여, 健勝하기를 빈다.

　　梅窓은 音樂과 같이 내리는 梨花雨처럼
　　항상 扶安人의 마음을 지금까지도
　　흐뭇하게 적셔주고 있다

　　비록 妓生의 신분이었지만 성격이 고결하고
　　情과 재주가 많아 사람들을 감동시킨
　　조선시대의 대표적인 女流詩人이었다

그녀는 온순하고 누구에게나 친절하였다
몸 가짐은 항상 고요하며 의지가 굳었고
그녀가 지닌 순수한 휴머니티는 많은 사람의
마음을 순화시켰다
　　　　　　－「첫 직장 扶安中學校 시절의 회고」中에서

■ 「매창시인의 문학과 인생을 찾아서」 중에서

　　　　　　이화우(梨花雨)
　　　　　　　　　　　　　　시: 매창(梅窓)

이화우 훗날릴 제 울며 줍고 離別 흔 님
秋風落葉에 제도 날을 싱각는가
千里에 외로운 숨만 오락가락 ᄒ괘라.
　　　　　　原詩－화원악보(化源樂譜)에 실림.

이화우(梨花雨) 흩닐릴 제 울며 집고 이별힌 님
추풍낙엽(秋風落葉)에 저도 나를 생각는가
천 리에 외로운 꿈만 오락가락 하도다.
　　　　　　현대어 역－매창전집에 실림.

　　　　Rain-like pear-blossoms
　　　　　　　　　　　　　　역: 필자

When the pear-blossoms were scattering like rain,
With my lover embracing and sobbing in tears, we parted.
Now watching the autumn leaves falling down,
Whether you still remember our love and miss me, I wonder.
Over the thousand ri in the distance far away,
My lonely dream of you wanders to and fro.

17. <청춘의 바다> 출판을 축하하며
―김영섭 사장의 서신

교수님

전화 드린 23기 항해과를 졸업한 김영섭입니다.

교수님 건강에 대해 저희가 괜히 걱정했나 봅니다.

고령이신데도 아직 뵙지는 못했지만 45년 전 강의하시던 때보다 목소리가 더 쩌렁쩌렁하셔서 혹 아드님이나 손자 분이신 줄 알았습니다.

교수님은 저희 학생땐 젠틀맨으로 모든 학생들로부터 존경 받으신 것으로 기억합니다. 고령에도 저희들보다 더 왕성하게 활동하시는 것을 뵈오니 정말 다시 한번 존경합니다.

오히려 저희들 중에는 이제 화갑이 넘었다고 늙은이 행세하려는 친구들도 있는데… 부끄럽습니다.

40여년 만에 무작정 전화 드릴려니 예의가 아닌 것 같아 재경 동문회 때에 뵙고자 했으나 뵙지 못하고 이후 문자로 간단히 취지 설명 드렸으나 회신이 없어서 정말로 교수님의 건강 이상을 우려했습니다.

부탁드리려고 하는 사항은 저희가 내년이면 입학(1975년)해서 좋든

싫든 바다와 인연을 맺은 지 어언 45년이나 되었습니다.

최근의 동기들 간의 카톡 대화 중에 "남자들의 대화 중 약방의 감초처럼 빠지지 않은 것이 군대 이야기인데 우리들의 승선이야기는 그보다는 몇 날을 세워 이야기를 해도 끝나지 않을 거라는… 또 그것을 책으로 내면 몇 권을 써도 부족할 거"라는 흘러가는 농담에서 실은 제가 아이디어를 내고 몇몇 동기들과 함께 출간을 기획했습니다(올해 6월).

그러나 많은 동기들의 책을 출간 한다고 해도 반신반의해서 예상보다 적은 인원이 투고를 했습니다만 실제로 출간이 진행되는 것을 보고 많은 동기들이 아쉬워하는 것을 알고 이제 제2권도 생각 중입니다.

서문에도 잠깐 언급했습니다만, 기억나는 것을 투고하랬더니 맨날 구사일생의 이야기들뿐이라서 학교졸업 후 각자의 길을 가면서 참 고생들 많이 했구나 하는 생각이 들었습니다.

투고한 친구들이나 주관하는 저희는 처음에는 그냥 학교교지 정도로 출간할 자정이었는데 진행하다보니 욕심이 생겨 일반인뿐만 아니라 후배 그리고 이후 승선을 생각하고 있는 미래의 후배들에게도 승선에 대한 좋은 인상과 승선에 대한 경험 등을 알려 주는 방향으로 바꿔 동기 동문뿐만 아니라 시중 대형서점(교보, 부산 문우당 등)까지 유통할 생각입니다(판매부수는 고려하지 않고…) 고령이셔서 참 부탁드리기 어려웠습니다. 근데 건강하신 것 같아 다행입니다.

직접 찾아뵙고 부탁드려야 하는 것이 예의에 맞겠으나 부득이 이렇게 염치없이 부탁드려 대단히 죄송합니다만 흔쾌히 허락해 주실 것으로 믿습니다.

참고로 추천사는 현 대학총장님 그리고 박지원 의원에게도 같이 부탁드리려고 합니다.

항상 건강하시기를 기원합니다.

첨부자료는 대략 교정을 본 원고입니다만, 아마 편집자와 상의해서 일부는 수정이 있을 수 있습니다.

출판사는 후배(임춘만)가 소개해서 그쪽으로 결정했습니다(문예원, 민속원). 사진은 너무 많은 것 같아 다시 편집할 예정입니다.

제목은 아직 정하지 못 했습니다(<늘근 뱃님들의 이야기>는 가칭입니다).

별도 첨부한 4장은 이번 재경동문회 행사때 광고한 PPT 화면입니다. 참조 하시옵고 지도사항 주시면 적극 반영하겠습니다.

김영섭 올림

[기고 동문]

김동효 김봉천 김삼성 김영섭
김재성 김종옥 나용수 박성북
박승규 박종서 박철남 이영대
이요복 이준성 임채만 진해장
최동현 최양춘 최익주 최종문
황인덕

(21명, 30편)

출람(出藍) 김영섭(金暎燮) 사장에게,

　전략하고, 29편의 작품 원고(가제본)는 잘 읽어보았습니다. 인생 항해의 생생한 체험기록으로 참신한 작품들의 문집입니다. 해양문학 분야의 글을 쓰는 문인들이 체험(real experience) 없이 책상머리에 앉아 쓴 관념적인 글들을 나는 해변문학(海邊文學, seaside literature)이라고 생각하고 있습니다. 이번 출간하는 목해대 23기 졸업 동문들의 문집은 진정한 해양문학(海洋文學, sea literature) 작품집이라고 생각하며 높이 평가하고, 진정성, 사실의 기록(record of facts)이라는 점에서 독자들이 크게 감동을 받을 것입니다.

　멜빌의 ≪모비 딕≫, 헤밍웨이의 ≪노인과 바다≫, 데이너의 ≪범선 항해기≫, 메이스 필드의 해양시집, ≪Sea-Water Ballads≫, 콘래드의 ≪청춘≫ 등을 비롯해서 많은 해양소설들, 이 모든 문학 작품들이 그 작가들의 해상생활 경험을 바탕으로 쓰여졌기에 독자들의 관심을 사고 있는 세계적인 명작으로 오랜 세월 읽혀지고 있습니다.

　청춘의 특권인 해상생활의 기록 – 45년간의 항해일지(log book) – 으로, 그 당시의 해상 생활이 역력히 묘사되고 있기에 매우 소중하고 가치가 있다고 여겨집니다.

　목해대 24기 이후의 동기 졸업생들도 이 본을 따라 문집 발행이 이어지리라고 생각하고 효시(嚆矢)가 된 출판을 진심으로 축하하면서 23기 졸업 동기생들의 제2집 작품집 출판을 또한 기대합니다. 책 이름은 ≪청춘의 바다≫로 하는 것이 어떨지, ≪해양인 예찬≫, ≪바다2≫ 두 편의 해양시를 축사를 대신해서 보냅니다. 여불비례(餘不備禮) 합니다.

2019년 명예교수 이재우

축시 祝詩

해양인 예찬

− 목포해양대학교 23기 동문들의 문집 발간을 진심으로 축하하며

반가운 사람을 만난다는
첫눈 내리는 12월 어느 날
23기 졸업 동문들의
문집 출판 소식을 들었습니다

해양인으로 황파와 싸우면서
바다에 도전했던 동문들은
지난날의 숱한 역경을 딛고
아득한 세월의 간극間隙을 뛰어넘어
오늘 이 자리에 모였습니다
고하도를 바라보는 Bay Point,
죽교동에 자리한 모교를 그리면서
마냥 젊은 날의 그 기상을 떠올려 보겠지요

세월의 비정한 흐름은
질풍노도와 같은 동문들의 젊은 날을
찰나와 같이 실어갔고
이제는 강산이 세 번이나 변한
긴 세월의 피안彼岸에서
조락凋落을 두드리며 칠순을 바라봅니다

이렇게도 많이 달라진

조국의 경제 발전의 모습
세계 다섯 번째의 해양강국
수출 일곱 번째의 경제대국
세계 제일의 우뚝 솟은 조선대국
이 모두가 탁월한 동문들의
뜨거운 조국 사랑과 값진 희생이
원동력이 되어 이룩된 성과일진데
동문들은 겨레의 극찬을 받아 마땅합니다

자랑스런 국립목포해양대학교 동문들의 모교는
초라했던 지난날의 모습을 벗어버리고
발전에 발전을 거듭하여
입학 정원 690명, 세계 자유진영국가 중에서
양성 규모 으뜸인 상선사관 교육기관이 되었습니다
해군사관학부도 신설되었습니다
국제 무대에 우뚝 솟은 MMU, 우리나라의 자랑이요
해운계의 자존심입니다

목포해양대학인의 높은 긍지를 갖고
명예심과 충성심,
그리고 애교심과 고결성을 지닌
각계 각층의 지도자로

전정사금前程似錦, 비단길 같은 앞날을
순풍만범順風滿帆, 순풍에 돛을 활짝 펴고 달리면서
하늘 높이 비상飛翔하시오

인생은 항해라 하였으니
전반前半의 인생 항해를 마치고
잔잔한 포구에 닻을 내렸습니다.

한숨 돌리며
지난날의 인생항적人生航跡을 회상해 보겠지요

아아, 그리운 그 시절
그리운 좋은 시절
청춘의 바다, 매혹魅惑의 바다
청춘의 용약勇躍과 청춘의 향수

나머지 인생 항해를 다시 시작할 때가 되었습니다.
인생은 후반後半에 빛나는 법
밝은 태양이 찬란히 비치는
잔잔한 바다에서
즐겁고 행복이 가득한 항해가 되기를
기원합니다.

소나무가 무성함을 잣나무가 기뻐하고
혜란이 불에 타니 난초가 슬퍼하듯
松茂柏悅 蕙焚蘭悲
여러분은 벗이 잘 됨을 기뻐하고
벗의 불행을 슬퍼하는 동문입니다.

엄격한 규율 밑에서
상선사관 교육을 받으며
동고동락同苦同樂하면서
학창 시절을 함께 보낸 선후배들
영원히 잊지 못할 끈끈한 사이
귀하고 또 귀하게 여기십시오.

오늘 이 자리는 새 출발을 다짐하는 뜻 깊은 모임입니다

무사한 항해와 여기 같이 모인 선후배들과
이 식사를 같이 함에 대하여
감사를 드립시다
항해를 마칠 때까지
빛이여
우리를 인도하소서

18. 최동현 선장의 '윤한봉 망명 밀항기'

 올해에도 5·18 민주화운동 기념일은 어김 없이 찾아 왔다. 1980년 5월, 광주에서 민주화운동이 일어났을 때, 주모자로 지목된 마지막 수배자 윤한봉(尹漢琫)을 미국으로 망명시키는 밀항 작전을 성공적으로 이룩한 항해기록이 있다.
 세계의 해양문학 작품 중에서 이와같은 소재(素材)가 담긴 글을, 과문(寡聞)한 탓일지 몰라도, 나는 아직 발견하지 못했다.

 열렬한 민주화운동가인 한 젊은 항해사(航海士)가 위험을 무릅쓰고 마산항에서 윤한봉을 선내에 잠입시켜 호주 북단의 헤이포인트항을 거쳐 미국 시애틀의 벨리햄 항까지 장장 35일간의 기나긴 항해 끝에 망명밀항에 성공한 생생한 항해기록이다.

 필자인 최동현(崔東炫)은 1977년에 목포해양전문대학(현 목포해양대학교의 전신) 항해학과를 졸업하고 갑장(甲長, 갑종선장, 현행 1급항해사) 면허증을 취득한 후 외항선 선장의 경력을 쌓았으며, 여수에서 (주)영신해운(永信海運) 회사를 창립, 경영하기도 했다. 이 사건은 최선장이 3등항해사로 승선 중이었던 시절에 겪은 숭고한 희생정신이 깃든 청춘과 바다의 모험기록이다.

 이 망명밀항기는 해상생활의 실제 경험(real experience)을 바탕으로 쓴 사실의 기록(record of fact)으로 진정한 해양문학(sea literature) 작품이라고 말할 수 있다. 항해경험 없이 탁상에서 관념적으로 쓴 해양문학 작품(나는 이런 작품들은 외람된 말이지만, 해변문학(海邊文學, seaside literature)이라고 차별화 하고 있지만)과는 사뭇 다르다.

 해양문학은 소설, 모험소설, 전쟁기록문학, 소년문학, 다큐멘터리, 탐험과 모험의 기록, 그리고 시, 수상, 희곡, 기행 등으로 나누어 볼 수 있다. 해전기록, 탐험과 모험의 기록, 항해지(航海誌) 등에서 많은 수작(秀作)을 발견한다. 하지만 이와 같은 망명을 위한 밀항 항해기록은 공전절후(空前絶後) 할 것이다. 한국이라는 나라의 정치적 사회적 풍토(風土)가 이색적이고 진귀한 이 문학작품을 탄생케 한 배경이 되었다.
 「문인(文人)은 시대의 아들」이라는 말이 있다. 시대적 배경을 역력하게 묘사한 이 작품을 통해서 체험하기 어려운 해상생활의 단면을 엿볼 수 있을 것이다.
 국내의 사정으로 이 글은 오랫동안 묻혀 있었다. 출판사 (주)창비에서 펴낸 ≪윤한봉 5·18민주화운동 마지막 수배자≫(펴낸이: 안재성, 2017.4)의 「제3장 망명 1981 태평양」에 일부 소개된 바 있는데, 출판에 앞서 2016년 1월 14일부터 5월 26일 사이에 열린 「집담회의」에서 「최동현의 윤한봉 밀항 구술」의 녹취문을 자료로 정리한 것이다. 2019년에 최동현의 모교인 목포해양대학교 23기 동기생(同期生) 21명이 학교졸업 45년 기념으로 펴낸 ≪청춘의 바다≫에 처음으로 수록되어 있을 뿐이다.
 광주지역의 방송국에서 5·18 민주화운동 다큐멘터리를 제작, 방송한 일도 있는데, 이 제작에 요긴한 핵심자료로 활용되기도 했다.

간담을 서늘케 하고 마음을 졸이게 하는 스릴(thrill), 독자에게 주는 불안감과 긴박감이 넘치는 서스펜스(suspense), 폭풍 전의 고요 등을 겪으며 교착하는 공포와 환희, 그런 가운데 드디어 소망의 항구(所望의 港口, desired haven)에 무사히 입항, 상륙 탈출에 성공, 해피 엔드(happy end)로 끝을 맺는다.

풍도(風濤)의 바다에서 심신이 시달리며, 지칠 대로 지치면서 비밀을 유지하기 어려운 선내 생활 환경에서, 영어(囹圄)의 몸이 되어 햇빛 한 번 쐬지 못한 채, 오직 비상 식품만으로 35일간 버텨낸 초인간적인 승리를 거둔 고난과 인내의 기록이다.

이 역사적인 사건을 빈틈 없이 계획하고 수행한 젊은 항해사, 최동현은 뛰어난 기지와 상황 판단력으로 반복되는 위기를 슬기롭게 넘기면서 항시 긴장과 경계 속에서 망명자의 안위(安危)를 걱정하고 고된 당직 업무를 수행해야 했다. 가식 없는 사실의 기록으로서 사적(史的) 가치가 있는 희한한 뒷이야기-behind story-라고나 할까.

고래(古來) 바다는 재미있고, 황홀케 하는 매력의 원천(源泉, a source of fascination)이요, 찬연(燦然)히 반짝이는 부서지는 파도가 사람들의 관심을 끌고, 사랑을 받는다. 최동현의 이 글에서는 기상(氣象), 해상(海象), 풍도(風濤) 등의 기술은 보이지 않고, 선내생활, 등장인물의 성격 등, 흥미를 돋우는 수식적 표현도 찾아 볼 수 없다. 절박, 긴장, 경계, 비상사태 대비 등, 예측할 수 없는 상황 때문에 화조풍월(花鳥風月)을 읊은 서정적인 묘사를 할만큼 여유있고 낭만적인 항해가 아니었기 때문일 것이다.

항해담(航海談)에서는 장광설을 늘어놓기 일수인데, 관용적 표현으로「spin a yarn」이 있다. 실타래를 풀 듯이 이야기를 장황하게 이어 간다는 뜻이다. 허풍섞인 이야기(a fish story)도 많다. 하지만 이 글에 서는 이야깃거리가 풍성한 바다와 배라는 무대인데도 이런 점에 대해 서는 한 줄도 없다. 수식적인 군살은 사실의 생생한 기록의 초점을 흐 리게 할 수도 있다. 간결하고 짧게 기술해 나감으로써 긴장감, 절박감 을 잘 나타내고 있고, 이 기록의 본뜻을 훼손치 않고 살리고 있다. 소복 (素服) 차림의 여인이 간절히 기도하는 모습을 보는 듯이 정적이 흐르 고 엄숙한 분위기를 자아내며 공포와 환희가 오버랩되고 있다.

항해와 정박 중에 일어나는 일은 항해일지(航海日誌, log book)에 간 결하고 정확한(concise & accurate) 독특한 문체로 기입하는데, 필자가 해상생활에서 익힌 항해일지 기입법(log book keeping)의 영향을 받은 점이 눈에 띈다.

허만 멜빌(H. Melville)의 대작 『백경(白鯨, Moby Dick)』은 마지막 삼일 동안의 추적(the final three days of the chase of Moby Dick)을 하 는 장편소설이다. 최동현의 밀항기는 35일간의 기나긴 항해에서 일어 나고 있는 일들을 불과 몇 쪽에 적고 있지만 정확한 기록으로서의 가 치성이 매우 높은 사적(史的) 자료다.

고래(古來) 문학의 무대는 바다였다. 떠나감이 없는 문학은 없다.(no literature without a departure). 그 떠나감은 육지에서 바다라는 미지의 세계를 향하여 떠나는 경우가 많다.
　이 글의 무대 또한 바다다. 입항을 기약할 수 없는 전도 미지의 항해 다. 배가 움직이면 세계가 움직인다.
　레퍼드(Leopard) 호의 항해는 한국의 민주화 운동에 기여했다.

육지를 떠난 후에는 해상생활은 주어진 여건 하에서 헤쳐 나가는 자기 완결성(自己完結性)을 요구한다. 시시각각으로 변화하는 항해 환경에서 정확한 판단으로 모든 일은 해결해야 한다. 망명자의 생활을 돌보기 위해서 필자는 슬기롭게 대처해 나갔다.

한 없이 다정하면서도 항거하는 일은 용서치 않는 대자연 바다의 위력, 넵츈(Neptune)해신의 도움으로 목적항에 입항, 상륙 탈출에 성공했다.

망명자를 탈출시키는 데 도움을 준 미국의 조력자들과 기쁨을 함께 나누며 감사의 기도를 드렸다.

「무사한 항해와 여기 같이 모인 사람들과 이 식사를 같이 하며 기쁨을 나누는 이 자리를 허락해주신 하느님께 감사를 드립시다.
빛이며, 우리를 인도하소서.」

이 귀중한 항해기록이 바람에 날려 사라지고 말았다면, 정말로 안타깝고 애석한 일이 될 뻔했을 것이다.

(It would have been a pity, had this log been lost on the wind.)

최동현 선장의 아들도 해양대학을 졸업한 해양가족이다. 최선장은 5·18민주화 유공자요, (사)여수지역발전위원회 이사장으로 지역사회를 지키고 있다.

자기 이익만 추구하는 오늘의 세태(世態)에서, 진정한 선원정신을 보여준 작가, 최동현 선장에게 찬사를 보낸다.

19. Home Coming Day 축사
-제24기 졸업 40주년 기념

24기 졸업동문 여러분, 그리고 이번 40주년 기념 행사를 위해서 헌신적인 노력을 하시는 李致榮 위원장님, 24기 동문인 목포해양대학교 총동문회장 許盛菊 박사님, 화면으로나마 만나 뵙게 되어 매우 반갑습니다.

현장 업무 때문에 시간을 내기 어려운 8명의 도선사님, 승선근무 중인데도 불구하고 어렵게 참석하신 외항선 선장님, 기관장님, 통신장님 국내외에서 활동 중인 동문 여러분, 이 모든 분들의 모교에 대한 뜨거운 사랑에 감사하고, 그 열의를 치하합니다.

나는 아직 나이만큼 건강해서, 미수를 앞두고 재경동문 송년모임, 총동문회 초청세미나 특강, 모교와 실습선의 초청특강, 재경동문 하자회, 해운동문회, 목포해양대 출신 도선사회, 각 기별 동문회 등의 초대석에 참석할 수 있었습니다. 또한 이번 큰 행사에 인사를 드릴 수 있게 되어서 무한한 영광으로 여기며 매우 기쁩니다.

2020년에 모교는 개교 70주년을 맞게 됩니다. 40주년 모교방문 행사를 24기 졸업동문이 처음으로 치르게 되었습니다. 인생 후반기의 출발점이어서 매우 뜻이 깊다고 생각합니다.

요즈음 고령시대에 60代는 壯年입니다. 70代는 일본에서 熟年 또는 實年이라고 부르고, 望九 80代가 되어야 비로소 老年이라고 합니다.

여러분은 望七을 넘어 이제 강산이 네 번이나 변한 긴 세월의 彼岸에서 凋落을 두드리며 칠순을 바라봅니다.

모세는 시편 90장에서 인생은 칠십이요, 강건해야 80이라고 했고, 성서에는 인간의 수명을 120세로 한정한다고 기록합니다. 그렇다면 여러분은 人生의 절반을 겨우 넘겼을 뿐, 후반 60년이 아직 남아 있습니다. 장수가 Hell인가, Happiness인가는 각자에 달려 있지 않을까요.

목포해양대학교는, 다소 경제사정이 어려운, 해양진출의 열정파 수재들이 모였던 지난 시절이 있었습니다. 지금 4년제 대학 신입생들의 입학 동기가 그 시절과는 사뭇 다르다고 들었습니다. 24기 여러분은 매우 열악한 교육 환경에서 학창시절을 보냈습니다. 2학년 때 절반은 1학기에, 절반은 2학기에 실습을 했습니다. 실습선 태평호는 계류선이었고, 해운회사의 실습 배정은 치열해서 <박치기 작전>이라는 말을 들은 적이 기억납니다. 고학력 시대에 살아남기 위해서, 전문학교 졸업 후에 學位를 얻기 위해, 70년대 말에서 80년대 초까지 약 400명의 졸업생들이 「바다」를 버리고, Alter Course(변침)를 했습니다. 그리고 고생을 많이 했습니다.

선원직업훈련이냐, 해사전문교육이냐, 평생직업(career)이냐, 일시적인 生業(job)이냐, 배를 내리면 무엇을 할 수 있을까.

재학생들의 이러한 고민 상담에서 나는 많은 것을 생각하게 되었습니다. 그래서 선원문제를 진지하게 생각하면서 이 분야의 연구에 많은 시간을 보냈습니다. 연구를 위해서 (구)소련을 위시하여 해외에도 여러 번 나가곤 했습니다.

한국해기사협회의 부탁으로「주요해운국의 선원교육제도」제하의 연구논문을 1978년에 발표했는데 그 여파는 컸습니다. 이 연구성과로 IMO / UNDP / USSR 해사교육세미나에 한국 대표로 참가했고, STCW국제협약 대책위원으로 일을 맡게 되었습니다. 본의 아니게 해운항만청의 선원정책위원이 되었습니다.

27기부터 2.5년제 전문대학 개편, 1983년에 목포해양개방대학 설립 추진 연구를 맡았습니다. 개방대학 추진은 교수와 목포해양대 총동창회의 반대로 무산되었습니다. 안타까운 일이었습니다. 선주협회, 선원단체, 문교부(교육부)에서 적극 지원했는데 말입니다. 전문학교, 전문대학 졸업자가 쉽게 모두 학위를 취득할 수 있는 좋은 기회였는데, 해고출신들이 자기들은 혜택이 없다고 반대했다는 소리가 들려 왔습니다. 잘 몰랐기 때문입니다.

<면허취득 과정 3년 + 학위과정 개방형 1년 과정>이라는 <3+1> 교육제도는 평생교육의 이념에 부합했습니다. 그런데, 국내에서는 이 연구결과에 대해서 그만 반대의 벽에 부딪혔습니다. 잔뜩 기대에 부풀었던 전문대학, 고등전문학교 졸업생들에게 실망을 안겨주었습니다. 그러나 일본의 海技大學校 학제 개편 연구팀의 요청으로 일본어 요약을 보내 주었습니다. 지금 일본에서는 면허취득 과정을 마치고, 다시 전공 학위 과정에 진학할 수 있는 2단계 교육과정이 운영되고 있습니다.

나는 기뻤고, <3+1> 교육제도에 대하여 긍지를 갖고 있습니다.

1986년「선원제도 근대화 조사 연구」를 발표하여 운항사제도 도입의 근거를 제시했는데, 한국해양대, 목포해전 일부 교수들이 반대했습니다. 선주, 선원단체의 지원하에 민정당의 의원 입법으로 선박직원법이 개정되었습니다. 재래식 해기자격과 운항사 해기자격 신설이라는 2元的인 해기사 제도가 마련되고 보니, 목포해전은 운항사 양성 지정 교육기관이 될 수 없게 되었습니다.

1991년에 교육부는 목포해전을 재래선 승무 해기사 양성기관으로 지정하고 말았습니다.

나는 「木浦海專의 學制 개편 건의서」를 여러 번 작성하고, 선주협회의 지원을 받아 4년제 개편을 추진했습니다. 한국해양대학교처럼 종합대학교가 아닌, 순수한 4년제 상선사관대학으로 개편하고, 운항사 교육을 전담하는 대학으로 발전시키는 안을 완성 제시했습니다. 그래서 선주단체의 적극적인 지원을 받았고, 해운항만청으로 이관하는 문제까지 논의가 되었으나, 결과적으로 1992년 7월 4일, 4년제 개편 확정의 기쁜 소식을 들었습니다. 숙원이었던 4년제 대학 승격이어서 눈물이 났습니다. 꿈은 이루어집니다. 노태우 정권의 전문대학 4년제 대학 승격 절대 불가 방침이 깨진 것입니다.

미국 킹즈포인트(Kings Point) 연방상선사관학교(USMMA) 세미나를 마치고 귀국해서 듣게 된 소식이었습니다. <한국의 킹즈포인트>를 만들고 싶었습니다. 나는 목포해양대학교를 <Bay Point>라고 부르고 외국에 소개하고 있습니다.

지금 여러분이 보고 있는 바와 같이 죽교동 <Bay Point>에 자리잡은 아름다운 캠퍼스는 입학 정원 690명이라는 세계 최대의 상선사관 양성기관이 되었습니다. 오는 9월에 취항 예정인 9000톤급 「세계로호」도 세계 최대 최신인 Training Ship으로 한국의 자랑이요, 여러분의 모교의 자존심이 될 것입니다.

명실 공히 Global MMU로 발전한 상선사관 양성 명문교는 여러분의 모교입니다.

    자랑스럽지 않습니까. pride를 갖으시오.

    이런 명문교의 명예교수인 나도 pride를 갖고 있습니다.

    세계 10위권의 경제대국, 5,6위의 해운강국, 수출 7위의 무역대국, 이 모두가 탁월한 졸업동문들의 뜨거운 조국 사랑과 값진 희생이 原動力이 되어 이룩된 값진 成果입니다. 여러분은 겨레의 존경과 극찬을 받아 마땅합니다.

    앞에 언급했듯이, 壯年의 여러분!

    오늘 이 모임의 뜻이 무엇입니까.

    엄격한 규율 밑에서, 명예심, 충성심, 애교심, 고결성을 지닌 상선사관 교육을 받으면서, 동고 동락하며 보낸 학창 시절을 회상해보고, 친구들을 다시 한 번 귀하게 여기고, 서로 아끼면서 새 출발을 다짐하는 만남의 기회가 아니겠습니까.

    아! 청춘의 바다, 매혹의 바다,

    청춘의 용약과 청춘의 향수! (J.Conrad)

    여러분은 다시 후반기의 인생항해를 시작합니다. 인생은 後半에 빛납니다.

    즐겁고 행복이 가득한 항해가 되기를 希願합니다. Bon Voyage!

    그리고 다음 말을 기억하시오.

    Health is everything (or above all). (身外無物)

    Money is might.

    Self-realization. (自己實現)

여러분의 앞날에 행운이 깃들기를 기원하면서 졸시,「海洋人 예찬」
을 바칩니다. 그리고 해양시인「존 메이스필드 해양명시선」졸저를
기념으로 드립니다.

AI Captain시대가 오고 있다고 야단입니다.
Maritime Korea will never sink, if rolling and pitching.
And MMU, too.
No Seafarer No Korea!
감사합니다.

실습선 새누리호 초청강연(2017.12.8)

20. 국립목포해양대학교 개교 70년 유감(有感)

　고하도(高下島)를 바라보며, 유달산, 기슭에 자리 잡은 위용(偉容)의 학사, 목포해양대학교가 개교 70년, 고희(古稀)를 맞았습니다. 세계에서 최신, 최대인 실습선 세계로호 (G/T 9,196톤 선장/신호식 교수)를 보유하고, 해사산업계를 비롯하여 각계각층(各界各層)의 탁월한 지도자를 배출한 해양인 육성의 요람, 명문 MMU는 숱한 역경을 딛고, 발전에 발전을 거듭하여 당당한 오늘의 모습을 보여 주고 있습니다. 국내외에서 혁혁한 공적을 이루고 있는 졸업동문 제위의 모교 사랑을 높이 찬양하고 앞날의 행운을 빌며, 또한 여러분 모교의 영원무궁한 발전을 기원하면서 소신(所信)의 일단을 피력합니다.
　국립목포해양대학교 동문회보(2019, Maritime)의 「동문들의 바람」 기사 중에서 <모교와 동창회에 바란다>를 읽었습니다. 아래와 같은 바람이 있었습니다.

「전문대학 졸업자의 경우 4년제가 된 지 20년이 훌쩍 지난 지금이라도 모교의 학위를 갖고 싶어 한다.」

「사이버 대학에서 심지어 1년 만에 학사학위 취득을 하는 시대인 만큼, 전문대학 출신 동문들에게 보다 쉽게 학위 취득의 기회를 주면 좋겠다……」

필자는 1983년 2월에「해운인력 개발을 위한 해운계 개방대학제도에 관한 연구-목포해양개방대학 설치 운영방안」제하의 연구용역 보고서를 연구 책임자로서 의뢰기관인「목포해양전문대학 동창회」에 제출한 바 있습니다.

이 보고서는 총동창회와 대학의 교수회의에서 채택되지 못하고 무산되었습니다.

당시 우리나라 교육계에서는, 고등교육해결책으로 개방대학제도(OU, Open University)가 자리잡혀 가고 있는 세계적인 조류를 타고, 이미 경기공업전문대학에서 선도대학으로 시행 중이었고, 교육법에「방송통신대학과 개방대학」조문이 들어 있었습니다. 문교부(현 교육부)에서 크게 장려하고 있었기에 아주 좋은 기회였습니다.

연구용역보고서의 내용과 추진 과정을 간략히 소개하면 아래와 같습니다.

1) 해양계 개방대학(OU)의 필요성 대두

2.5년제 목포해양대학 출신 해기사들 중에는 조기에 하선하고, 다른 분야의 육상 직종에 전직하는 사례가 증가하고 있었는데, 1970년대말부터 1980년대 초반까지 5년 동안에 약 400명의 졸업생 해기사가 해양계열이 아닌 대학의 3학년에 편입하거나 방송통신대학에 학적을 두어 학사학위를 받고, 석사과정이나 박사과정까지 마치는 학구파들도 있었다.

「변침 alter course」을 입에 달고 살아온 해기사들이 자기실현(self-realization)을 위해서 인생항로에서 변침(alter course)을 하고 있었다. 항해과와 기관과 졸업자는 대학편입 자격시험부터 치뤄야만 했으니 그 고생이 얼마나 많았겠는지 짐작하고도 남음이 있다. 고학력 사회에서 살아남기 위한 몸부림이었다. 동일계 4년제 대학에 편입할 수 있는 기회는 전혀 없었다. 유사한 분야의 학과에 편입하고 싶어도 대학 정원제 때문에 사실상 어려웠다. 고등학력 인구 수용 능력의 확대는 이미 선진국에서 개발되어 시행 중인 개방대학(開放大學, Open University, OU)제도를 통해서만이 해결이 가능하다는 현대 교육사조에 편승하여, 전문대학 졸업자나 진학의 기회를 상실한 부원선원들에게도 시간과 공간의 벽을 넘어 계속교육의 기회가 제공될 수 있는 개방형 해양대학과정 설치의 필요성을 절감하는 분위기가 조성되고 있었다.

한편 경이적인 선박기술의 진전에 대응성을 갖는 융통성있는 교육과정 조정은 수업연한의 절대 부족으로 불가능에 가까웠고, 설상가상으로 선원직업의 매력 상실 때문에 입학지원율이 하락하고 결국 <입학 정원 미달> 사태를 맞으면서 학교 존폐 위기에 이르기까지 되지 않을가하는 우려를 낳게 되면서 돌파구를 찾기 위한 무엇인가를 도모해야 하게 되었다.

2) 무산된 목포해양개방대학 설치 방안

1982년에 목포해양전문대학 총동창회는 계속 교육에 관한 동문들의 의견을 수렴해서, 「해운인력 개발을 위한 해운계 개방대학 제도에 관한 연구-목포해양개방대학 설치운영방안」의 연구 추진을 모교에 의뢰했기에 필자가 연구 책임을 맡고, 1983년 2월에 연구보고서를 완성 제출했다. 전문대학과정을 마치고 일정기간의 승선경력을 구비한 후에 본인의 희망에 따라서 적절한 시기에 계속해서 진학하여 학위과정과 상급해기사과정을 겸한 개방형 대학과정(1년의 학위과정)을 마칠 수 있도록 마련하는 교육체제인데, 현대 교육사조인 평생교육(Life-long Education)의 이념을 바탕으로 개발한 교육과정이다. 전 생애(全生涯)에 걸쳐 자기 능력과 형편에 따라서 시간과 공간의 제약없이 인간의 교육은 계속될 수 있어야 하고, 진전하는 기술혁신에 보조를 같이 하기 위해서도 다시 학교에 돌아와 보수교육을 받아야 할 것이므로, 「학교교육(최소한의 기본지식·기술 Minimum Essentials)+산업현장 실무경험(OJT, on-the-job training)+학교교육(재교육, 보수교육, 향상교육 Updating course)」과 같은 회귀교육(recurrent education) 체제로 해기사 양성을 시도해 보는 일은 적합한 정책적인 과제로 매우 바람직한 일이었다.

개방형 학위과정(상급해기사 양성과정)에 연계된 전문대학과정의 해기사 양성체제 구상은 ① 평생교육의 이념, ② STCW협약의 해기자격(당직 해기사와 상급관리해기사) 취득 요건, ③ 해기 자격을 근간으로 선원직업경력(seafaring career)을 활용한 「제2의 직업(second career)의 준비과정(pre-retirement course)」으로 폭넓은 교육(broader education)의 기회 제공 등, 여러 관점에서 볼 때 합리적인 구상이라고 생각했다.

해운산업계의 최고경영자 조찬회(제15회)에 연사로 초청되어 롯데호텔에서 「해운인력과 평생교육 <3+1형> 해양계 개방대학 설치방안」 주제로 연구보고서의 내용을 요약 발표했는데, KBS방송에서 보도되기도 했고, 문교부(교육부) 사회교육과에서도 검토하였다. 그러나 이 구상은 학교 당국과 총동창회 측의 미묘한 이해관계가 표출되어서, 희망과 기대에 부풀었던 졸업자들에게 큰 실망을 안겨준 채 무산되었다. 혜택을 못 받는다고 생각한 해양고등학교 졸업자들과 학교의 일부 교수들이 반대했다. 고등학교를 졸업한 경우에도 해상실무경력을 교육기간으로 인정하고, 약 6개월(1학기)의 Bridge Course를 거쳐 1년의 학위과정(Degree Course)으로 진학할 수 있도록 구상했는데, 학교 당국의 안일한 사고방식 때문에, 일찍이 대학으로 개편할 수 있는 좋은 기회를 놓치고 말았다. 새로운 돌파구를 찾기 위한 노력은 수포로 돌아갔다. 안타까운 일이었다.

그러나 일본의 해기대학교(海技大學校)의 개편 연구를 추진 중인 교수팀의 요청으로 연구보고서의 일본어 요약을 보내주었는데, 그들이 작성한 연구보고서에 「목포해양개방대학의 구상」이 소개된 일도 있고, 현재 일본의 선원교육체제는, 우연한 일인지 모르지만, 필자의 구상인 「2원화된 체제」로 실시되고 있다.

호주, 노르웨이도 초급해기사와 고급해기사의 2원화 체제로 되어 있으며, 영국의 경우도 선장은 반드시 학위(B.S)를 취득하게 하는 교육체제로 변혁을 겪고 있다. 비록 홈그라운드에서는 버림을 받았으나 현재 필자는 이 구상을 다시 활용해서 「선원직업의 매력회복을 위한 대책」을 연구하고 있다.

가장 빠르고 합리적인 4년제 대학 개편의 좋은 기회를 놓친 것은 매우 안타까운 일이었으나, 10년 뒤에 「운항사 양성을 위한 4년제 대학」으로 개편된 것은 다행한 일이었습니다.

상세한 것은 <연구용역보고서>를 참조하기 바라며, 영국의 경우 선원은 직업코드(Occupation Codes) 14종 중에서 Code 10 <통신가 운수 : 空運, 海運, 陸運>으로 분류되어 있는데, 선장 등 1급해기사 면허증은 있으나 학위가 없는 자는 OU개설 6학점 중 1학점을 이미 취득한 것으로 인정하는 것과 같이, 산업현장 근무 경력을 학점으로 인정합니다.

<연구보고서>에서는 OU개설학점을 <전문학교 80학점, 산업체 경력 20학점, 학위과정 20학점>으로 편성하고, 지원자 중심의 교육프로그램으로 교육방법을 적용시킬 수 있도록 검토하여, OU의 특성을 살리도록 하였습니다.

「해기자격을 근간으로 하여 자기완성이라는 인간적 욕구」를 충족시켜 줄 수 있는 계속교육(further education)을 위한 제도적 장치가 마련되기를 바라는 해기사들의 요망을 달성토록 연구했습니다. 20세기 후

반에 들어서면서 크게 관심을 모으게 된 평생교육(life-long education) 사조에 비추어 볼 때 마땅히 받아 들여져야 한다고 생각하고 연구 추진을 성실히 이행했는데, 바람직한 해기교육체제라고 생각하고 있는 <해기면허과정+학위과정>이라는 「2원화된 교육체제」에 대한 소신은 변함이 없고, 미수기념으로 올 가을에 출판하는 <선원문제의 연구 Ⅲ, 선원없이 한국 없다>에 상세하게 그 내용을 밝힐 것입니다.

백세시대에 아직 많은 세월이 남아 있으니 자기 능력에 따라,

「時間과 空間에 구애받지 않고 人間은 교육을 받는다」

는 평생교육의 이념을 인식하고 좋은 계속교육의 기회를 갖기를 바라고, 막대한 국고로 양성된 해기사들이 타분야로 유출되지 않도록 교육계와 해사사회의 지대한 관심이 있기를 또한 기대하면서, 목포해양개방대학 설치 추진을 하지 못한 필자의 무능을 자책하며 소감의 일단을 적었습니다.

■ 송공 헌사 (頌功獻詞)

인생의 한때, 청춘을 바다에서 보내는 것은 크나큰 특권이요, 보람된 경험이다. 해상생활이 헛되지 않기 위해서는 일정기간 승선생활을 마치고, 육상직에 이어질 수 있도록 제도적인 마련이 필요하다. 해기직업을 근간으로 자기실현의 꿈이 이루어질 수 있도록 직업경력 개발이 가능한 해사교육제도가 확립될 때, 해기직업이 일시적인 생업이 아니라, 생애적인 전문직업이 될 수 있다.

인류의 행복을 위해서 물자를 수송하는 선원들을 전쟁터의 병사처럼 아껴주고, 사랑하고, 존경하는 국민의식과 국가의 정책이 필요하다. 오늘도 황파와 싸우며 교역과 국방의 생명선을 지키면서 항해하는 모든 선원에게 사랑과 존경, 그리고 격려의 뜻을 담아 이 졸저 <선원없이 한국 없다>를 바친다. Bon Voyage!

저자

21. 사제삼세(師弟三世)

※ 스승과 제자의 인연은 [전세·현세·내세]에 까지 지속된다는 말로, 그 관계가 매우 깊고 밀접하다는 뜻

■ 小浦 이재우 교수님을 기리며

 저는 은사이신 이재우 교수님이 학창시절 전주지역의 최고 수재셨다고 알고 있습니다. 이는 금년 85세의 춘추에도 불구하고 과거 사실에 대한 비범한 기억력과 총기를 유지하고 계신 것만 보아도 자연스럽게 공감이 갑니다.
 만일 교수님께서 일반저으로 당시익 수재들이 가던 길로 가셨더라면 세인들의 인구에 회자되는 보다 더 유명인사가 되셨지 않았을까 하는 부질없는 생각을 해봅니다. 그러면 우리대학을 졸업한 동문들은 교수님을 뵐 수 있는 기회가 없었을런지도 모르겠습니다.
 일찍이 교수님께서는 해양대학을 졸업하시고도 드물게 영어교사 자격을 취득하신 후 남성고와 목포해양대학에서 수많은 제자들을 길러내셨으니, 필시 군자삼락의 한 가지인 '천하의 영재를 얻어 가르치시는 즐거움'은 얻으셨을 것으로 생각해 봅니다.
 재학시절 교수님께서는 항해영어와 해사영어를 가르쳐 주셨는데, 당시에 이미 IMO(국제해사기구), WMU(세계해사대학) 등을 안내하셨고, 선원문제를 앞서 연구하신 선구자이셨습니다. 특히 선원문제에 대한 오랜 연구를 통하여 앞으로 닥칠 해기전승과 선원문제를 고민하고

대안을 제시하셨고, 당시 주변상황을 정확히 파악하여 모든 동문들의 숙원이었던 '모교의 4년제 승격'을 가장 선두에서 이끌어 내신 '일등공신'이십니다.

교수님은 고고한 선비님이십니다. 4년제로 승격된 모교의 발전을 위한 마지막 봉사를 다하시기 위하여 학장선거에 출마하셨지만 현실과 적당히 타협하지 않으셨기에 결국 학장이 될 수 없었습니다. 그렇지만 많은 동문과 제자들은 마음속으로나마 교수님을 모교의 총장님으로 생각하고 있을 것입니다.

교수님께서는 식지 않는 연구열을 가지신 영원한 학자이십니다. 퇴임 후에도 각종 문예활동과 해사영어, 선원문제 연구를 왕성하게 하시면서 해양시집과 수필집을 지속적으로 발간하고 계십니다. 이런 교수님의 모습을 보면서 저 역시 연구에 좀 더 분발해야겠다는 의지를 다지게 됩니다.

근래 예전보다 많이 야위신 모습을 뵐 때면 제자로서 마음이 편하지 않습니다. 더는 야위지 않으셨으면 좋겠고, 그저 지금처럼 총기를 잃지 않으시고 제자들과 오래도록 연락하실 수 있기를 간절히 바랄 뿐입니다.

교수님의 신간을 다시 한 번 진심으로 축하드립니다.

감사합니다.

2018. 7.

불초 김주형(金柱亨) 올림.

※ 필자
목포해양대학교 35기, 수석 졸업. 중국 대련해운학원 석사과정 국비유학
한국해양대학교에서 법학박사 학위취득
부산해양수산청 수석선박검사관을 거쳐, 현재 모교의 교수로 재직 중

■ 방순원 회장 전도서, 「꿀맛보소」 출판을 축하하며

한국창조경영인협회가 주관하고, 미래창조과학부와 한국경제신문사 후원으로 수여하는 '대한민국 창조인 창조경영인 대상'을 수상(2016)했음을 진심으로 축하하면서 이 글을 시작하고 싶다.

운암(雲岩) 방순원(房順源) 회장의 인생은 신앙인으로서 복음전도에 바쳤으며, 팔순을 바라보는 인생의 완숙 단계에서 전도서인 『꿀맛보소』의 출판을 진심으로 축하하는 바이다.

1986년 당시 기원전자를 인수함에 있어 많은 부채와 여러 가지 어려운 여건이었음에도 불구하고 경영 중심에 하나님이 함께 하심을 믿으며 기업을 인수하여 고객만족을 추구하는 자동차 및 농업용 기계 전장품 분야 파워 브랜드로 성장시키고 전 직원의 복음화를 꿈꾸며 직장을 작은 천국으로 만들어 지역 사회와 국가 발전에 앞장서는 기업으로 성장시킨 당사자이기도 하다.

사자성어를 만들어 복음전도에 활용해 온 방순원 장로는, '주의 말씀의 맛이 내게 어찌 그리 단지요, 내 입에 꿀보다 더 다나이다. 시편 119편 103절', 꿀처럼 달콤한 하나님의 진리의 말씀을 전하고 싶은 마음에 기도 끝에 제목을 『꿀맛보소』로 정한 것도 방 장로의 평소 신앙생활을 알 수 있는 대목이기도 하다.

익산의 아들이자 익산 사랑이 남다른 방 장로를 고등학교 시절 담임을 맡게 되면서 인연이 시작되었다. 두뇌가 명석하고 말보다는 실천의식이 투철하며 리더십이 강한 방 장로의 경영마인드와 18편의 자작시가 수록되어 있는 『꿀맛보소』는 읽는 이로 하여금 많은 감동과 인생의 지침서로서 구실을 다할 수 있을거라 생각된다.

이 책을 읽는 모든 분들이 예수님을 구주로 영접하고, 말씀을 묵상하며, 꿀맛보는 인생을 살게 되기를 소망하고 이 책을 통해 젊은 세대들이 통일에 관심을 가지고 통일 한국을 준비하기를 소망하며 또한 나라 사랑과 더불어 익산을 몹시 사랑하여 세계 1등 도시로 발전하는 소망을 담은 내용은 읽는 모든 분들에게 감동을 전해주리라 믿는다.

■ 존경하는 이재우 선생님을 그리며

나를 아름다운 삼천리 반도 금수강산, 대한민국에 태어나게 하신 하나님의 은혜, 내가 긍지를 가지고 당당하게 세상을 살아갈 수 있도록 자주권을 보장해 주는 조국의 은혜, 지극 정성 낳아서 길러 주신 부모님의 은혜, 초등학교부터 대학 졸업하기까지 철부지인 나를 사랑으로 보살펴 주시고 가르쳐 주신 훌륭하신 선생님들의 은혜, 또한 오늘의 내가 존재하기까지 음으로 양으로 도와주신 헤아릴 수 없이 많은 친지들의 은혜 등, 지금 곰곰이 생각해 보니 평생을 보답해도 갚을 수 없는 은혜의 빚쟁이가 바로 나인 것 같기도 하고, 거꾸로 생각하면 내가 참으로 행운아요 다복한 사람인 것을 새삼 깨닫는다.

그런데 며칠 전 남성 동기동창 회장인 한용조 회장으로 부터 "존경하는 선생님"에 관한 글을 써 달라는 느닷없는 부탁을 받고 잠시 주저했다가 '옳지!' 하면서 선뜻 응한 것은 내가 항상 사모하며 존경하는, 아니 지금 당장 거처하시는 대전으로 달려가서 뵙고 싶은 선생님이 계시기 때문이다.

이 분은 내가 남성고 2학년 때 부임하셔서 영어를 가르치셨고, 고3

졸업 당시에는 내가 속해 있는 5반 담임을 맡으셨던 이재우 선생님이 시다.

당시 이중각 교장 선생님이 선생님을 처음 소개하실 때 들은 바로는 선생님은 전주고와 해양대학을 수석으로 졸업하시고, 실력과 인품이 훌륭하셔서 겨우 초빙해 오셨다고 말씀하셨다. 역시 직접 선생님을 뵙고 보니 영국 신사를 무색케 하실 만큼 겉모습도 멋지시고 고매한 인격을 겸비하신 데다 영어 필기체를 수려하게 쓰시는 것처럼 가르치심도 시원하셨다. 그러나 나는 선생님의 기대에 부응하지 못하고, 1학년 때부터 목표했던 육군사관학교만 입학하면 만사 해결될 것으로 착각하고 학과 공부 보다는 체력단련에만 신경을 쓰면서 적당히 고2,3 시절을 보낸 탓에 날짜도 잊을 수 없는 1962년 9월 25일에 전주 98 육군병원에서 실시한 육사 수험생 예비 신체검사 시험에서 편도선염 중세 때문에 그만 필기시험도 보지 못하고 낙방하였다. 그 바람에 실망과 좌절의 아픔을 톡톡히 겪게 되었다.

시골에서 중학교 졸업한 뒤에 아버님의 말씀을 따라 한문 공부하느라고 1년, 약국에서 약장사 배운답시고 점원생활 1년을 하며 무려 2년을 쉬었던 사람이라 연령제한 때문에 육사 시험에 재도전할 수도 없었기에 고지식하게 모든 꿈을 포기한 채 전전긍긍하며 어찌할 바를 몰라 방황하고 있었다.

어느 날 이재우 담임선생님께서 나를 조용히 교무실로 부르시더니 "얘, 순원아, 힘들지? 그래도 포기하면 안된다. 쇠꼬리가 되기보다는 닭 머리가 낫다는 속담도 있는데, 내가 전북대학교 공과대학 기계공학과 입학원서를 너를 위해 가져와서 써 놓았으니까 원서를 제출하고 시험에 응해 기계공학과에 꼭 들어가 다오. 머지 않아 우리나라도 공업

입국이 될 것이고, 그 중에 기계공학도들이 제일 잘될 거야. 알겠지?" 하시면서 나를 격려해 주셨다. 그렇게 진로를 제시해 주셔서 선생님의 말씀을 따라 시험을 보고 나는 기계 공학도가 되었다. 이후 나름대로 20여 년간 직장에서 조국의 산업발전에 기여했고, 지금은 19년째 공학도 CEO로서 중소기업을 경영하며 나름대로 보람과 긍지를 가지고 살아가고 있다.

선생님에 대한 생각을 속으로만 깊이 간직한 채 무심한 세월은 잘도 흘러 선생님과의 재회의 기쁨을 맛본 것은 남성 졸업 30주년 기념행사 대회장을 맡아 은사님들의 현주소를 알아보던 중에 이재우 선생님께서 목포해양대학에서 대단히 추앙을 받으시는 교수님이심을 알고 오랜만의 해후를 갈망하며 정신없이 선생님의 주소와 전화번호를 알아냈었다. 그리고 즉시 전화를 드려 전화상으로 선생님의 음성을 들었다. 그 후 모교에서 직접 만나 뵈었을 때의 감격은 이루 다 표현할 수 없었다. 선생님의 남다른 제자 사랑이 아니었더라면 오늘날 내가 어떤 모습이 되었을까? 폐인이 아니면 이미 저세상 사람이 되었을 지도 모를 내가 아닌가?

선생님께서 교수직을 영예롭게 정년퇴임 하시고, 패기와 정열이 넘치셨던 30대에 10여 년간 투신하신 남성의 캠퍼스와 제2의 고향 솜리 땅의 향수 때문에 익산으로 이사오신 다음에는 기회가 있을 때마다 모시고 식탁에서 검소하시고 진솔한 삶의 모습에서 많은 교훈을 받았고, 고희를 넘기신 연세에도 불구하시고 해양대학 명예 교수로 계시면서 해양과학문화 발전포럼의 주강사로 동분서주하시는 것을 보았다. 그 중에 바다를 주제로 한 작품, 이를테면 "해양명시집", "해양문학산책", "바다-배-사람", "지구(바다)를 살리자" 등 선생님이 틈틈이 쓰신 글을 읽어보면 선생님의 바다사랑, 나라사랑, 인간사랑의 깊이를 조금이나마 이해할 뿐만 아니라, 나도 모르게 수평선 저 너머 망망대해로 항해하고 싶은 충동을 느끼곤 한다. 노익장 하시며 활동의 폭을 더 넓히시려는 뜻이 아니면 어떤 사연이 있으신지 모르지만 지난해에 나에게 폐가 될까 봐 연락도 안하시고 대전에 있는 어느 빌라로 거처를 옮기셨다.

지난달 삼복더위가 기승을 부릴 때에 선생님 생각이 나서 뵙고 싶다고 전화로 말씀드렸더니 시월쯤 날씨가 시원해지면 만나자고 하시면서 적당히 사양하셨는데, 선생님은 한여름에는 피차에 부담스런 만남을 절대 피하시는 생활 철학이 분명하시고 다른 사람을 가급적 편하게 하시고 다른 사람을 챙기시고 배려하시는 깊은 뜻을 읽을 수 있었다.

다음에 뵐 때에는 선생님께서 지금처럼 밝고, 멋진 모습으로 건강하게 오래오래 사셔서 나와 많은 제자들이 닮아 가야 할 모델이 되어 주십사고 간곡히 호소하고 싶다.

남성고 13회 졸업생 방순원

※ 필자 호: 운암雲岩
　남성고 13회 졸업. 전북대학교 공대 기계공학과 수석 입학 졸업.
　익산시 공업단지 소재 주) 기원전자(起元電子) 회장. 대한민국 창조인 창조경영인 대상 수상. 종교인. 저서『꿀맛보소』, 시집『감사』

■ 반백 년 만의 사제간(師弟間)의 만남을 감격과 환희로!

존경하는 스승님!

망구(望九)의 스승과 망팔(望八)의 제자들은,
아득한 세월의 간극(間隙)을 뛰어넘어
오늘 이 자리에 앉았습니다.
은사님은 옛날에도 훤칠한 용모로
옥골선풍(玉骨仙風)이셨는데,
지금도 점잖으시며 인자하신 풍모가 원숙미를 풍겨줍니다.
스승보다 더 늙어버린 제자들은,
송구함과 부끄러움도 잊은 채 마냥 동심 속으로 빠져듭니다.
만물의 형상을 가차없이 바꿔버리는
세월의 비정한 흐름은,
순진 무구(純眞無垢)했던
우리의 젊은 날을 찰나(刹那)와 같이 실어갔고,
이제는 강산이 다섯 번을 변한
긴 세월의 피안(彼岸)에서
조락(凋落)을 두드리며 황혼(黃昏)을 노래하는
나그네로 만들었습니다.

존경하는 은사님!

삶의 질곡(桎梏)을 헤매느라 본분마저 깨닫지를 못하였으니
그간에 쌓인 송구함이 하늘에 닿은 것 같습니다.
넓으신 마음과 포근한 사랑으로 감싸주시기를 바랍니다.
꽃바람과 함께 봄이 깊어가고 있습니다.
내내 균안(均安)하세요.

그리고 사모님께서도 건강하시기를 기도드립니다.

2013년 4월 2일

남성고등학교 13회 제자 일동(1963년 졸업)

남성고 제14회 졸업 30주년 기념 행사 때 출람의 제자들과 함께

〈미수(米壽) 기념 일지〉

2019.01.21 목포해양대 재경동문 해운CEO Club초청 간담회에서 「목해대 발전 방향」 주제 강연(file 참조)

2019.03 대전문화재단 2019년 예술창작지원금(원로) 대상자로 선정됨(지원금 300만원)

2019.05 상기 지원금으로 미수기념 「영미 해양문학 산책」 발간 예정

2019.05~06 「선원문제 연구Ⅲ」 출판 후 ① 목포해양대, ② 해양수산

	부(선원정책 담당자 대상), ③ 한국해기사협회에서 각각 연구 발표(간담회 형식)
	간담회 결과에 따라 국회에서 「선원정책 Forum」 개최할 수 있도록 추진(연구주제, file 참조)
2019.04 초순	실습선 maiden voyage(destination 마닐라) 목포항 귀항 후 船上 특강 연사로 초청됨(연재 : I am a Merchant Navy Cadet, Shipping is my Business, 해운업은 나의 천직)
2019.05	익산 금마 미륵사 석탑 복원으로 미륵사박물관 개관 예정. 현 문화재연구소장 이병호 박사가 초대 관장으로 내정됨. 「탑·백제 기와」 등에 조예가 깊은 남성고 출신 출람의 제자 황호일(黃鎬一)군의 주선으로 박물관장과 「백제문화와 해상활동」에 관한 간담회를 가질 예정(자료 참조)
2019.06.06	대전시청 로비에서 대전PEN문학 회원 시화전 개최. 詩題 「바다」 작품 출품 예정
2019.06.16	전주고 개교 100주년 기념행사 명사초청 특강 연사로 내정됨(전주고 제1회 수석 졸업 및 개교 이래 졸업성적 최우수자인 점을 고려해서 선정됨. 남성고 제자 추천, 자료 참조)
2019.09	목해대 신조 실습선 「세계로호」(9,200톤) 취항식에서 졸작 헌시, 「항해하라! Sail on, sail forth!」 시낭송 및 취항기념패(헌시를 동판에 새김) 증정
2019.12	미수(米壽) 기념문집 「영미시문학 논단(論壇)」 발간 예정
2020.01	시집 「경고(警告)」 발간 예정

■ **만춘일기(晚春日記, A Diary in Late Spring, 2020.4.12)**

· 봄이 왔건만 봄 같지 않네. 春來不似春–당나라 시인 동방규(東方虯)의 "왕소군의 슬픔"에서
· 四月은 가장 잔인한 달 April is the cruellest month–T.S. Eliot '황무지'(The Waste Land)에서

드디어 전전긍긍하면서 기다리던 손녀 민영이「코로나19」가 날로 창궐 중인 미국에서 탈출, 무사히 귀국했다. Hurrah for Exodus from U.S.A!

하느님의 은혜에 감사하고, 적선(積善)을 대대로 이어 오신 조상님의 은덕이라고 생각한다. 손녀는 SUNY(뉴욕주립대학교)에서 공중보건학을 수학 중.

「집콕」으로 자칫 활기를 잃기 쉬운 九旬을 바라보는 이 나이에, 노구(老軀)를 움직이라고 출람(出藍)의 제자들이 일감을 보내준 바람에, 「독서국민운동본부 추천 우수도서」로 선정된「영미해양문학산책(2019)」을 다시 400권을 찍어 책 안에 기증자의 방명을 넣어서 책을 만들어 목포해양대학교 실습선 세계로호와 세유담호에 보냈다. 개교 70년 기념선물로 실습생 모두에게 한 권씩 나누어주도록 두 실습선의 선장 겸 실습감에게 부탁하고, 「코로나19」가 물러나고 개학하면 선상특강(船上特講)을 하기로 했다.

고희(古稀)를 앞두고 23기(75학번) 제자들이 회고록 문집을 출판했다. 편집자(김영섭 사장)의 부탁을 받고 책이름을 <청춘의 바다-45년간의 항해기록>으로 지어주고, 축사나 추천사 대신에 축시「해양인예찬」과 해양시, <바다>(책 뒷표지에 싣나) 두 편을 보냈다. 추가해서「개교 70년 기념, 4년제 대학 개편 추진 회고」졸문을 100부 보내 달라는 부탁을 받고 보내주었다. 대전에 23기 졸업생 일행이 인사차 내려 오겠다는 연락이 있었다. 시절이 그러하니 훗날을 기약했다.(출판기념회는 미정)

「코로나19」와의 전쟁에서 승리하여 살아남아야 한다.

「인류냐 바이러스냐, 지구촌의 주인은?」 끊임없이 인류는 바이러스와 싸워야 한다.

- 겨울이 오면 봄은 머지 않으리.
  If Winter comes, can Spring be far behind? −P.B. 셸리
- 교통은 문명이다. Transportation is civilization. −R. Kipling (지금 지구촌은 교통이 단절되고 있다)
- 한국은 흔들려도 침몰하지 않으리라. −小浦
  Korea will never sink, (even) if rolling and pitching. −J.W. Lee

〈Check List〉 청탁원고 처리

1. 「海洋과 文學」誌, 「Helen에게」(송고 完)
2. 「월간 海바라기」, 「해양문화 산책②」(송고 完)
3. 「大田PEN문학 34호」, 「청소년 특집」(송고 完)
4. 재경목해대 동문誌 「M」, 「개교70년 기념 특집」(未, 6月 末까지)
5. 월간 海洋韓國, 「선원문제 연구Ⅲ」 요약(未, 7月 末까지)
6. 월간 「詩文學」, 「영미해양문학⑨」(송고 完)
7. 「표암문학」(경주이씨 종중문학)誌(제목 慶李頌, 8月 末까지)
8. 목해대 교수 문학회 誌 「나루터」(송고 않음)
9. 「導船」誌 (준비 중)
10. 「선원문제연구Ⅲ」 출판 6月 中
11. 실습선 선상 특강 원고는 다시 쓰기(코로나 19) 탓으로 전면 수정

22. 손녀의 고교 졸업 축하
－유학 중인 미국 고교의 학교장에게 보내는 감사 서신

손녀 이민영(Minyoung Ella Lee)

Saint Paul Lutheran High School을 거쳐, 뉴욕주립대학교 졸업(공중보건학 전공). 미국 CDC(미국 질병예방센터) 산하 공중보건관리기관에 취업(1년) 후, Emory University, 대학원 석사과정 진학(2023년)

고교 교장선생님과 함께 손녀

May 10, 2016

Dear Rev. Paul M. Mehl, Executive Director,

    It is my pleasure and honor to write to you.
I am grandfather of Minyoung Ella Lee, 2016 Graduate-to-be. And awfully sorry as I am unable to participate in the Graduation. Instead, her mother and other relatives will do.

I should extend my sincere thanks to you, all the staffs and coaches (teachers) for the dedicated leading activities for preparing to do good works and to recognize the callings for the students.

First of all, I should appreciate your school for leading Ella to worship the God and being baptized in the church. This is the blessed reborn life of Ella and wonderful change in her way of life.

So I am very happy that not only Ella has the opportunity to study under the excellent, well-balanced, educational environment but also she has decided the steady way of her life for dedication to the God. Ella will be able to joyfully stand up and say, "Here am I, Send Me!", I hope sincerely.

My pleasure is also that Ella has been well brought up preparing for the Global Age forming International Friendship in multi-national surroundings.

Regretting unable-to-attending the honorable ceremoney,
Extending sincere thanks to your school for leading Ella to choose her steady way of life again,
Congratulating the Commencement in advance,
May God bless thee, Saint Paul Lutheran High School forever!
I remain,

              Yours sincerely,
              Lee, Jae-Woo   Lee Jae Woo 이재우

| 북리뷰 |

이재우 편역 ≪해양명시집, 1998≫의 의미 / 김규화*

I must go down to the seas again, to the lonely sea and the sky……

(나는 다시 바다로 가련다, 저 호젓한 바다와 하늘을 찾아서……)

해마다 여름이 되면 신문이나 방송에서 부추기는 '바다에의 초대'를 볼 때마다 나는 나도 모르게 존 메이스필드(John Masefield)의 시 <바다 앓이>(Sea fever)의 노래를 흥얼거리게 된다. '바다'만으로 된 레코드판을 돌리고 또 돌리면서 굵직한 바리톤으로 부르는 성악가의 노래를 따라 부르게 된다. 노래의 리듬은 마치 돛단배를 타고서 출렁거리는 바다의 물결을 온 몸으로 느끼는 꼭 그런 리듬이며, 또한 그 돛단배의 노를 젓는 몸짓의 리듬이다.

정열과 신비가 솟구치는 바다, 모든 생명에의 환희를 파도의 리듬으로 그리는 '바다'에 관한 시를 모아서 목포 해양대학교 이재우(李再雨) 교수가 ≪해양명시집≫(海文出版社)이라 하여 출판했다. 이 교수

---

*詩文學誌 代表. 詩人

는 '海洋'에 관한 학문을 학생들에게 가르쳐오면서 바다를 무척 사랑하게 되어 이 시집을 냈으리라. 이 외에도 ≪해양문학 산책≫ ≪해양문학 하이라이트≫ ≪바다·배·사람≫ ≪해양민족 노르만의 고장을 찾아서≫ 등의 많은 해양문학서적을 이 교수는 냈다.

먼저 이 시집의 표지를 보면 '영한대역 ≪해양명시집≫(海洋名詩集, The Great Sea Poems)이재우 편역'이라고 되어 있고, 우리나라 최서남단의 가거도 배를 원색으로 소개하였다. 표지를 넘기면 면지에는 '네대박이 돛대(Sail of Four Masted Bark)의 모형도를 섬세하게 그려 무려 34개나 되는 돛의 이름을 번호를 매겨서 밝혔다. 뒷면지 또한 대형 선박의 투시도를 섬세하게 그려, 각 방에 대한 사용도를 그림으로 설명해주고 있다.

작품은 맨 먼저, 19세기 영국의 유명한 해양시인 존 메이스필드의, 역시 유명한 시, <海愁>(Sea-Fever)를 실었다. 그런데, 먼저 말하겠지만 <Sea-Fever>의 번역을 이때까지 우리가 알고 있던 <바다 앓이>, 또는 <바다 열병>이 아니고 이 교수는 <海愁>라고 했다. 그 외에도 나름대로 작품 구석구석에는 찬찬히 보면 이 교수 단독의 견해와 입장에서 연구·번역한 흔적을 볼 수 있어서 더욱 이 책에 대한 신뢰를 갖게 한다.

Ⅰ<해양명시>와 Ⅱ<선원의 노래>에는 위에서 말하는 메이스필드의 시에 이어서 킹슬리, 스티븐슨, 예이츠, 흄, 샌드버그, 테니슨, 멜빌, 앨런 포, 워즈워드, 바이런, 로세티, 롱펠로우, 멜빌, 셰익스피어, 타고르, 아널드, 스윈번, 키플링 등 헤아리기 힘들 정도로 많은 19세기 구미의 유명한 시인들의 해양시가 원문 대역으로 나란히 실리었다.

Ⅲ의 <뱃노래>에는 구미에서 오래도록 불려내려온 노래인 <쉐난도>(Shenandoah)와 <보오슨이 최고야>(Bosun, He is God)의 가사가 실리었다. Ⅳ<바다의 시·바다의 시인>(The Sea Poems and Sea Poets)에서는 바이런(Byron), 킹슬리(Kingsley), 메이스필드, 핸리(Henley) 등

의 해양시를 평한 역자의 평설이 실리고, 마지막 章인 Ⅴ <해설>에서는 이 책에 수록된 모든 시인의 사진과 약력, 소개한 시에 대한 번역의 문제점, 어려운 (해양)단어, 고어의 해석 등이 자세하게 설명되어 일반 독자는 물론 영시 전공자에게도 큰 도움이 되게 했다.

  이 책의 수많은 여백에는 해양에 관계되는 온갖 사진들을 삽입하면서 시 감상을 하는 데 심심찮은 양념이 되어주고 있다. 또한 메이스필드와 예이츠가 함께 전신으로 찍은 사진을 전면에 실은 것도 좋은 볼거리가 되겠다.

  여기에 실린 시들 중 몇 편은 문학에 조금이라도 관심이 있는 사람들은 많이 애송하여 왔기 때문에 하등에 새로울 것이 없겠다. 그러나 가장 보편적인 방법이 가장 왕도라고 했던가. 가장 많이 애송된 것은 시가 그만큼 좋기 때문이다. 좋은 시는 많이 애송되도 모자람이 없는 것이 아니겠는가. 거기다가 감상을 위한 만족할 만한 자료까지 첨부됐음이랴. 또한 덜 알려진 해양시도 이 책에는 상당히 많이 수록되어 있다.

  1998년이 세계 해양의 해이고, 제3회 <바다의 날>의 행사도 우리는 이미 가졌다. 이에 즈음하여 바다에 더욱 관심과 애정을 갖는 일환으로 ≪해양명시집≫속의 명시들을 한번 더 익히고 감상하자. 그런 의미에서 이 시집 속에 든 휘트먼의 시 한편을 읽어본다.

    아아! 배를 타고 항해했으면!
    견딜 수 없는 육지를 떠났으면,
    재미없고 지겨운 차도, 인도, 그리고
    집들을 떠났으면
    아아! 영영 움직일 줄 모르는 육지, 그대를 떠나
    배를 타 봤으면,
    항해했으면
    바다를 달렸으면!
        -<아아! 배를 타고 항해했으면>의 전문

| 서평 | 「월간 해양한국(2017년 9월호), 뉴-콤파스 欄」

'바다의 명시'

　세계적 해양명시 모음과 그 해설집이 최근 출간됐다. 그 책명은 영미 '바다의 명시(Great Sea Poems)-이해와 감상'이며, 저자는 소포(小浦) 이재우 목포해대 명예교수이다. 소포는 평생 바다를 사랑하며 가슴앓이를 한 로맨티스트 해양문학가다. 이 책의 서시(序詩)에서 그는 바다를 기쁨을 안겨주는 바다, 무한한 가능성을 지닌 신비의 바다, 생명의 바다로 보았고, 인간의 연인이요 꼭 안기고 싶은 어머니의 품 안과 같은 곳이라고 말했다. 이 책에는 바다에서 삶을 누린 사람들의 공포와 환희, 절망과 희망, 그리고 영광과 승리의 소리가 담겨 있다. 끝없는 바다와 험한 뱃길, 노예선과 해상반란, 죽음으로 이끄는 암초와 침몰한 앙상한 배들, 여기서 살고 여기서 죽은 돌아오지 않는 슬픈 노래도 있다고 소개하였다. 그러나 이러한 바다에 도전한 위대한 시인들은 인생과 바다를 노래하였기에 우리는 지금도 영원히 잊지 못한 이 시들을 소리 높이 읊고 싶어진다고 말했다. 최근 건강이 여의치 않다는 소문도 들리건만, 마지막 숨이 멈출 때까지 해양문학을 사랑하며 해양명시를 노래하는 소포의 소박한 마음이 가슴으로 느껴진다.
　'바다의 명시'에는 주옥같은 작품들이 수록되어 있지만, 그중 영국의 계관시인 존 메이스필드의 대표적인 시를 소개한다. 이들은 해양한국 과월호의 권두시에 게재된 바 있지만, 읽을 때마다 새로운 감흥을 불러일으킨다. '바다의 시인(A Poet of the Sea)'으로 널리 알려진 메이스필드는 1878년 영국의 레드베리에서 변호사의 아들로 태어나 15세에 선원이 되었는데, 선원들을 양성한 항해실습선(School Ship)인 영국군함 콘웨이 호(H.M.S. Conway)에서 교육을 받았다. 그는 세계 여러 곳을 다녀온 후 창작에 전념하여 시인, 극작가, 소설가, 역사가로서 활약하였으며, 그 공적을 인정받아 1930년 영국왕실이 내리는 계관시인(Poet Laureate)에 선정되었으며, 1967년 5월 12일, 28년간 살던 영국 애빙던에서 향년 88세로 생을 마감하였다. 올해가 그가 세상을 떠난 지 50주년이 되는 해로, 메이스필드야말로 바다를 제대로 그린 유일한 선원 시인(Seafaring Poet)이라고 후대는 평가하였다. 석탄을 때는 기선의 화부들, 기름때 묻은 작업복을 입은 선원들, 뱃노래를 부르는 선원들, 꾸벅꾸벅 졸면서 키를 잡은 키잡이들…… 그는 심신이 지친 파수꾼들과 호흡하며 처절한 작업현장을 진솔하고 생동감 있게 그려냈다. "그의 작품들은 시혼(詩魂)이 담겨 있고, 우리의 기억 속에 바다와 함께 영원히 살아남을 것이"라고 뉴욕타임스가 평가했다.

글 / 강영민 (한국해사문제연구소 전무이사)

| 서신 |

은사 송용기 교수님의 하서

· 경성제국대학 경제학부 졸업
· 한국해양대학교 교수/대학원장
· 영어, 독일어, 특히 시사영어(TIME지) 강의

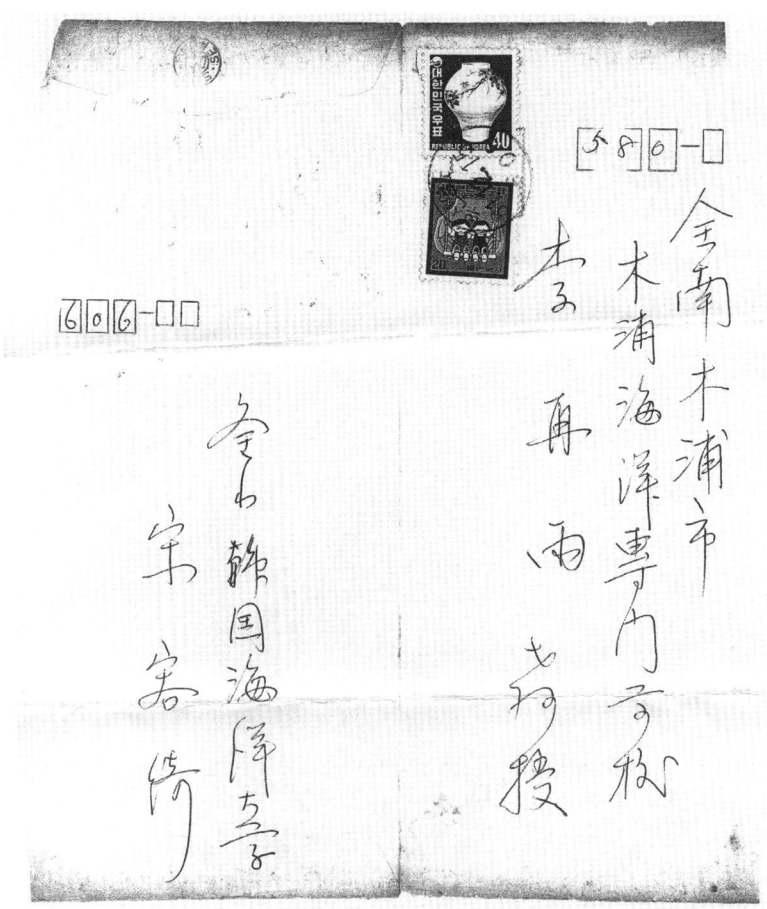

李敎授

積逆하였읍니다. 恭히 李敎授의 學的活動相은 本人 弟子들을 通하여 또 "海拔我"上에서 또 著書를 通하여 熟知하고있었읍니다만 今番 惠送하여주신 各詩飜訳集을 보고 다시 鷖嘆하였읍니다. 珠玉같은 名文으로 心琴을 울리게 国語로 옮긴 敎授의 솜씨 実로 admirable 있니다. 이 책을 길이 保存하면서 文学에, 더욱히 詩에 어두운 나의 啓蒙書로 삼겠읍니다

欠々히 感謝의 말과 此後 더욱더 공績을 남길 것을 付託하는 말을 才槿드나마 傳하면서 紙不伝礼 합니다.

感謝합니다

1981. 12. 15

宋寒氷

대학 동문 대선배, 정연형 박사님, 출판 축하와 격려 서신

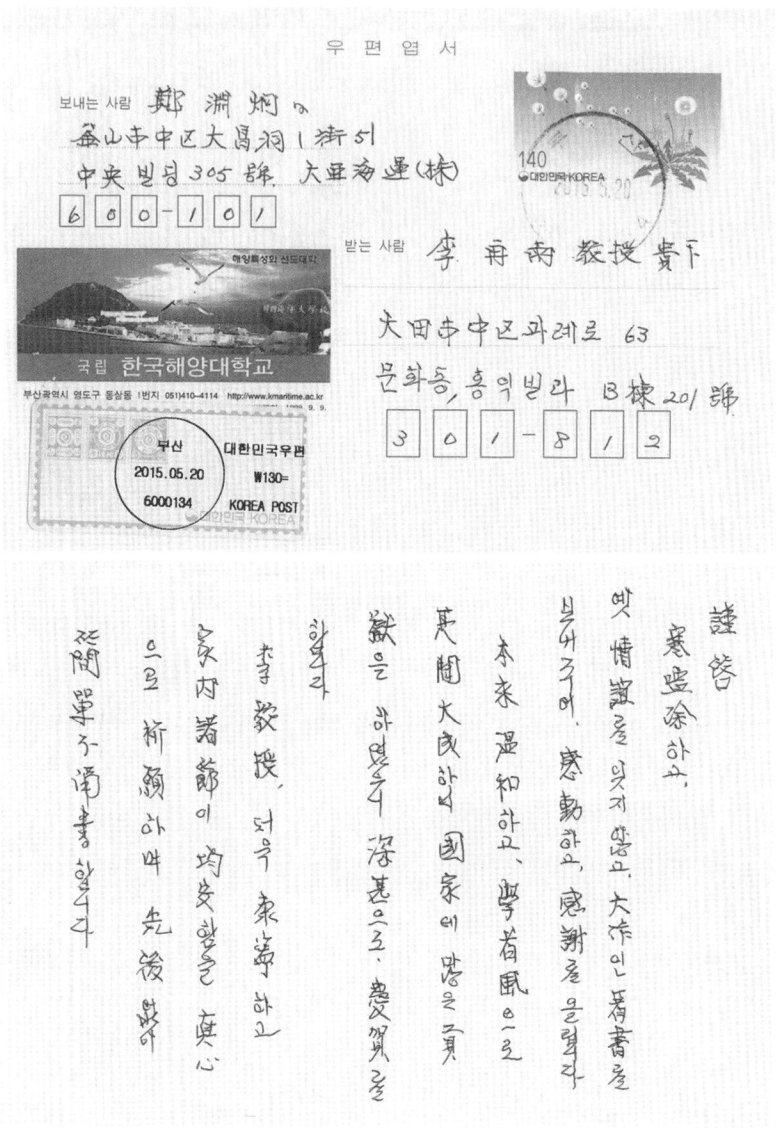

———— 대아 해운주식회사 회장인

정연형 박사(한국해양대학교 항해학과 2기)는 필자가 실습차 시퓨스 호 (cepheus)에 승선했을 때, 이 선박의 일등항해사로 근무하셨고, 나를 각별히 지도해주신 분이다. 한국항해학회장을 역임하셨고, 모교에서 후학을 지도도 하셨다.

이재우 프로필

- 목포해양대학교 해사대학 명예교수(항해학, 2003년 추대~현재)
- 전주고등학교 문과(제1회) 졸업
- 한국해양대학교 항해학과 졸업(8기)
- 건국대학교 경영학과(인사관리) 석사과정 수료
- 고등학교 교원검정고시 교육과 합격
- 고등학교 교원검정고시 영어과 합격
- 해군사관학교특교대(35기) 수료
  해군소위 임관·전역
- 부안중학교 영어교사(4년)
- 남성고등학교 영어교사(고3 전담·13년)
- 목포해양대학교 교수(24년) 실습선 유달호 실습감 역임
- 국립해양문화재연구소 바다문화학교 강사 역임
- 국제PEN한국본부 회원·대전PEN문학회 창립회원
- 한국해양문학가협회 회원·고문 역임
- 표암문학회 회원·이사
- 국제계관시인연합(UPLI) 회원
- 한국항해학회 창립회원·평의원
- 한국해운학회 창립회원·이사
- 한국해기사협회 종신회원

- 국제해양대학교교수협회(IMLA) 회원
- 독일해사영어학회(GAME) 회원
- 영국항해학회 회원(CNI)
- 해운항만청 선원정책협의회 위원 역임

- 해양수산부 해상안전위원회(5인)위원 역임
- 해양문화재단 이사 역임
- 전국선원노동조합 자문위원 역임
- 해운사업연구원 연구자문위원 역임
- IMO/STCW 협약대책위원 역임
- 해기사, 해무사, 도선사 면허시험 위원 역임
- 선원제도 합리화 위원회 분과연구위원장(2분과 선원교육, 4분과 근로환경)

■ **주요저서**

- 해양명시 모음, 디 해변의 모래밭(1981년) 1998년 개정증보판(해문출판사 창립 43년 기념사업)

- **해양문학시리즈(1~9)**
   ① 바다와 문학(傘壽紀念)
   ② 바다와 사람
   ③ 바다와 배 그리고 사람
   ④ 문학속의 바다(대전문화재단 창작활동비 지원)
   ⑤ 칠대양의 해양문학
   ⑥ 존 메이스필드 해양명시선
   ⑦ 영미 바다의 명시 이해와 감상(PEN문학상 수상 작품)
   ⑧ 영미 해양문학 산책
   ⑨ 영미 해양문학 -명작 감상
- 미수기념, 영미 시문학 논단(대전문화재단 창작활동비 지원)
- 정년 퇴임기념, 선원문제의 연구(한국선주협회 출판 지원)
- 九旬기념, 선원문제의 연구Ⅲ
  「선원 없이 한국 없다」No Seafarer No Korea

- Maritime English(해사 영어, 문교부 출판지원)
- Nautical English(항해영어)
- IMO English (SMNV 1, 2, 3. 국제표준해사항해영어)
  (해운항만청 해사장학회 지원)

• 연재 발표 작품
  ① 주요 해운국의 선원교육제도, 월간 해기, 1978년, 10회
  ② 해양문학 산책, 월간 해기, 1982년, 17회
  ③ 스칸디나비아 점묘; 해양민족 바이킹의 고장을 찾아서, 월간 해양한국, 1985년, 8회
  ④ 바다의 명언 명구, 월간 해외취업선원, 1992년, 11회
  ⑤ 바다의 뒷이야기, 월간 해양한국, 1996년, 12회
  ⑥ 바다, 배, 사람, 월간 해양한국, 1997년, 10회
  ⑦ 바다와 문학, 월간 해양한국, 2011년, 4회
  ⑧ 영미 해양문학, 월간 시문학, 2020년, 14회
  ⑨ 해양문화산책, 월간 해기, 2020년, 10회
  ⑩ 바다와 문화, 월간 시문학, 2021~2022년, 11회
  ⑪ IMO English SMNV 용어편, 월간 해기, 1981년, 6회
  ⑫ IMO English SMNV 응용편, 월간 해기, 1981년, 5회
  ⑬ Sea Language, 월간 해기, 1984년, 4회
  ⑭ IMO English SMCP, 월간 해기, 2019년, 10회
  ⑮ 지구를 살리자, 월간 산림, 1996년, 7회
  ⑯ 선원제도 근대화에 관한 조사 연구, 한국해사신문, 1986년, 10회
  ⑰ 변모하는 선원사회 –회고와 전망, 월간 해기, 2000년, 4회
  ⑱ 선원문제 연구 회고, 월간 해기, 2006년, 6회
  ⑲ 영미 해양문학 명작 감상, 월간 시문학, 2019년, 14회
  ⑳ 바다와 문화, 월간 시문학, 2021년 10회

■ 研究 用役 報告書

1. 「主要 海運國의 船員教育制度」, 韓國海技士協會, 1978년 3월, 유인본, 220면(1979년 3월 인쇄본으로 발간), 月刊 해기지[1978년 5월호(통권 136호)부터 1979년 2월호]에 연재 發表.
2. 「海運人力確保를 위한 船員教育訓練 및 海技士試驗制度에 관한 研究」, 海運港灣廳, 1979년 12월, 유인본, 488면(1979년 6월 IMO/UNDP/USSR Maritime Training Seminar 참가보고서로 작성됨).
3. 「海運人力開發을 위한 海運系 開放大學制度에 관한 研究」(木浦海洋開放大學設置運營方案), 木浦海洋專門大學 同窓會, 1983년 2월, 유인본, 244면.
4. 「海運環境變化에 따른 船員需給對策과 船員教育制度 改善研究」, 海運産業技術院, 1986년 1월(ID-008). (共同研究 제Ⅱ부 집필).
5. 「長期船員人力需給對策講究를 위한 研究」, 船員需給協議會, 1983년 10월, 유인본, 174면.
6. 「유럽諸國의 海技士 教育制度에 관한 實態調査研究」, 韓國海技士協會, 1985년 8월, 유인본, 264면.
7. 「船員制度 近代化에 관한 調査研究」, 韓國海技士協會, 1986년 12월, 유인본, 138면(韓國海事新聞 連載發表).
8. 「船員教育의 發展 方向」, 船員制度合理化推進委員會, 1988년 9월, 유인본, 355면(船員制度合理化方案 第2分科 研究報告書).
9. 「勤勞環境改善에 관한 研究」, 船員制度合理化推進委員會, 1989년 8월, 유인본, 140면(船員制度合理化方案 第4分科 研究報告書, 共同研究 責任研究員으로 執筆).
10. 「海技職業의 經歷 開發에 관한 研究」, 韓國海技士協會, 1992년 4월, 유인본, 76면.

11. 「21世紀를 對備한 海技士敎育制度에 관한 硏究」, 海運産業硏究院, 1992년(共同硏究).
12. 「國家安保와 國民經濟安定을 위한 韓國商船隊의 維持·確保 對策에 관한 硏究 – 韓國商船隊의 海外移籍防止對策을 중심으로」, 韓國海事財團·海運産業硏究院·韓國戰略問題硏究所, 1997년 3월, 인쇄본(共同硏究, 船員問題分野 執筆).

■ 硏究費 支援 硏究 論文

1. IMCO「標準海事航海英語에 관한 硏究」, 財團法人 船員獎學會, 1981년 8월, 유인본, 34면(韓國航海學會誌 통권 9호에 發表).
2. 「實習生의 效率的인 集團指導에 관한 硏究」, 海事獎學會, 1986년 10월, 유인본, 72면(제3회 海洋·水産系 敎職者세미나에서 發表).
3. 「海上安全 增進을 위한 海上用語의 國際的 標準化에 관한 硏究」, 海事獎學會, 1987년 12월, 유인본, 61면(韓國航海學會誌 통권 23호에 發表).
4. 「運航士制度 導入과 海運系 專門大學 敎育課程 改編에 관한 硏究」, 木浦海洋專門大學, 1990년 7월(4년제 大學 昇格推進 資料로 活用).
5. 「標準海事航海用語集의 改正에 관한 硏究」, 木浦海洋大學校, 1995년 12월(韓國海運學會誌 22호에 發表).
6. 「船員問題의 硏究」, 韓國船主協會 및 海事獎學會, 1997년 12월, 인쇄본, 600면.

· IMO/UNDP/USSR 海事敎育訓練세미나(蘇聯, 1979. 6)에 韓國側 參加者로 參加.
· IMLA 제2차 海事英語國際學術會議(프랑스, 1983. 5) 參加

- IMO/IMLA/WMU 海事敎育機關代表者 國際會議(스웨덴, 1984. 9)에 韓國側 參加者로 參加.
- IAIN(國際航法學會) 제5차 學術會議(도쿄, 1985. 10) 參加.
- IMLA/WMU/USMMA 제7차 海事敎育國際會議(뉴욕, 1992. 7) 參加.
- 제27차 海洋法 연차 會議(서울, 韓國, 1993) 參加.

■ 國際會議 參加報告

1. IMCO/UNDP/USSR 船員敎育訓練세미나 參加報告, 月刊 海運港灣 4권 7호(1979. 8), 30~39면.
2. IMLA, 海事英語에 관한 제2차 國際學術學會議 參加報告, 月刊 海技誌 통권 197호(1983. 6) 및 198호(1983. 7).
3. 開發 途上國 海事敎育機關 代表者 세미나 參加報告, 月刊 海運産業硏究 통권 3호(1984. 12), 56~78면.
4. IAIN '85 國際航法學會 제5회 總會 및 學術會議 參加報告 – 海外就業船員對策에 관한 所見, 月刊 海外就業船員, 1985년 11월호.
5. IAIN '85 國際航法學會 제5회 總會 및 學術會議 參加報告, 月刊 海運産業硏究 통권 15호(1985. 12), 52~89면.
6. IMLA 제7회 學術會議 參加報告 – 킹즈 포인트에서의 일주일, 月刊 海技 통권 307호(1992. 8).
7. 제27차 海洋法 年次會議 參加記, 月刊 海洋韓國 통권 240호(1993. 9), 73~81면.

■ 賞勳

- 1946년 道知事表彰狀(全州孝子初等學校 卒業成績 最優秀).
- 1952년 模範特賞(全州高等學校 開校以來 卒業成績 最優秀).
- 1971년 功勞賞(學校法人 華星學園, 南星高等學校 勤續 10年).
- 1979년 功勞牌(社團法人 韓國海技士協會).
    (선원교육제도 연구용역 수행)
- 1992년 感謝牌(上同). (정책연구: 선원사회에 기여)
- 1992년 功勞牌(木浦海洋專門大學 敎職員 一同).
    (4년제 대학 개편 추진)
- 1993년 功勞牌(木浦海洋大學校 同窓會). (4년제 대학 개편 추진)
- 1994년 功勞牌(社團法人 韓國船主協會).
    (선원제도 근대화 추진)
- 1994년 表彰牌(木浦海洋大學校 20年 勤續).
- 1994년 功勞牌(木浦海洋大學校 同窓會, 20年 勤續).
- 1995년 表彰牌(木浦市 敎員聯合會, 長期勤續).
- 1995년 國民勳章 木蓮章(大韓民國)
- 1998년 全州高等學校 제1회 同門 退職記念牌.
- 1999년 感謝牌(社團法人 韓國海技士協會).
- 2017년 대전PEN문학상(국제PEN한국본부대전시위원회)
- 2022년 感謝牌(목포해양대 재경동문회)
- 2023년 표암초려문학상(표암문학회)

1979. 2. 27, 社團法人 韓國海技士協會 功勞牌(238호)

貴下는 平素 船員養成敎育에 깊은 조혜와 關心이 있어 本 協會에서 海運政策分野 硏究用役으로「主要 海運國의 船員敎育制度」研究 責任을 委囑한 바 誠實하고 알찬 研究 發表를 하여 韓國船員政策 樹立 資料로써 海運産業界에 크게 寄與하였으며 海運立國

當面 國家施策에 貢獻이 至大하였으므로 그 勞苦에 感謝를 드립니다.

1986. 7. 13, 木浦海專 1986學年度 前半期 實習生 一同 感謝牌

교수님께서는 1986학년도 본 大學 실습선 전반기 실습감 재임 중 유달호의 이미지를 대외적으로 부각시키는 데 온 정열을 쏟으셨으며, 또한 저희들의 6개월 실습기간 동안 본선 지도교수님들과 함께 항상 지도와 편달을 아끼지 않으신 고마운 뜻을 기리고자 실습생들의 뜻을 모아 이 패에 감사의 뜻을 새겨 드립니다.

1992. 2. 28, 社團法人 韓國海技士協會 感謝牌(1031호)

貴下께서는 本 協會 政策硏究事業에 적극 참여하였을 뿐만 아니라 船員關聯問題 硏究 活動을 통해 海技船員社會에 기여한 功勞가 많았으므로 그 勞苦를 기리고자 本 協會 第38次 定期總會를 맞이하여 이 牌를 드립니다.

1992. 9. 1, 木浦海洋專門大學 功勞牌

貴下께서는 우리나라 船員敎育制度 硏究에 남다른 業績을 쌓으셨고 우리 大學이 4年制 大學으로 昇格하는 데 功勞가 크므로 全敎職員의 뜻을 모아 이 牌를 드립니다.

1993. 4. 9, 木浦海洋大學 同窓會 功勞牌(제93-12호)

귀하께서는 모교의 교수로 재직하면서 同窓會의 發展에 깊은 관심을 갖고 동문들의 지위향상과 교육여건의 개선은 물론 모교가 4년제 大學으로 승격할 수 있도록 노력하신 공이 크므로 그 뜻을 기리고자 제38년차 정기총회를 맞이하여 동문의 뜻을 모아 이 패를 드립니다.

1994. 6. 20, 社團法人 韓國船主協會 功勞牌

貴下께서는 평소 外航海運産業의 要諦인 船員問題에 卓越한 識見과 關心을 가지고 海技士敎育制度 및 需給政策 연구활동을 통해 産學協同의 龜鑑을 보임은 물론 자동화 선박 출현에 따른 海上職員의 수행업무 多技化 추세에 대응하는 새로운 敎育·養成 및 需給制度의 연구 제시를 통해 海運産業 發展에 기여한 功勞가 至大하므로 우리 協會 創立 34周年 기념일을 맞아 그간의 功勞를 오래 기리기 위해 이 牌를 드립니다.

1981. 12. 5, 海文出版社 出版記念牌

위 사람은 弊社의 社是 海洋思想 보급을 위한 도서출판사업에 적극 협조하여 「바다의 名詩 모음집, 디이 해변의 모래밭」을 집필 출판하였으므로 그 노고에 감사드리면서 이 기념패를 드립니다.

1995. 12. 15, 勳章證(제8922호)

귀하는 우리 나라 敎育發展에 전력하여 국민복지 향상에 이바지한 바 크므로 대한민국헌법의 규정에 의하여 다음 훈장을 수여함.
국민훈장 목련장.

1997. 12. 2, 木浦海洋大學校 海上運送시스템 學部 卒業生(42기) 一同 感謝牌

교수님께서는 평소 봉사정신이 투철하시고 교육에 대한 이해와 관심이 깊으신 분으로 학교의 발전은 물론 창의적인 노력과 학생들의 자질 향상을 위하여 항상 노력하여 오셨을 뿐만 아니라 특히 수많은 제자들을 양성하여 학교의 발전에 지대한 공적를 남기셨기에 그 감사하는 마음을 오래도록 기리고자 42기 항해과 졸업생들의 뜻을 모아 이 패를 드립니다.

1998년, 全州高等學校 제1회 同門 退任記念牌

오랜 탐구의 세월이었소. 열정의 젊음도 성숙의 壯身도 이제는 아득히 지나버린 먼 기억 속에 묻혔소. 부단한 자유의 추구를 통하여 원숙함과 尊者의 모습을 갖추었소. 이제 飛翔하는 나래를 접고 조용히 安着하소서. 파도가 잔잔한 小浦에 닻을 내려 평안하소서.

1999. 3. 19. 社團法人 韓國海技士協會 感謝牌

貴下께서는 木浦海洋大學校 敎授로 在任하시는 동안 우리나라 船員政策에 관한 獨步的인 硏究와 學問으로 海技士들의 權益伸長과 雇傭安定, 社會的 地位向上을 위하여 努力하셨을 뿐만 아니라 本 協會의 發展에 크게 寄與하셨기에 그 뜻을 기리고자 제45차 定期總會를 맞아 이 牌를 드리나이다.

2017.11.20, 국제펜한국본부 대전광역시위원회 펜문학상

귀하께서는 대전펜문학 발전에 기여하셨으며 뛰어난 작품발표로 그 문학성이 인정되어 본상을 드립니다.

2022.11.20, 목포해양대학교 재경동문회 감사패

귀하께서는 모교 명예교수로서 희생 봉사의 정신으로 모교와 재경동문회 발전에 기여한 공이 지대함으로 전 동문의 뜻을 이 패에 담아 드립니다.(Gold 99.9%)

2023. 3.30, 표암문학회 초려문학상

위 종친은 시조 표암 공(이알평)의 후손인 경주이씨와 8개 분적 종친들의 문학단체인 표암문학회 이사로 1998년 월간 <펜문학> 등단 이후 활발한 문학 활동을 해 왔으며 본회 화합과 발전에 크게 기여하였기에 2022년 제2회 표암초려문학상에 선정되어 이 상장을 드립니다.

> 바다사랑회 소식 제1신

이재우 교수님께

　세계의 중심은 육지에서 해양으로 옮겨가고 있어 인류는 이제 21세기 해양의 시대를 맞이하고 있습니다. 우리가 21세기에 맞이할 해양시대의 주무대는 더 이상 지중해나 대서양이 아니고 우리 한반도가 속해있는 태평양이며, 따라서 우리의 대응자세가 다른 어느 때보다 더욱 중요하다 할 수 있겠습니다. 돌이켜보면 고대 로마로부터 중·근세의 스페인, 영국, 네덜란드와 현대의 미국, 일본 등 바다의 중요성을 알고 바다를 제패했던 국가들이 세계사의 주역이 되어왔건만 우리는 대륙지향의 사고방식에서 벗어나지 못하고 하늘이 우리에게 내려준 선물을 제대로 이용하지 못해 왔습니다. 모두 다 육지중심의 철학이 국가경영의 근간이 되었던 탓이었습니다.

　이처럼 바다를 도외시했던 현실 속에서도 교수님같은 원로들이 계셨기에 그나마 오늘 정도의 해양한국이 있지 않나 싶습니다. 그 동안 해양산업의 큰 부분인 해운항만산업과 행정의 발전에 대한 교수님의 기여는 이 분야 종사자들이라면 모두 다 알고 또 칭송해 마지않습니다. 소외되고 힘들수록 이를 극복하는 것은 거목들의 힘이고 원로들의 혜안이 아니고 그 무엇이겠습니까?

　육지면적의 4.5배에 달하는 해양면적, 1만 6천여 킬로미터의 해안선을 보유한 우리나라는 세계의 강국들인 중국, 소련, 일본과 인접한 3면이 바다인 반도국가이자 동북아 경제권의 중심으로서 앞으로 해양국가로서의 잠재성은 무한하다 하겠습니다. 그 무한한 가능성에도 불구하고 해양에 대한 국민의 인식은 아직도 낮은 수준이고 21세기에 해양 선진국으로 발돋움하기 위해선 국민의 인식전환이 가장 큰 과제입니다. 지난 60년대부터 해운항만산업의 발전에 받쳐 온 교수님같은 원로들의 힘이 다시 한번 강조되는 시기인 것입니다.

　교수님의 경륜과 통찰력이 앞으로 21세기 해양시대의 주역을 만들고 여건을 조성하는 데 큰 힘이 될 것으로 기대하면서 별첨 자료를 살펴보시고 해양산업발전의 초석이 되어주시길 부탁드립니다.

　감사합니다.

바다사랑회 드림

[특기할 공적]

이재우 명예교수는 우수한 해기사를 양성하기 위해서 평생 해사교육에 헌신했으며, 우리나라 선원정책에 관한 독보적(獨步的)인 연구와 학문으로 한국 경제발전에 크게 기여한 공로를 국가와 해사사회(海事社會)가 인정, 국민훈장과 공로패, 감사패 등을 수여하였다. 뛰어난 해양문학 작품발표로 그 문학성이 인정되어 대전펜문학상과 표암초려문학상도 수상했다.

구순(九旬)의 나이에도 왕성하게 집필 활동을 계속하고 있으며, 명예교수로서 특강도 하고 있다. 특기할 주요 공적내용은 다음과 같다.

(1) 21세기 신해양시대에 대비하여, 삼면이 바다인 우리나라가 탁월한 국제적 지위를 얻기 위해서는 선진 해양국가를 겨냥, 국민에게 해양진출의 꿈을 심어주고, 「해양사상, 해양개척, 해양입국은 해양문학에서 싹튼다」는 일관된 신념으로, 20세기에 일찍이 해양문학가로서 왕성한 창작 활동을 해오면서 해양문화 창달에 힘쓰고, 해양사상 앙양에 기여하고 있다.

(2) 저임금 저자질의 개발도상국 선원을 고용한 선진 해운국들은, 그들의 운항과실로 대형 해난사고를 빈번히 일으키고, 해양오염사고가 크게 발생하면서 국제사회의 지대한 관심사로 대두했다. 국제해사기구(IMO)는 「선원의 훈련과 자격증명, 당직근무의 기준에 관한 국제협약(STCW협약)」을 채택하여 선원자격에 관한 국제적 기준을 정했다. 이 협약의 조속한 발효를 위해서 마련한 「IMO/UNDP/USSR 주최 해사교육세미나(1979.6.4~6.17, 오데사, 소련)」에 한국대표로 참가하고, 귀국 후 STCW대책위원으로서 협약의 국내법(선원법·선박직원법) 수용작업을 추진, 한국선원의 자질 향상과 국제적 기준 유지로 탁월한 위상을 확립하고 한국인 해외 취업

선원의 국제적 신뢰성을 높여 취업기회를 확대하는 데 크게 기여했으며, 선원대국으로 국제사회가 인정하는 기틀 마련에 기여했다.

(3) 세계의 해운산업계는 치열한 국제경쟁에서 <살아남기> 위해서 경영의 합리화를 도모하고, 그 일환으로 선원비 절감을 위한 소인수정원선(小人數定員船) 개발이 핵심인 선원제도 근대화(近代化) 추진이 세계적인 추세가 되었는데, 이재우 명예교수는 선원제도 근대화에 관한 선도적인 연구와 개발로 정·노·사·학이 참여하는 선원제도 합리화위원회의 발족을 촉진시켰고, 신해기자격(주: 항해사와 기관사의 통합형 해기자격인 운항사(運航士)) 제도를 도입, 신설하는 선박직원법 개정 작업을 추진하고, 해상직원의 수행업무 다기화(多技化) 추세에 대응하는 새로운 교육·양성 및 수급제도의 연구 제시를 통해서 한국 해운산업의 혁신적 발전에 기여한 공로가 지대하다.

(4) 해운산업계에서 나타나기 시작한 초급해기사들의 조기(早期) 하선과 이직으로 상급해기사의 공급확보가 어렵게 되어, 해운산업의 사활이 걸린 문제로 대두했는데, 우리나라의 경제안보가 심히 우려되는 심각한 당면과제가 되었다. 이러한 사태진전의 심각성을 인식하고, 이재우 명예교수는 『선원 없이 한국 없다(No Seafarer No Korea)』 제하의 해운·선원정책 논단인 저서를 2021년 4월에 발간, 관계자들에게 배포했다. 관심이 높아지면서 2022년 4월에 12개의 유관기관단체로 구성된 「미래 해기인력 육성 협의회」 발족의 기폭제가 되었고, 선원직업의 매력화와 상급해기사 확보 방안을 실천에 옮기는 일에 적극 참여하고 있으며, 한국해운의 밝은 미래를 위해 노력하고 있다.

「배가 움직일 때 세계는 움직인다. 바다와 배, 그리고 선원이 국가의 장래를 결정한다. 우리나라는 무역에 의존한다. 해운은 무역의 날개요, 선원 없이 해운 없고, 한국도 없다. 우수한 선원이 있는 한, 한국해운은 흔들려도 침몰하지 않는다. 세계에서 가장 우수한 우리나라의 젊은 해기사들이 해상생활에서 <의미>를 찾고 <재미>있는 삶을 보낼 수 있도록 국가의 제도적인 마련이 시급하다」고 주장하면서, 우리나라의 생명선인 바다를 지키기 위해 <젊은이여, 바다로! Down to the sea, Young man!>을 모토로 삼고 있다.

<우측으로 부터(직책·직위는 1990년 당시)
 故) 李孟基 「대한해운」 회장, 한국선주협회 회장
 故) 趙昌熙 목포해양전문대학장
    朴鐘圭 「한국특수선」사장·한국선주협회 해무위원장
    李再雨 목포해양전문대학 교수
    (4년제 목포해양대학 개편 추진 인사들)>

卒業狀

本籍 全羅北道

姓名 李再雨
檀紀四二六六年六月二日生

右者는 本校文科
三個年의 全課程
을 卒業하였기로
本狀을 授與함

檀紀四二八五年三月二一日

第一號

全州高等學校長 柳青

模範賞狀

第三學年
文科 李再雨

右者는 本校全課程을
畢業함에있어 學業成績
이 最優秀하고 素行端正
하야 他의 模範이 되었으므로 特
히 賞狀및 金時計壹個를
授與함

檀紀四二八五年三月廿日

特賞第一號

全州高等學校長 柳青

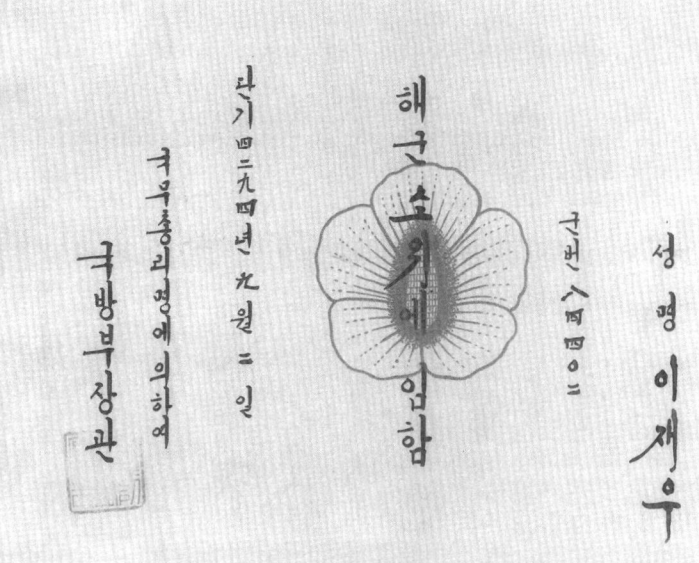

표창장

우전공립국민학교 제육학년
李雨雨
단기4266년 6월 2일생

이 아동은 조행이 선량하고 학력이 우수하여 다른 아동의 모범이 됨을 인정하므로 상품을 주고 이를 표창함

단기4279년 6월 22일
전라북도지사 鄭一史

제31호
고원자격증
본적 전라북도
성명 李雨雨
서기1933년 6월 2일생
자격 중등학교准교사 외국어과 (영어)
교육공무원법 소정의 자격기준에 의거하여 둘의 자격이 있음을 인정하고 이 증서를 수여함
서기1965년 12월 31일
문교부 장관

부기
1. 검정종별 고시검정
2. 법정해당자격기준
 교육공무원법 3조 별표제 1호 자격기준 (1)
 중등학교准교사

합격증

본적 전라북도
성명 李雨雨 성별(남)
단기4266년 6월 2일생

우차는 단기4297년도 문교부시행 고등학교 고원자격검정고시 교육과에 합격하였음을 증함

단기4297년 4월 10일
중앙고원자격검정위원장

제3호

＊이 사업은 (재)대전문화재단에서 사업비 일부를 지원받았습니다.

이재우 산문집 Spin a Yarn

팬데믹 시대, 파도를 넘어
In the Pandemic Days
Against the Wave

초판 인쇄 2023년 4월 25일
초판 발행 2023년 4월 30일

지은이 | 이재우
펴낸이 | 강신용
펴낸곳 | 문경출판사
주   소 | 대전광역시 동구 태전로 70-9(삼성동)
전   화 | (042) 254-9668, 221-9668~9
팩   스 | (042) 256-6096
E-mail | mun9668@hanmail.net
등록번호 | 제사 113

값 18,000원

ISBN 978-89-7846-816-9 03810

＊저자와의 협약에 의하여 인지를 생략함.
＊잘못된 책은 교환해드립니다.